Edition Rosenberger

Die „Edition Rosenberger" versammelt praxisnahe Werke kompetenter Autoren rund um die Themen Führung, Beratung, Personal- und Unternehmensentwicklung. Alle Werke in der Reihe erschienen ursprünglich im Rosenberger Fachverlag, gegründet von dem Unternehmens- und Führungskräfteberater Dr. Walter Rosenberger, dessen Programm Springer Gabler 2014 übernommen hat.

Herbert Wiedemann

Das Unternehmen als dialektisches System

Führung und Kommunikation einmal anders betrachtet

2. Auflage

Springer Gabler

Herbert Wiedemann
Obernburg, Deutschland

Bis 2014 erschien der Titel im Rosenberger Fachverlag, Leonberg.

Edition Rosenberger
ISBN 978-3-658-07855-3   ISBN 978-3-658-07856-0 (eBook)
DOI 10.1007/978-3-658-07856-0

Die Deutsche Nationalbibliothek verzeichnet diese Publikation in der Deutschen Nationalbibliografie; detaillierte bibliografische Daten sind im Internet über http://dnb.d-nb.de abrufbar.

Springer Gabler
© Springer Fachmedien Wiesbaden Nachdruck 2015
Ursprünglich erschienen bei Rosenberger Fachverlag, Leonberg, 2005

Gedruckt auf säurefreiem und chlorfrei gebleichtem Papier

Springer Fachmedien Wiesbaden ist Teil der Fachverlagsgruppe Springer Science+Business Media
(www.springer.com)

Meinem Schwager
WALTER HACHTMANN
zur Erinnerung

Vorwort und Danksagung

Das Alter mit seiner seltsamen, teils kaum merkbaren, teils hart zugreifenden Selbstverständlichkeit bringt einen Vorteil mit sich: Die Möglichkeit einer Rückschau, von der aus Ereignisse und Erlebnisse des Lebens- und Berufsweges umfassend sowie mit relativer Distanziertheit von je aktuellen Interessen oder bedrückenden Konstellationen betrachtet werden können.

In diesem Buch ist die Rückschau auf meine eigene Berufsentwicklung und Berufsausübung insofern eingegangen, als mir die Fruchtbarkeit der dialektischen Perspektive für die Bewertung des Erfahrungshorizontes wie für die Weltsicht generell immer klarer wurde. Während der Beschäftigung mit diesem Buch trat mir dabei nachdrücklich vor Augen, wie sehr ich bereits vor meiner Beschäftigung mit G. W. F. HEGEL grundlegende Momente und Aspekte des dialektischen Denkens in mich aufgenommen hatte. Dies verdanke ich ganz wesentlich meinen Lehrern der Soziologie in Köln, die mich sehr geprägt haben, nämlich LEOPOLD VON WIESE und ALFRED MÜLLER-ARMACK. Vom Studium HEGELS aus begreift man die in ihren Analysen und Systembildungen angelegte dialektische Basis.

LEOPOLD VON WIESE strukturiert die zwischenmenschlichen Beziehungen in der Gesellschaft, indem er die Vielfalt des sozialen Lebens typisierend auf zwei Grundbewegungen zusammenfasst: einmal auf das Sich-Binden der Menschen, auf Gemeinschaft und Kooperation; sowie zum anderen auf das Sich-Lösen der Einzelnen aus eben diesen Bindungen, wobei ein Auseinander oder ein Gegeneinander zu entstehen vermag. Zwischen diesen Polen des Zueinander und des Auseinander verlaufen alle Lebensvorgänge, wobei eine ständige Veränderung der Distanz-Verhältnisse zwischen diesen beiden Polen möglich ist. So kann Zuneigung in Abneigung, kann Kooperation in Konflikt übergehen. Genauso kann zum Beispiel durch wachsende Einsicht aus einem Gegensatz eine Interessengemeinschaft, durch faire Gespräche aus Abneigung Freundschaft entstehen. Dabei besticht bei VON WIESE immer die Achtung unterschiedlicher Haltungen und Verhältnisse sowie das Bemühen um Versöhnung der Gegensätze auf der Basis gegenseitigen Verstehens.

Was MÜLLER-ARMACK betrifft, so liegt es nahe, auf einen Artikel zu verweisen, den JOACHIM STARBATTY zum hundertsten Geburtstag MÜLLER-ARMACKS am 28.06.01 in der FAZ veröffentlicht hat. Dieser Artikel trägt die Überschrift: „Eine gesellschaftliche Versöhnungsidee". Damit ist das von MÜLLER-ARMACK erfundene Konzept der „Sozialen Marktwirtschaft" gemeint: „Eine von Dialektik getragene, im konkreten Inhalt jedoch offene Stilidee", so schreibt STARBATTY. Von dem HEGELschen Ansatz aus kann man hier geradezu von einem klassischen Beispiel der Dialektik sprechen. Wesentlich ist dabei, zu erkennen, dass MÜLLER-ARMACK nicht nur Wirtschaftspolitiker, sondern auch Religions- und Kultursoziologe war. Es ist faszinierend zu lesen, wie er vom Gedanken des Wirtschaftsstils als Ausdruckseinheit einer Zeit an vielen historischen Beispielen die ausschlaggebende Bedeutung der Glaubenshaltung für die jeweilige Stilepoche nachweist. Er zeigt hier, und erinnert damit in eminenter Weise an HEGEL, die geistigen Ursprünge unserer wirtschaftlichen und politischen Kultur auf. Er weist nach, wie sehr jede menschliche Ordnung aus der produktiven Spannung zu transzendenten Werten lebt; und dass immer dann, wenn Glaubenshaltungen durch rein diesseitige Werte ersetzt werden, die gesellschaftliche Ordnung erschüttert wird. Nur von diesem Denken aus gewinnt seine Versöhnungsidee ihren fundierten Gehalt.

Während meines Studiums, das ist also von heute aus zu sagen, bekam ich bereits einen bestimmenden Zugang zum dialektischen Denken. Anschließend, so ist jetzt zu ergänzen, erhielt ich die Chance, die Dialektik im Arbeits- und Berufsleben kennenzulernen; ja in sie einzutauchen und vertiefend zu erfassen. Durch Vermittlung von KARL GUSTAV SPECHT, dem damaligen Assistenten von L. V. WIESE, kam ich als Doktorand an die Sozialforschungsstelle der Universität Münster mit dem Sitz in Dortmund; damals eines der wenigen Institute, das sich der empirischen Soziologie zuwandte. Ich war zuerst Mitarbeiter des Sozialhistorikers WILHELM BREPOHL. Er beschäftigte sich vor allem mit Geschichte und Sozialstruktur des rheinisch-westfälischen Industriegebietes. Er regte mich an, in der Hauptsache auf der Grundlage persönlicher Gespräche eine Dissertation über die Barmer Unternehmer zu schreiben und unterstützte mich darin, dies auch umsetzen zu können. Ich wurde dann Referent von OTTO NEULOH, dem eigentlichen Initiator der Forschungsstelle, der mehrere größere empirische sozialwissenschaftliche Studien in der Industrie über Arbeiter, Angestellte und Führungskräfte betreute. Die Arbeit in dem Dortmunder Institut brachte mich zu Erfahrungen und Einsichten, die sich (wieder: von heute aus gesehen) leicht dialektisch strukturieren ließen.

Wissen um die Dialektik als oft genug im beruflichen Leben anzutreffende Gegensätze und Konfliktpotenziale, die speziell unter ethischem Aspekt als Herausforderung zur Bewältigung der Schwierigkeiten, zur Aktivierung positiver Kräfte zu betrachten sind: In dieser Weise ist der Ansatz zu formulieren, von dem aus ich auf der Basis der empirisch-soziologischen Erfahrung eine Vortragstätigkeit begann, so innerhalb der „Gemeinsamen Arbeit der Konfessionen für Bergbau und Industrie" (Kommende Dortmund-Brackel und Haus Villigst), so in der Sozialakademie Dortmund bei HANS LUTZ, so im „Oberseminar für Katechetischen Dienst" in Düsseldorf bei HELMUT FLENDER. Nach einem Vortrag in der IBM vor Führungs-Aspiranten bekam ich ein Stellenangebot, das ich annahm.

Der Wechsel vom Dortmunder Institut in die Industrie brachte mir eine nachhaltige Erfahrung: die Intensivierung meiner sozialwissenschaftlichen Erkenntnisse. Ich musste feststellen, dass es einen erheblichen Unterschied ausmacht, ob man gleichsam als Gast mehrere Monate in einem Unternehmen Gespräche führt und Informationen sammelt, oder ob man in einer Firma „ fest drin ist". Im letzteren Falle steht man nämlich selbst mitten im Alltagsgeschehen. Da man ja auf Dauer dort tätig ist, kommt noch ein wichtiger Faktor hinzu. Mit klarer Selbstverständlichkeit hat man Gelegenheit, die Arbeits- und Machtstrukturen in ihren Wandlungen, die zum Beispiel durch einen Wechsel des Managements verursacht werden, zu erfassen. Unter der Perspektive der Sozialforschung bedeutet das vor allem, dass einem die Probleme mehr „unter die Haut" gehen, dass man Hoffnungen und Enttäuschungen tiefer in sich aufnimmt. Neben oder mit seiner beruflichen Tätigkeit ist man so auch als empirischer Soziologe tätig. Man kann annehmen, dass hier eine Forschungsmethode angewandt wird, die von H. BOLLINGER, F. WELTZ und R. SPRINGER als „Beobachtende Teilnahme" bezeichnet wird. In diesem Zusammenhang kam mir die Dialektik der Arbeitsbeziehungen wie überhaupt des Betriebes als eines sozialen Systems noch deutlicher und nachdrücklicher zum Bewusstsein. Und zu diesem Lernprozess gehörte auch, dass ich die Unternehmensphilosophie in ihrem Sinn besser zu schätzen wußte, nämlich als In-Geltung-Setzen und Pflege ethischer Werte.

Im Laufe der „Beobachtenden Teilnahme" bot sich mir somit die Möglichkeit, mein Wissen, das ich mir während der Tätigkeit in dem Dortmunder Institut erworben hatte, zu erweitern und zu intensivieren. Damit wurden mir Wege zur Vortrags- und Lehrtätigkeit geebnet. Durch RUTH ENDRESS erhielt ich eine Dozentur an der Württembergischen Verwaltungs- und Wirtschaftsakademie (VWA). GÜNTER ENDRUWEIT verschaffte mir Lehraufträge an der Universität Stuttgart und beantragte dann mit Erfolg, diese in eine Professur umzuwan-

deln. Ich sah mich dadurch in eine Mittler-Rolle zwischen All-
tagsproblemen und praxisnaher Managementtheorie ver-
setzt. Diese Rolle wurde noch dadurch verstärkt, dass ich in
der IBM Aufgaben der Verkaufsförderung sowie der Kom-
munikationspflege zu Universitäten und Studenten bekam.

Es ist sicher so, dass ich mit meiner Qualifikation der IBM ge-
dient habe. Es ist aber auch so, dass die IBM mir die Mög-
lichkeit gab, Positionen und Aufgaben zu erfüllen, die meiner
Qualifikation entsprachen und die mir die Gelegenheit zur
„Beobachtenden Teilnahme" verschafften. Dafür bin ich der
IBM als Unternehmen dankbar; und ich bin vielen IBM-Kol-
legen zu Dank verpflichtet, die auf meine Ideen eingegangen
sind. Besonders hervorheben möchte ich hier ERWIN AIKELE,
HORST BIRK, HORST KAUS, CORNELIUS SCHULZ-WOLFGRAM,
GERTRUDE RAUB und OTTO G. FOLBERTH.

Während der Tätigkeit in der Praxis und für die Praxis wurde mir die umfassende Bedeutung der Dialektik immer stärker bewusst. Bei meinen Bemühungen, der Praxis diese Konstellation zu vermitteln, erlebte ich, dass man hier den Begriff
„Widerspruch" recht ungern vernahm und dagegen Barrieren
aufbaute. Um dem Management einen akzeptablen Zugang
zur dialektischen Situation zu verschaffen, beschloss ich, einen Umweg einzuschlagen, dessen Beschreibung sofort spontan als zutreffend registriert wurde: Jedes Unternehmen hat
wirtschaftliche und ideelle Ziele. Diese können durchaus in
Gegensatz zueinander geraten. Wir haben aber allen Anlass,
Vertrauen in unsere Vernunft und in unsere Gestaltungskraft
zu entwickeln, dass ein produktiver Ausgleich zwischen den
wirtschaftlichen und ideellen Anliegen gefunden werden
kann. Von dieser Position aus konnte ich dann auf die dialektischen Gesetzmäßigkeiten Bezug nehmen.

Um der Praxis eine Diskussionsplattform zu bieten, kamen
GÜNTER ENDRUWEIT und ich zu dem Entschluss, die Gründung einer lockeren „Arbeitsgemeinschaft Wirtschaft und

Wissenschaft" vorzuschlagen, die dann auf Seiten der Industrie durch OSKAR LAPP (Lapp-Kabel), ROLF KÖPF (Herion) und WERNER PAUL (Orenstein und Koppel) aufgegriffen und getragen wurde. Nach einigen Jahren konnte diese Arbeitsgemeinschaft unter wesentlicher Unterstützung durch HORST RÜCKLE zum „Verein für Management und Personalentwicklung" (VMP) ausgebaut werden.

Mitglieder des Vereins VMP sind Mittelständische Gesellschaften, vertreten durch ihre Unternehmer, Geschäftsführer und Personalfachleute. Die Bandbreite reicht von Firmen des Maschinenbaus bis zu Banken und Versicherungen. Der Vorstand des Vereins wird jeweils für zwei Jahre gewählt. Gegenwärtig besteht er aus EWALD BENTZ, (Erster Vorsitzender, Geschäftsführer bei Lapp-Kabel), JÖRG BOVENSMANN (langjähriger Vorstand bei Homag AG und Putzmeister AG; er war während mehrerer Jahre Erster Vorsitzender des VMP) sowie als Berater ROLF KÖPF (Gründungsmitglied und einige Male Erster Vorsitzender des VMP). Ich selbst bin seit Gründung des Vereins nebenamtlicher Geschäftsführer.

Die Grundüberlegung des Vereins VMP ist folgende: Jedes Mitglied soll seine wirtschaftlichen und ideellen Ziele besser erfüllen und optimal miteinander abstimmen können. Und dies soll vor allem durch offenen Informations- und Erfahrungsaustausch sowie durch gegenseitige Beratung erreicht werden. Es geht also um die gemeinsame Erarbeitung zukunftsweisender Konzeptionen und Problemlösungen.

Es versteht sich, dass speziell solche Unternehmen Mitglied des VMP geworden sind, denen es ein echtes und nachhaltiges Anliegen ist, einen Ausgleich und möglichst eine Übereinstimmung von wirtschaftlichen und ideellen Interessen zu bekommen und zu erhalten. Dies in Sitzungen oder Betriebsbesichtigungen von Unternehmern an Beispielen veranschaulicht zu bekommen, war stets unerhört eindrucksvoll. Man erlebte dies etwa bei ERICH AICHELE (ERA-Elektronik Herrenberg), KLAUS FISCHER (Tumlingen); bei UWE FRIESE (Firma Schirm, Fellbach), bei HELMUT GOTTSCHALK (Volksbank Herrenberg-Rottenburg), und bei ROLF HERMLE (Balluff, Stuttgart), KARL SCHLECHT (Putzmeister, Aichtal), K. H. WIESHEU (Affalterbach).

Die Anerkenntnis, dass stets die ökonomischen und die ideell-sozialen Ziele gleichzeitig verfolgt werden müssen, erwies sich als Grundhaltung der Mitgliedsunternehmen auch da, wo einzelne Themenbereiche durch Repräsentanten der Firmen in Workshops dargestellt wurden. Dies zeigte sich deutlich in den Präsentationen von GERHARD HEPPERLE (Modine, Filderstadt) über Personalpolitik, von SIEGFRIED SCHIEBEL (Homag, Schopfloch) über Wandel von Arbeitsstrukturen, von GERD ROTHENBACHER (Müller-Weingarten) und ROLAND SCHWIND (HDI Stuttgart) über betriebliche Altersversorgung. Nicht zu vergessen ist hier der Vortrag von HERMANN KLINGER (Festo C-Master Network, Esslingen) über ein der Praxis angemessenes Modell der betrieblichen Weiterbildung, in dem unser Ansatz der gegenseitigen produktiven Informierung und Beratung einen wichtigen Stellenwert einnimmt.

Bei der Arbeit an einem solchen Buch weiß man Gesprächspartner zu schätzen, die einem helfen, Denkblockaden zu lösen, neue Wege zu finden sowie die übergreifenden ordnenden Ideen überzeugend zu bestätigen vermögen. Besonders verpflichtet und verbunden bin ich hier GÜNTER ENDRUWEIT, ROLAND SPRINGER und KARL SCHLECHT.

Bei GÜNTER ENDRUWEIT habe ich immer seine spezifische Art der theoretischen Durchdringung und Darstellung der Praxis als Ergänzung und Bereicherung meiner eigenen Sichtweise empfunden. Und ich bin ihm dankbar, dass ich auch nach seinem Weggang an die Universität Kiel mit ihm über für mich wesentliche Fragen korrespondieren konnte.

ROLAND SPRINGER hatte ähnlich wie ich seinen Berufsweg in der empirischen Sozialforschung begonnen und war dann in eine Firma der Autoindustrie gewechselt. In vielen Gesprächen habe ich von ihm profitiert, insbesondere was die Lean-Thematik angeht.

Mit KARL SCHLECHT, Erfinder und darüber hinaus Gründer der Putzmeister AG, hatte ich über mehr als zehn Jahre immer wieder einen für mich fruchtbaren Gedankenaustausch. Dies ergab sich im Rahmen einer Kommunikations- und Konfliktberatung in seinem Unternehmen. Mich beeindruckte dabei stets sein Bemühen, die Dialektik zwischen der Erreichung wirtschaftlicher Ziele und der „Business Humanity" von der überlegenen Warte einer Unternehmensphilosophie her zu versöhnen; ein Anliegen, das umso nachhaltiger hervorsticht, als sein Lebenswerk seine exzellente unternehmerische Qualifikation veranschaulicht.

Schließlich habe ich meinem Sohn ULRICH sowie meinem Schwiegersohn OLIVER DE VEGT zu danken, dass sie die Arbeiten am PC für mich übernommen haben. Und meine Frau URSULA bitte ich um Nachsicht dafür, dass ich mich oft möglichst unauffällig von den Familienangelegenheiten abgesetzt habe.

Eutingen, den 15. September 2003
HERBERT WIEDEMANN

Inhalt

Widmung I

Vorwort und Danksagung III

Inhalt XI

Einführung 1

Erster Teil:
Die Nutzung der Hegelschen Philosophie
für die Soziologie des Unternehmens 11

1. Hegels Philosophie der Gesellschaft 13
   1.1 Eine positive Sicht der Welt
       und ihrer Entwicklung 13
   1.2 Hegels metaphysische Konzeption:
       Das Sich-Auslegen des absoluten Geistes
       in Natur und Geschichte; in den subjektiven
       und den objektiven Geist 19
   1.3 Die bürgerliche Gesellschaft:
       Soziologische Analyse und ethische Bewertung .. 24

2. Unternehmensphilosophie:
   Hegels Philosophie der Gesellschaft als Basis
   für die Soziologie des Unternehmens 31
   2.1 Zur Übernahme des Hegelschen Denkens
       in die Praxis 31
   2.2 Die positive Einschätzung von Widersprüchen .. 37
   2.3 Aufbau und Entwicklung der Persönlichkeit 39
   2.4 Über die Anerkennung des anderen
       zur optimalen Gestaltung der Kommunikation
       und Kooperation 42
   2.5 Die Integration des Individuums
       in das soziale System 45

3. Managementphilosophie:
    Verantwortliches Führungshandeln 51

Zweiter Teil:
Die grundlegenden dialektischen Spannungsmomente
im Unternehmen 67

1. Die dialektische Spannung zwischen ökonomischer
    und sozialer Effektivität 69

2. Die dialektische Spannung zwischen Stabilität
    und Dynamik 83

3. Dynamisches Kräfte-Gleichgewicht als
    Ordnungsrahmen – Unternehmensphilosophie
    und qualitative Unternehmenskultur 99

Dritter Teil:
Das Führungskraft-Mitarbeiter-Verhältnis 117

1. Die Führung des Mitarbeiters 119
    1.1 Führung als dialektischer Prozess 119
    1.2 Die Ansprüche des Mitarbeiters 126
         1.2.1 Der Anspruch, Partner zu sein 128
         1.2.2 Der Anspruch, Experte zu sein 130
         1.2.3 Der Anspruch auf einen eigenen
                Bereich mit Handlungsspielraum 131
    1.3 Führung heißt: Respekt vor diesen Ansprüchen
         und In-Anspruch-Nehmen 134

2. Die Führung von Arbeitsgruppen 139
    2.1 Führung der Arbeitsgruppe
         als dialektischer Prozess 139

2.2 Die Dialektik bei Entwicklung und
      Arbeitsvollzug der Gruppe 142
      2.2.1 Zur Theorie der sozialen Gruppe 144
      2.2.2 Kooperation, Konkurrenz und inter-
             aktionales Gleichgewicht in der Gruppe 152
2.3 Die Ansprüche der Gruppenmitglieder:
      Persönlicher Erfolg und Teamerfolg 159
      2.3.1 Der Anspruch auf Team-Gefühl
             und Team-Bewusstsein 163
      2.3.2 Der Anspruch auf Team-Ordnung
             und Team-Geltung 166
2.4 Führung heißt: Unterstützung des Anspruchs
      auf Teamerfolg und In-Anspruch-Nehmen 168

3. Führung als Schaffen und Pflegen
    einer Gesprächskultur 171
3.1 Das Gespräch als dialektischer Prozess 171
3.2 Die Gestaltung formaler Mitarbeitergespräche 173
      3.2.1 Die partnerschaftliche Gesprächs-
             führung 173
      3.2.2 Zur Gesprächsführung im Rahmen
             der Personalentwicklung 180
      3.2.3 Zur Gesprächsführung im Rahmen
             der Zielvereinbarung und Leistungs-
             beurteilung 185
3.3 Die Gesprächskultur als Grundlage
      der Unternehmenskultur 192

Vierter Teil:
Die Führung der sozialen Organisation 199

1. Die Hierarchie unter dialektischer Perspektive 201
1.1 Kapital und Arbeit – oder:
      Leitendes Management und Beschäftigte 201
1.2 Hierarchie und Ablauforganisation 204

1.3 Hierarchie und potenzielle Offenheit
     der Organisation 206
1.4 Zentrale Steuerung und Dezentralisierung 210

2. Die Unternehmensentwicklung
    unter der Lean-Thematik 215
2.1 Lean-Produktion und Lean-Management:
     Herausforderung und Antwort 215
2.2 Restrukturierung und
     partizipative Rationalisierung 219
2.3 Führung durch strategiebezogene
     Zielvereinbarung 222
2.4 Positive Weiterentwicklung
     der Lean-Aktivitäten 225

3. Die Dezentralisierung als Basis der Typen
    organisatorischer Umstrukturierung 227
3.1 Strukturtyp I: Delegation der Kompetenz und
     Verantwortung (Das Intrapreneur-Modell) 231
3.2 Strukturtyp II: Die sich selbst organisierende
     Arbeitsgruppe 239
3.3 Strukturtyp III: Die prozessorientierte
     Organisation 250
3.4 Strukturtyp IV: Die abteilungsübergreifende
     Kooperation durch Sachbearbeiter-Aktivität .. 260

4. Führung als Management-Funktion:
    Die Steuerung dialektischer Prozesse 273

Anmerkungen
    Einführung 10
    Erster Teil 59
    Zweiter Teil 115
    Dritter Teil 195
    Vierter Teil 288

Literaturverzeichnis 293

Zum Autor 297

Einführung

Die dialektische Bewegung als Grunderlebnis menschlicher Erfahrung

Es wird hier die Auffassung vertreten, dass es die dialektische Perspektive ist, die uns die optimalen Einsichten in psychologische und gesellschaftliche Vorgänge zu geben vermag und die uns gleichzeitig die angemessensten Handlungshilfen vermittelt. Dies gilt generell, und dies gilt vor allem mit Bezug zu den Verhältnissen in sozialen Organisationen, zu den dort aktuellen Prozessen der Kommunikation und Kooperation, zu den bestehenden Konfliktpotenzialen, zu dem „Ist" und „Soll" der Führung und Motivation.

Dialektik, das bedeutet *Bewegung in Widersprüchen:* Es gibt im Leben immer Bewegung, Entwicklung, Fortschritt; ja das Leben besteht aus Bewegung, Entwicklung und Fortschritt. Aber dies ist stets mit Widersprüchen, mit Gegensätzen, mit partiellem Niedergang und mit Einbußen verbunden. Man kann auch sagen: Das Leben und das Zusammenleben der Menschen wird durch viele Gegensätze und Widersprüche charakterisiert; aber es gibt doch immer wieder auch fortschreitende Entwicklung, Entstehung neuer Hoffnungen, Herausbildung neuer tragfähiger Gestalten und Strukturen im Zusammenleben und Zusammenarbeiten.

Der Mensch, der über sich und seine Erfahrungen nachdenkt, bekommt leicht einen Zugang zu diesem Grundgedanken, wenn er sich vergegenwärtigt, wie sehr er in Gegensätzen steckt oder gesteckt hat; und wie deutlich gerade dadurch seine Lebenssituation in Bewegung gekommen ist. Es sind vor allem unzufrieden machende Konstellationen, die im Menschen Kräfte entwickeln, diese zu ändern. Natürlich gibt es Gegensätze, die nicht auflösbar sind, so insbesondere der Gegensatz zwischen Leben und Tod. Hier bleibt dem Einzelnen nur, im Laufe seiner persönlichen Auseinandersetzung mit diesem Faktum eine Schauweise zu entwickeln, von der aus er zu einer einigermaßen versöhnlichen Haltung diesen Gegensätzen gegenüber zu gelangen vermag.

„Dialektische Perspektive", das heißt nun, dass persönliche, gesellschaftliche und auch politische Entwicklungen als in drei Schritten sich vollziehend gedacht werden. Es gibt den Ausgangszustand, die *These*. Dabei bleibt es in den meisten Fällen dem Betrachter überlassen, welchen Denkschritt oder welche Konstellation er als Ausgangspunkt oder als „These" nimmt. Es kommt jeweils darauf an, was zweckmäßig ist, um das Wesentliche herausarbeiten zu können. Es kann geboten sein, einen Gegensatz, der aber bisher nicht problematisiert war, als *These* festzumachen. Es kann sich auch empfehlen, eine vor Aufkommen des Gegensatzes bestehende Lage (z. B. harmonische Ehe, berufliche Zufriedenheit) als These zu bezeichnen. Jedenfalls ist der zweite Schritt die *Antithese*; eine Bewegung, die sich als Widerspruch, als Reaktion auf den Ausgangszustand zeigt. Unabhängig davon, welchen Ansatz man als These formuliert, stets treibt der Gegensatz über sich hinaus, stets entsteht ein *Widerspruch des Widerspruches*. Anders gesagt: Die antithetische Bewegung entwickelt in sich die Tendenz zum Umschlag in eine neue Situation, und zwar in eine *Synthese*, in der gleichzeitig die Elemente der These und Antithese als konstruktive Kräfte mit „aufgehoben" sind. Wir werden noch sehen, dass HEGEL hier von „Versöhnung" spricht. Wer die dialektische Perspektive kennt, sucht die Widersprüche. Diese sind aber keine zerstörerischen Widersprüche, sondern stets bleibt die Versöhnung der Gegensätze im Blickfeld; der Trend geht immer auf eine neue, „höhere", intensivere Einheit, Kooperation hin.

Was diesen Zustand der erreichten Synthese angeht, so ist es hilfreich, das *Gleichgewichts-Modell* einzubeziehen und zu nutzen. Eine als These gesetzte Ausgangslage, auch wenn sie als sehr unbefriedigend empfunden wird, stellt doch ein Gleichgewicht dar, nämlich eine zwischenmenschliche Situation, in der mindestens eine gewisse Ruhe und Berechenbarkeit (eine „Ordnung") existiert (selbst in einer Sklavengesellschaft). Jeder Aufbruch zum Neuen dagegen schafft ein Ungleichgewicht (so die Empörung innerhalb einer Sklavengesellschaft). Und im Zuge dieser Bewegung (der Kämpfe, der Auseinandersetzungen) entstehen die Konturen einer neuen Ordnung, in der wenigstens partiell wieder Ruhe und Stabilität hergestellt werden bzw. sich entwickeln. Das wäre dann die Synthese.

Eine solche Synthese, auf die eine dialektische Bewegung stets hinzielt, kann mehr oder weniger „reif", stabil oder befriedigend sein. Kennzeichnend ist aber, dass die gewonnene Synthese in jedem Fall besser ist als der Ausgangspunkt (die These). Sie bringt also stets eine vergleichsweise bessere Einsicht und Konstellation als die bisher bestehende Lage, sonst könnte man bei dem neuen „Endzustand" gar nicht von einer Synthese sprechen. Man wäre evtl. in einen Konflikt hineingerutscht, der sich als Schein-Synthese herausstellen würde und aus dem sofort Unruhe-Faktoren hervorbrechen würden – im Übrigen gibt es, was ein wesentliches Kriterium des dialektischen Denkens ist, nie einen „Endzustand". Innerhalb der zwischenmenschlichen Beziehungen und auch innerhalb sozialer Institutionen (Unternehmen, Verwaltungen, Gremien aller Art) sind stets viele Veränderungs-Kräfte am Werk, die schnell eine einmal gefundene Synthese in ein neues Ungleichgewicht versetzen können; was auch heißt: Eine Synthese wird dann zu einer These, von der aus der Widerspruch und die dialektische Bewegung überhaupt neu einsetzen. Es bricht spontan eine Dynamik auf, in der eine neue Gleichgewichts-Konstellation gesucht wird. Ist sie erreicht, dann hat sie sich gleichzeitig auf einem höheren Niveau (der Einsichten, der Beziehungen, der Qualität organisatorischer Struktur) gefestigt. Grundsätzlich also ist die dialektische Bewegung *ein fortlaufender Prozess*, der nie zum Ende kommt. Jedes Gleichgewicht kann durch neue Widersprüche aufgehoben werden und muss dann zurückgewonnen werden.

Dennoch besteht in der Realität die Aufgabe, auf eine einigermaßen stabil bleibende Synthese hinzuwirken; weil es eben
auf die Schaffung von Verhältnissen ankommt, die Zuverläs-
sigkeit und Berechenbarkeit garantieren. Man muss nur nicht
enttäuscht sein, wenn eine solche Stabilität nicht voll erreicht
wird. Es ist dann eine neue zu suchen, die dann gefunden ist,
wenn sie auf einem vergleichsweise höheren Niveau etabliert
werden kann.

Als besonderes Beispiel einer von Gegensätzen her entstehenden dialektischen Bewegung hat der *psychotherapeuti-*
sche Ansatz zu gelten. GUSTAV SCHMALTZ, ein Schüler C. G.
JUNGS, betont aufgrund seiner Erfahrungen, es seien die tief-
greifenden Gegensätze, die das eigentliche Leiden des Menschen ausmachten. „So lange diese Gegensätze noch unvereinbar, also kontradiktorisch und nicht polar, erscheinen,
sind sie ein Abbild und die Verursachung aller Not und Wirr-
nis, an der jeder von uns mehr oder weniger zu leiden hat".[1]
Folglich ist es die vornehmste Aufgabe der Psychotherapie,
die Gegensätze als polar zu sehen, und sie von hierher zu mildern und evtl. zu beheben. Im Rahmen der Psychotherapie ist
nun der entscheidende Gegensatz derjenige zwischen dem
Bewussten und dem *Unbewussten*; ein Gegensatz, der sich in
vielen anderen Gegensätzen als diese verstärkend auszuwir-
ken vermag. „Bewusst" sind Vorstellungen, „die deutlich und
intensiv genug sind, um von uns selbst wahrgenommen zu
werden".[2] Bewusst sind dann speziell die Vorgänge des logi-
schen Denkens und der willensmäßigen Akzeptanz und Umsetzung gesellschaftlicher Normen. Das Unbewusste umgreift
demgegenüber die Triebe und Sehnsüchte, die der Mensch auf
Grund bestehender Normen verdrängen muss, die aber dennoch ein eigenartiges, dunkles, vielfach unheimlich bleiben-
des „Dasein" behalten. C. G. JUNG spricht hier vom „Schatten" als dem Teil der Psyche, den der Mensch gerne vernach-
lässigen, bzw. an den er nicht rühren möchte. Zum Unbewussten gehören aber genauso kreative, aufbauende, heilende
Momente. GUSTAV SCHMALTZ ist der Auffassung, dass der

Einzelne hinter diesen positiven Momenten in der Tiefe seines Unbewussten ein numinoses Element (eine göttliche Kraft) zu erkennen und zu erfahren vermag, die SCHMALTZ „das Waltende" nennt.[3]

Wir können die religiöse Komponente beiseite lassen. Der Ausgangspunkt und damit die These ist der Gegensatz zwischen dem Bewussten und dem Unbewussten, den der Einzelne mehr oder weniger deutlich als Spannungszustand erlebt; ein Zustand, der zwar unbefriedigend ist, den er aber erträgt und der somit ein Minimum an Gleichgewicht schafft. Offensichtlich ist das Ertragen dieser psychischen Problematik dann aber doch – speziell bei denjenigen Menschen, die einen Psychotherapeuten aufsuchen – begrenzt. Das heißt: Die Normen des Bewusstseins und die Triebe bzw. Wünsche des Unbewussten prallen aufeinander. Es brodelt gleichsam innerhalb der Psyche des Einzelnen. Es tritt die Phase der „Antithese" ein, hier als Opposition gegen den Status quo, den man bisher hingenommen hat. Hier wird dann gewöhnlich die Therapie einsetzen. Und sie soll gleichsam die „Antithese" kultivieren. Sie setzt dem innerlich aufgewühlten Menschen das Ziel, von seinem Bewusstsein her das Unbewusste weitgehend zu erforschen, bzw. sich über seine Triebe und angstverursachenden Seiten seiner Persönlichkeit Klarheit zu verschaffen und sie in sein Dasein einzuordnen. Man kann auch sagen: Er soll lernen, mit seinem „Schatten" zu leben. Gleichzeitig, auch das ist natürlich ein wichtiges Moment der Therapie, soll der Mensch lernen, auf die positiven, aufbauenden psychischen Kräfte aufmerksam zu werden und von diesen her die Befähigung zu erlangen, die dunklen Seiten des Unbewussten zu bremsen, zu läutern. Über diese psychischen Prozesse geht die Antithese langsam in eine Synthese über. Das Positiv-Unbewusste korrespondiert in diesem Stadium mit dem Bewusstsein. Dabei ist das eigentliche Ziel die Schaffung der Synthese, die hier bedeutet: Aufbau der „Ganzheit der Persönlichkeit" (SCHMALTZ) oder der „Individuation" bzw. der „Selbstverwirklichung" (nach C. G. JUNG). Ist dieser Zustand der erfolgreichen Integration des Unbewussten in das Bewusste erreicht, dann nimmt die Synthese die Gestalt eines höheren Gleichgewichts an.

Die Psychotherapie als System, ihre Erkenntnis der elementaren Lebensvorgänge, stellt ein auffallendes Beispiel dialektischen Denkens und dialektischer Vorgänge dar. Es ist hier jedoch deutlich zu machen, dass unsere Zielsetzung nicht die Betreuung des psychisch kranken Menschen ist, sondern die *Analyse des beruflichen gesellschaftlichen Lebens,* wie es sich in sozialen Organisationen zeigt. Damit ist sicher auch der Einzelne seiner Bedeutung innerhalb der sozialen Organisation entsprechend zu berücksichtigen, ja, ich würde sogar sagen: Dies ist in den Mittelpunkt zu stellen.

In diesem Zusammenhang ist zu betonen, dass die Psychotherapie längst zur Deutung gesellschaftlicher Erscheinungen ganz generell gelangt ist. Solange die Gegensätze unvereinbar sind, so sagt GUSTAV SCHMALTZ, solange besteht „für sehr viele Menschen eine Art latenter Neurose im höheren Sinne, die man ihrem Wesen nach als Leiden an den Gegensätzen bezeichnen kann".[4] Für jeden gilt das Ziel, über seine Aktivität zur Aufhebung der Widersprüche zu einem höheren Gleichgewicht zu gelangen.

Um uns den Rang der Dialektik als Grundphänomen des gesellschaftlichen Lebens zu verdeutlichen, braucht man sich nur einige Beispiele unseres Erfahrungsfeldes zu vergegenwärtigen. Wie vollzieht sich ein Entscheidungsprozess? Stets geht es um eine Analyse der jeweiligen Konstellation und um den Entwurf einer Lösung (These). Es setzen dann Zweifel ein; es werden Alternativen erwogen, „durchgespielt", wobei normalerweise die Reaktionen der anderen, die in diese Angelegenheit einbezogen sind, mit einbegriffen werden (Antithese). Schließlich wird (da man weiter zusammenleben muss) eine Lösung gefunden, in der der ursprüngliche Entwurf und die späteren Alternativen erkennbar („aufgehoben") sind (Synthese).

Dieser Verlauf ist bereits bei der psychologischen Betrachtung des Entscheidungsablaufs zu erkennen; und zwar tritt dies desto deutlicher hervor, je gravierender eine zu treffende Entscheidung für den Einzelnen ist: Der Einzelne macht sich ein Bild über die Lage, überlegt die Wahlmöglichkeiten und „testet" gleichsam die ihm gegebenen Alternativen. Man kann das Sich-Konzentrieren auf die Fakten bereits als These bezeichnen; man kann auch den ersten gedachten Lösungsversuch mit unter die These einordnen. Wesentlich ist, zu erkennen, dass dann spontan Zweifel auftreten, dass dem Entscheider „neue Ideen" bzw. „Bedenken" einfallen; dass unter Einschluss seines Unbewussten (evtl. seiner Triebe und Gefühle, vor allem seines Kreativitätspotenzials) ein Neudurchdenken des Entscheidungsweges beginnt. Es ist hier auf die „Spontaneität" der Akzent zu legen. Das Sich-Konzentrieren auf die Lösung eines Falles oder auf die Art einer zu findenden Entscheidung mobilisiert Phantasie und Denkkraft. „Es kommen" neue Gedanken, obwohl man das möglicherweise gar nicht will. Während dieses Prozesses, der als Antithese zu sehen ist, bleibt der Mensch in innerer Spannung. Gewöhnlich schält sich nach einiger Zeit dann innerhalb des spannungsgeladenen, aber schöpferischen Prozesses eine Lösung (Synthese) heraus, die befriedigt. Damit setzt gleichzeitig bei dem Einzelnen eine mindestens gewisse seelische Erleichterung ein. Das „Umgetrieben-Sein" in der Phase des Suchens, des Zweifelns, das „Hin-und Her-Bewegen" der Argumente, um zu einem Entschluss zu gelangen, kennzeichnet die Antithese; die schließliche Beruhigung, wenn man sich zu einer Entscheidung durchgerungen hat, zeigt die Synthese. Dabei hat wohl jeder die Erfahrung gemacht, dass nach einer endlich getroffenen Entscheidung erneut die Frage (spontan) entstehen kann: Habe ich das wirklich richtig gemacht? Muss man sich das nicht noch einmal überlegen? Da habe ich doch noch vergessen ...; das heißt also: Die Antithese setzt wieder ein! Oder neue Ereignisse verändern die der Entscheidung zu Grunde liegende Konstellation. Auch hier kann sofort die evtl. mühsam gefundene Synthese wieder zur

These werden, von der aus Unruhe, „Umgetrieben-Sein" als antithetische Wirkungen erneut entstehen.

Was schon an dialektischen Prozessen deutlich wird, wenn man die Psyche des Einzelnen ins Visier nimmt, das erkennt man erst recht, wenn die zwischenmenschlichen Beziehungen angesprochen werden.

Sehen wir uns das Feld an, das seit eh und je den Romanciers den Stoff geliefert haben, das Verhältnis zwischen Mann und Frau; und betrachten wir so etwas wie einen Normalfall: Ein Mann in mittleren Jahren ist Familienvater und eigentlich zu Hause und im Beruf zufrieden (These). Seine Lage verändert sich jedoch auf einmal dadurch, dass er auf einer Dienstreise eine andere Frau kennenlernt, die ihn fasziniert, nicht zuletzt, weil sie 15 Jahre jünger ist als seine eigene Frau. Es entstehen bei ihm mannigfaltige Wünsche; gleichzeitig fühlt er sich bedrängt, wenn er an sein Zuhause denkt. Der Charakter des „Umgetrieben-Seins" tritt auch hier ein (Antithese). Man weiß, wie so eine Angelegenheit weitergehen kann. Möglicherweise reagiert „die andere Frau" nach einiger Unsicherheit mit Formeln wie: „Was denken Sie sich eigentlich", „Glauben Sie, ich würde mich mit einem verheirateten Mann einlassen?" Der Mann besinnt sich daraufhin auf seine Pflichten; evtl. erfolgt eine Aussprache mit seiner Frau, oder auch: diese merkt am Verhalten des Mannes, dass offenbar der Reiz der „anderen Einflüsse" deutlich an Wirkung verloren hat. In etwa ist der alte Zustand wieder hergestellt; wobei man annehmen kann, dass diese Entwicklung bei beiden Eheleuten Narben hinterlassen hat, dass aber auch eine Vertiefung der Einsichten in die Werte einer Dauergemeinschaft entstanden ist. Das „Umgetrieben-Werden" des Mannes vermag ihn natürlich auch in eine andere Richtung zu bringen. Die wachsende Scheidungsrate demonstriert diesen Weg, der mit veränderten Wertvorstellungen auf eine neue „Partnerschaft", evtl. auch auf eine „Lebensbereichs-Partnerschaft" hinführt! Wenn die Würfel so gefallen sind, tritt auch hier eine Synthese auf der Basis eines neuen Gleichgewichts ein. Es ist dann nur noch die Frage mit den Kindern zu klären – denkt man liberal, wird man auch hier einen Gewinn an Selbstverwirklichung und persönlicher Entwicklung konstatieren dürfen; und sei es die Einsicht, dass der Verantwortung gegenüber dem anderen Menschen doch wohl eine wesentlich höhere Bedeutung zuzuordnen ist.

Verwenden wir noch einen Augenblick Aufmerksamkeit auf einen anderen zentralen Lebensbereich, dem Verhältnis zwischen Eltern und Kindern. Weil vor allem hier die Zeitachse eine große Rolle spielt, zeigen diese Beziehungen viele sich verändernde Facetten. Ziehen wir einen Entwicklungsstrang heraus. Man kann davon ausgehen, dass die Eltern sich über das Kind freuen, dass sie ihm „alles beibringen" und es fördern wollen. Gegen diese These wendet das Kind sich in der Regel durch eine stets stärker werdende Opposition, die bekanntlich in der Pubertät voll einsetzt (Antithese). Die Eltern belächeln zunächst die Art und Weise, wie das Kind den eigenen Willen zeigt, wie es alles besser machen will. Immerhin sind zunächst die Möglichkeiten, zu einer Synthese als einer Einheit zwischen den Zielen der Eltern und den Zielen der Kinder zu gelangen, vergleichsweise günstig; wobei diese übrigens desto leichter sind, je mehr es den Eltern gelingt, die Interessen und Fähigkeiten der Kinder anzusprechen und sich damit zu identifizieren. Aber die Dialektik setzt immer wieder erneut ein; und innerhalb der Pubertät wird sie härter. Ich erinnere mich, wie auf dem Gymnasium mir ein Mitschüler einmal – im Bewusstsein einer gewonnenen Erkenntnis und zugleich zornig – sagte: „Junge, was ist meine Mutter doof". Er hatte über ein Fachgebiet aus der Schule mit seiner Mutter „diskutieren" wollen und festgestellt, dass sie keine Beziehung zu dieser Thematik besaß. In einem solchen Fall wird es eine Zeit dauern, bis der Sohn über die Liebe zu seiner Mutter zur Verbindung mit der angemessenen Bewertung des Einsatzes der Eltern für seine Ausbildung eine Synthese in dieser Eltern-Kind-Beziehung herzustellen vermag. – Viel proble-

matischer ist es natürlich, wenn die Basis vorliegt, die OSCAR
WILDE mit dem bissigen Bonmot kennzeichnet: „Wenn wir
jung sind, lieben wir unsere Eltern; wenn wir älter werden,
lernen wir sie kennen, und manchmal verzeihen wir ihnen."
Die Kinder lernen in der Tat im Laufe der Zeit die Stärken und
die Schwächen ihrer Eltern kennen; und wenn aus ihrer Sicht
das Negative überwiegt, dann kann die Antithese bis zu einer
kaum wiedergutzumachenden Ablehnung führen. Eine Synthese wäre nur durch Verständnis, Toleranz und Verzeihung
(immerhin geht es um die Eltern) möglich.

Mit diesen Hinweisen soll veranschaulicht werden, dass der
Einzelne in mannigfacher Weise die Erfahrung dialektischer
Prozesse macht; dass es zweckmäßig, ja empfehlenswert ist,
das gesellschaftliche Leben als dialektisches Geschehen zu ka-
tegorisieren oder doch unter dialektischer Perspektive zu be-
trachten und zu interpretieren. Wir werden versuchen, den
Nutzen der dialektischen Methode in der Anwendung auf die
Verhältnisse in sozialen Organisationen (Unternehmen und
Verwaltung) unter Beweis zu stellen.

Anmerkungen

1) GUSTAV SCHMALTZ, Das Machen der Wahrheit im eigenen Herzen (Augustinus)
   und die dialektische Funktion des Unbewussten im Reifungsvorgang; in: „Meditation in Religion und Psychotherapie" Hrsg.: Wilhelm Bitter (Vorträge und
   Aussprachen auf zwei Tagungen der Stuttgarter Gemeinschaft „Arzt und Seel-
   sorger" im Mai und Oktober 1957); Stuttgart 1958, S. 94
2) RUPERT LAY, Meditationstechniken für Manager, Reinbek bei Hamburg, 1979
   S. 40
3) GUSTAV SCHMALTZ, a.a.O. S. 96
4) GUSTAV SCHMALTZ, a.a.O. S. 94

Erster Teil

Die Nutzung der Hegelschen Philosophie
für die Soziologie des Unternehmens

1. Hegels Philosophie der Gesellschaft

1.1 Eine positive Sicht der Welt und ihrer Entwicklung

Man bekommt, das ist also mein Ausgangspunkt, den besten Einblick in die Vorgänge und Gesetzmäßigkeiten des gesellschaftlichen Lebens, wenn man dieses als dialektischen Prozess begreift.

Nun gehört es zum Gemeingut des philosophischen Wissens, dass HEGEL derjenige ist, der die Theorie und Methode der Dialektik auf den Höhepunkt gebracht hat.[1] Dass die Gesellschaft ein ständiges „Werden" darstellt, das ist HEGELsches Denken. Und zur HEGELschen Philosophie gehört die Überzeugung, dass Gegensätze und Widersprüche nicht das Letzte sind, dass vielmehr aus den von ihnen entstehenden Spannungen die Impulse zur Versöhnung und zur Synthese aufkeimen werden und sich entfalten.

Beeindruckend vor allem ist die überall in seinen Werken sichtbare aufbauende und positive Grundhaltung. Man kann ja die Lebensvorgänge auch anders sehen. Bleiben wir hier bei unseren Beispielen. Ist es nicht oft genug so, dass es in der Therapie nicht gelingt, die psychisch Belasteten aus der Depression herauszubringen; und entsteht dann nicht leicht statt der Selbstverwirklichung eine Selbstzerstörung? Wie häufig wachsen sich Zerwürfnisse bis zum „Geht nicht mehr" aus. Ist es also nicht eine Illusion, anzunehmen, die persönlichen und gesellschaftlichen Vorgänge würden sich dialektisch – letztlich mit steter Wendung in die Synthese – vollziehen?

HEGEL unterscheidet zwischen Verstandes-Denken und Vernunft-Denken. Der menschliche Verstand ist ein notwendiges Moment des vernünftigen Denkens. Er vermag zu unterscheiden und zu zergliedern. Er erkennt dabei auch die Gegensätze und stellt die sich damit ergebenden Probleme und Konflikte heraus. Aber der Verstand ist damit auch in Gefahr, in eine Starrheit zu geraten und unflexibel zu werden; und bei dieser Betrachtung werden dann die Lebensvorgänge, speziell solche negativer Art, als „nun einmal so und nicht anders" gesehen. Demgegenüber repräsentiert die *Vernunft* das übergreifende Denken, das auch die in den Widersprüchen liegende Macht des Negativen überwölbt und als Herausforderung einbezieht[2]. Negative und sich widersprechende Ereignisse und Prozesse, das sind für die menschliche Vernunft gerade Antriebe zur Dynamik sowie zur Veränderung des als negativ Gegebenen ins Positive. Die Vernunft verflüssigt gleichsam verhärtete Konstruktionen und festgefahrene Wertvorstellungen. Die Vernunft sucht und sieht neue Zusammenhänge in sich verändernden Systemen. Die Vernunft begreift die Wandlungen des Denkens selbst sowie der gesellschaftlichen Verhältnisse.

Nach HEGEL wäre der Mensch also gefordert, sich zu prüfen, ob er die Gegebenheiten „lediglich" mit dem Verstand sehen will oder mit der Vernunft. Er hätte gerade bei der Verarbeitung schwerwiegender Situationen, die für ihn Enttäuschungen und leidvolle Erfahrungen bedeuten, zu entscheiden, ob er in dem Aufweis unversöhnlicher Gegensätze bzw. antagonistischer Widersprüche stecken bleibt (Verstandes-Analyse); oder ob er sein Leben und sein Schicksal aus einer überlegenen Sicht, eben aus der Sicht der Vernunft betrachten kann oder betrachten will.

Der von der Vernunft bestimmte Aus- und Weitblick ist identisch mit der Sicht in Systemen und Ganzheiten; und der weist mindestens die Möglichkeit auf, die Lebensvorgänge in dialektischer Perspektive anzuschauen. Und dieses Erleben und Denken ist nichts anderes als die Sehnsucht nach einer versöhnenden Synthese der Gegensätze, auf die man hinarbeiten könnte und sollte.

Die genannte positive Sicht bezieht sich auf den gesamten
Geltungsbereich der HEGELschen Dialektik. Und der ist sehr
breit. Man kann VITTORIO HÖSLE beipflichten, wenn er sagt:
„HEGEL vertritt die sicher ungewöhnliche Auffassung, dass
nicht nur Theorien, sondern dass sich auch logische Katego-
rien und reale Gegenstände des natürlichen und geistigen Lebens widersprechen, ja dass sich (fast) alles, was ist, wider-
spricht".[3] Nun interessiert uns speziell das psychologisch-ge-
sellschaftliche Feld: Dass gerade hier die positive Perspektive
Geltung besitzt, das ist deshalb besonders herauszustellen,
weil bei einer dialektischen Betrachtung der gesellschaftlichen
Vorgänge bisher eindeutig KARL MARX Pate gestanden hat.
Und für MARX repräsentierte die Dialektik den „Gegensatz",
und zwar entstehend durch den Besitz bzw. Nichtbesitz an
Produktivkräften mit der Folge von gesellschaftlichen Macht-
und Klassenunterschieden. Bei MARX treibt dann jeder Gegensatz zu revolutionären Veränderungen. HEGEL ist hier viel
offener, umfassender und detaillierter. Dabei ist es keineswegs
so, dass HEGEL nicht auch den scharfen Gegensatz kennen
und in seinem System zur Geltung bringen würde. Man denke an die Beschreibung des „Herr-Knecht-Verhältnisses" in
seiner „Phänomenologie". Man denke auch an die vielen
Stellen in seiner „Geschichtsphilosophie", in denen Konstellationen aufgezeigt werden, wo Gegensätze so stark waren,
dass sie gewaltsam gebrochen wurden. Aber genauso werden
Prozesse des Wachstums und der Reifung, des natürlichen wie
des geistigen Werdens und Vergehens als widersprüchliche
und damit dialektische Vorgänge gesehen. Möglicherweise
liegt in der Breite, in der HEGEL die Dialektik auffasst, der
Grund, warum er die Begriffe „These", „Antithese" und
„Synthese" nicht verwendet. JOHANNES B. LOTZ sagt, in den
meisten Fällen spräche HEGEL von den Phasen „An sich",
„Für sich" und „An und für sich". Sie lassen sich an dem Beispiel der Entwicklung der Eichel erläutern: Die Eichel ist *an
sich* der Eichbaum, aber sie ist es doch auch noch nicht. Deshalb regen sich in ihr Kräfte des Widerspruchs, die zum

Durchbruch bzw. zur Geltung streben. Die Eichel sprengt deshalb ihren Rahmen und treibt in zahlreichen dialektischen Stufen über eine längere Zeitepoche Stamm und Äste, Blätter und Früchte hervor, in denen jeweils ein *Für sich* erreicht wird. Die Entwicklung geht dann weiter, bis schließlich die Eiche vollendet ist. Und die Vollendung bedeutet, dass alles, was an Kräften in der Eichel steckt, zur Entfaltung gelangt ist. Damit wäre dann der Zustand des *An und für sich* erreicht. An diesem Modell hat man sich auch Wachstum und Entfaltung des Menschen in einer jeden Kultur zu veranschaulichen.

Diese Sicht der Welt und ihrer Entwicklung als positiv zu wertende dialektische Vorgänge übernimmt HEGEL von der Philosophie PLATOS. Und von ihm übernimmt er auch den Begriff „Dialektik". Dieser bezeichnet im Griechischen die Kunst der Unterredung. Gemeint ist damit jene Gesprächsführung unter den griechischen Philosophen und ihren Schülern, in denen es um das Finden der Wahrheit geht. Die Kunst der Unterredung also dient dem Finden der Wahrheit; was auch heißt: Es ist stets ein aufrichtiges Suchen, eine auf gegenseitiges Vertrauen beruhende Gesprächskultur gefragt, nicht ein raffiniertes Austricksen des anderen. Die Kunst der Unterredung besteht darin, dass der erste Gesprächspartner eine These entwickelt und vorträgt, die den anderen anregt oder auch provoziert, mit einer Gegenthese zu reagieren. So entsteht ein Gespräch, in dem Argumente ausgetauscht werden; und in dessen Verlauf beide Partner in ihrer Suche nach Wahrheit zu einer Annäherung ihrer ursprünglich differierenden oder auch völlig entgegengesetzten Auffassung gelangen. Eine stete Folge von „Spruch" und „Widerspruch" bewirkt eben eine stetige Erweiterung des Wissens und der Einsicht, der Erweiterung der Informations- und Entscheidungsbasis.

Dazu sagt ROMANO GUARDINI: „Die Gesprächspartner selbst, zu denen Sokrates gehört, werden zu Stufen einer sich allmählich verwirklichenden Notwendigkeit. So sollen im Dialog nicht Meinungen zu Wort kommen: Sokrates sieht in sich selbst nur den Ver-

künder und Zeugen einer vorhandenen, sich allen aufdrängenden
Wahrheit. Durch das Sprechen, durch die Unterredung offenbart
sich der über allem stehende Logos, der alle in seine Gesetze
zwingt".[4] Mit anderen Worten: In einem Gespräch, in dem Wahrheit gesucht wird, da steckt ein numinoses oder spirituelles Element,
von dem aus das Weiterkommen zur verbesserten Einsicht vorangetrieben wird!

Man weiß, dass diese Dialektik als „Methode der Gesprächsführung" den Philosophen des Deutschen Idealismus, speziell
HEGEL, als Vorbild gedient hat, sie zu einer „wissenschaftlichen
Methode" auszubauen. Bei dieser Rezeption darf aber nicht so sehr
an das äußere Modell der Rede und Gegenrede gedacht werden; es
ist viel mehr der dieser Sokratisch-Platonischen Dialektik inne-
wohnende geistige Gehalt, der in die Philosophie übernommen
wurde. Um noch einmal ROMANO GUARDINI zu zitieren: „Wenn
man dem anderen Rede steht, so erwächst durch den Austausch eine objektive Gesetzmäßigkeit; durch das Gespräch offenbart sich
das Transzendentale, das hinter dem Worte steht, das, was die Unterredung erst möglich macht".[5] Weil Sokrates versucht, in der Ge-
sprächs-Dialektik das Allgemein-Gültige hervortreten zu lassen,
deshalb sieht er sich in der Rolle des Fragenden als Hebamme.[6] Diese Dialektik, in der nach Wahrheit und nach dem Allgemein-Gülti-
gen gefragt wird, in welcher sich der „über allem stehende Logos"
offenbart, in welcher das Numinose oder das Göttlich-Geistliche,
oder das Spirituelle im menschlichen Geist bzw. in der menschlichen
Vernunft mindestens ahnbar oder greifbar hervortritt – das ist die
Dialektik, die HEGEL inspiriert hat und die er zum Kernstück seines allumfassenden Systems auszugestalten vermochte. Es ist die
Sokratische Dialektik, in der sich der Logos und damit die göttliche Vernunft offenbart, die HEGEL anspricht, wenn es bei ihm
heißt, „die Vernunft" sei „das Vernehmen des göttlichen Werkes"[7],
sowie: Die Vernunft regiere die Welt und habe „auch die Weltgeschichte regiert".[8]

Seine Aufnahme der Sokratisch-Platonischen Deutung der
Dialektik führt uns wieder zu der Bedeutung zurück, die
HEGEL der Vernunft beimisst. Es ist KARL BARTH zu folgen,
der betont, HEGEL verkörpere das Selbstbewusstsein des den-
kenden Menschen im Anfang der bürgerlichen Epoche; Und
seine Philosophie sei die Philosophie des „Selbstvertrauens".
Dieses sein Selbstvertrauen ist aber eingewurzelt in das Vertrauen an die göttliche Vernunft. „HEGELS Selbstvertrauen ist
ein Vertrauen auf den Geist, der seinerseits mit Gott eins und

dasselbe"[9] ist. Wenn HEGEL betont: „Das Geistige allein ist das *Wirkliche*"[10], so begreift man, dass dieses Geistige die menschliche und die göttliche Vernunft umfasst.

HEGELS Selbstvertrauen, das mit dem Grundvertrauen in die Herrschaft der göttlichen Vernunft identisch ist, das ist es denn auch, was seinem positiven Denken die eigentliche Basis verschafft! Und da, wo in Phasen der Geschichte offensichtlich grobe Triebe und Leidenschaften statt Vernunft dominierte, da spricht HEGEL von der „*List der Vernunft*".[11] Die Vernunft schlägt hier eben Umwege ein, um schließlich wieder zur maßgebenden und weiterführenden Kraft zu werden; und zwar nach dem dialektischen Muster auf eine geschichtliche Gestalt hin, in der ein höheres gesellschaftliches Niveau erreicht wird.

Vergegenwärtigt man sich, dass HEGEL zum Deutschen Idealismus mit seiner großen Liebe zum Griechentum zählt, so ist es wohl nicht ungewöhnlich, wenn er die Erkenntnisse seiner Vernunft als numinose, bzw. als spirituelle Kraft des Geistes und des Denkens erfährt; und dass seine dialektische Philosophie im Vertrauen auf die Gegenwart dieser Kräfte im menschlichen Denken ansetzt.

1.2 Hegels metaphysische Konzeption: Das Sich-Auslegen des absoluten Geistes in Natur und Geschichte, in den subjektiven und den objektiven Geist

Im Mittelpunkt des HEGELschen Denkens steht also die göttliche Vernunft oder das „Absolute"; oder (wie meist in den Kommentaren zu HEGEL gesagt) der „Weltgeist". Zur Lektüre der HEGELschen Werke ist es dabei recht wichtig und hilfreich, zu wissen und zu berücksichtigen, dass die Begriffe „Vernunft", „Geist", „Idee", „Begriff", wenn sie als absolut gesetzt und als Ereignis erlebt werden, alles „Synonyme für die Wirklichkeit aller Wirklichkeit (sind), die mit Gott ein und dieselbe ist".[12] Von hier aus lässt sich HEGELs metaphysische Konzeption entwickeln und verstehen, wie sie für seine Gesellschaftsphilosophie Geltung gewinnt. Nach ihrem Ansatz hat dem Göttlichen Geist die Konstellation, wie sie vor der Erschaffung der irdischen Welt und vor Beginn der Geschichte bestand, nicht genügt. Dies ist aus einer feinsinnigen Deutung dieses Zustandes durch HEGEL zu schließen: „Das Leben Gottes und das göttliche Erkennen mag [...] wohl als ein Spielen der Liebe mit sich selbst ausgesprochen werden; diese Idee sinkt zur Erbaulichkeit und selbst zur Fadheit herab, wenn der Ernst, der Schmerz, die Geduld und Arbeit des Negativen darin fehlt".[13] Von hier aus wird verständlich und deutlich, dass der Geist Gottes (das Absolute) in den Ernst und den Schmerz, in die Probleme und Konflikte (wie man heute sagen würde), jedenfalls in das Negative eintauchen wollte; und zwar mit dem Ziel, in der Auseinandersetzung mit diesem Negativen zur vollen Entfaltung seiner in ihm angelegten Potenz zu gelangen; oder: den Gehalt des Absoluten, der an sich stets in ihm angelegt war, zur Vollendung bzw. zum *An und für Sich* zu entwickeln. Um dieses Zieles willen erschafft Gott de Welt. Um dieses Zieles willen ergießt sich der Geist Gottes in die Welt und wird dort Materie oder kapselt sich in Materie ein; Vorgänge, die HEGEL als „Entfremdung des Geistes" bezeichnet.

So haben wir also nach HEGEL den Zustand, dass der göttliche Geist in alle weltlichen Lebensbereiche eingeht und sie durchdringt. Man kann das Bild einer heißen Springquelle benutzen. Wie ein solcher Geysir fortwährend Wasser nach außen wirft, so treibt der Göttliche Geist ständig Kraft und Energie, Fruchtbarkeit und „Leben" aus sich heraus. So geht der Göttliche Geist in die Materie hinein, bleibt aber auch stets Geist. Er verdoppelt sich gleichsam und tritt sich selbst gegenüber. Folgt man HEGELS Einteilung in seiner „Enzyklopädie", so lässt sich davon ausgehen, dass der absolute Geist sich in der Natur (Philosophie der Natur) und in dem Bereich des individuellen und gesellschaftlichen Lebens (Philosophie des Geistes) auslegt und auswirkt.

Die *Naturphilosophie* wird häufig als der schwächste Teil in HEGELS Philosophie bezeichnet.[14] Wenn man die Maßstäbe der Naturwissenschaft anlegt, dann könnte man dazu gelangen. Geht man dabei davon aus, dass es HEGELS erstes Ziel ist, die Selbstentfaltung des Absoluten aufzuzeigen, dann kann man nur HÖSLE beipflichten, wenn er der Naturphilosophie eine zentrale Stelle in HEGELS System zuordnet.[15] Sie ist deshalb zentral, weil hier klar beschrieben wird: „Die göttliche Idee ist eben dies, sich zu entschließen, dieses Andere [die Natur, d. Verf.] aus sich herauszusetzen und wieder in sich zurückzunehmen, um Subjektivität und Geist zu sein".[16] Und ferner: „Die denkende Naturbetrachtung muss betrachten, wie die Natur an ihr selbst dieser Prozess ist, zum Geiste zu werden, ihr Anderssein aufzuheben".[17] Dieser Prozess gestaltet sich nach dialektischem Muster als vielfältige Prozessfolge, in deren Verlauf das Geistige mehr und mehr hervorkommt, erfahrbar, ja sichtbar wird. Deshalb ist die Natur als „ein *System von Stufen* zu betrachten, deren eine aus der anderen notwendig hervorgeht und die nächste Wahrheit derjenigen ist, aus welcher sie resultiert".[18] Und was die organische Physik betrifft, so ist es der Tod der Natur, von der aus der dialektische Umschlag in den Geist erfolgt. Tod, das ist „der *Übergang des Natürlichen in den Geist*; im Lebendigen

hat die Natur sich vollendet und ihren Frieden geschlossen,
indem sie in ein Höheres umschlägt. Der Geist ist so aus der
Natur hervorgegangen".[19] Im gleichen Sinne: „Die Natur ist
sich ein Anderes geworden, um sich als Idee wieder zu erkennen und sich mit sich zu versöhnen".[20]

Der *Philosophie des Geistes* hat HEGEL offensichtlich einen
deutlich höheren Stellenwert gegeben. Er sagt, die Natur werde zwar vom Geist durchwirkt; kennzeichnend sei bei ihr jedoch ein immer sich wiederholender Kreislauf. Die Natur
bringe als das „vielförmige Spiel ihrer Gestaltungen eine Lan-
geweile mit sich".[21] Von der Geist-Philosophie aus betrachtet, da würde man erkennen, dass aus den Änderungen, die
sich auf dem geistigen Boden ereigneten, Neues hervorkäme.
Dabei bestehe das Wesentliche darin, dass der Mensch als
primär geistiges Wesen eine wirkliche Veränderungsfähigkeit, und zwar zum Besseren habe, die HEGEL „Trieb der *Per-
fektibilität*"[22] nennt. HEGELs Philosophie des Geistes, das ist
zunächst Philosophie des subjektiven Geistes; und sie gilt
dem Menschen und seiner Entwicklung. Der Mensch ist Natur und Geist, wird aber vom Geist geprägt. Sowohl unter ge-
schichtlichem wie unter psychologischem Aspekt entfaltet er
sich nach dem Modell eines ständigen dialektischen Voranschreitens. Während dieses Verlaufs bilden sich der menschliche Geist und die menschliche Vernunft immer origineller,
vollkommener, aus. Und so sucht die Philosophie des subjektiven Geistes die Entwicklungsstufen des menschlichen Bewusstseins im Strome des geschichtlichen Werdens, das immer auch ein geistiges Werden ist, festzulegen. In diesem Zusammenhang stellte J. B. LOTZ in seinen Vorträgen heraus,
dass der Mensch nach HEGEL gerade deshalb Mensch ist, weil
er immer schon in das Absolute mit einbegriffen sei. Dieses
trete umso deutlicher hervor, je stärker die inneren Kräfte des
Individuums sich auf Flexibilität und Weiterentwicklung kon-
zentrierten. Der absolute Geist befinde sich eben in ständiger
Bewegung; und damit sei auch das Gebot nach Wandlungs-
bereitschaft des Menschen gegeben.[23]

Natürlich leben die Individuen nicht allein, sondern befinden sich über Familie und Kooperation, über gruppenartige Verbindungen und unter staatlichen Ordnungen in vielfältigen Lebenszusammenhängen. Diese werden mit dem Begriff des „objektiven Geistes" erfasst. Und sie umschließen zwei Sektoren, einmal die *Philosophie der Geschichte* und zum anderen die *Philosophie des Rechts*. In der Philosophie der Geschichte ist die metaphysische Grundlage besonders offen angesprochen: „Denn die Weltgeschichte ist die Darstellung des göttlichen, absoluten Prozesses des Geistes in seinen höchsten Gestalten, dieses Stufenganges, wodurch er seine Wahrheit, das Selbstbewusstsein über sich erlangt".[24] Geprägt werden die geschichtlichen Gestalten durch „Welthistorische Volksgeister" wie zum Beispiel durch die Griechen. Jeder Volksgeist zeichnet sich durch eigene Staatsverfassung, durch eigene Kunst, Religion und Wissenschaft aus. „Diese Stufen zu realisieren, ist der unendliche Trieb des Weltgeistes, sein unwiderstehlicher Drang [...]. Die Weltgeschichte zeigt nur, wie der Geist allmählich zum Bewusstsein und zum Wollen der Wahrheit kommt; es dämmert in ihm, er findet Hauptpunkte, am Ende gelangt er zum vollem Bewusstsein".[25] Wir sahen schon, dass HEGEL die Zeiten der Schrecken innerhalb der Geschichte keineswegs fremd sind. Aber sub specie aeternitatis sieht er in diesen Zeiten den Geist als „wirkende List der Vernunft". Dadurch darf aber nicht übersehen werden, „dass das wahrhafte Gute, die allgemeine göttliche Vernunft auch die Macht ist, sich selbst zu vollbringen. Dieses Gute, diese Vernunft in ihrer konkretesten Vorstellung ist Gott. Gott regiert die Welt, der Inhalt seiner Regierung, die Vollführung seines Planes ist die Weltgeschichte".[26] Von dieser Betrachtung her wird auch deutlich, in welchem systematischen Bezug die Vernunft als „Vernehmen des göttlichen Werkes" die Geschichte bestimmt.[27]

Die Analyse weltpolitischer Entwicklungen ist für HEGEL dann ganz zwangsläufig auch eine Analyse staatlicher Verfassung und Rechtsordnung. In der staatlichen Kultur, insbesondere in ihren gültigen Werten und Gesetzen, wird der objektive Geist erkennbar; in dem sich wiederum der absolute Geist auslegt. HEGEL drückt das in Aussagen aus wie: „Der Staat ist die Wirklichkeit der sittlichem Idee";[28] und: „Der Staat ist die göttliche Idee, wie sie auf Erden vorhanden ist".[29]

HEGEL konzentriert sich in seinen Schilderungen vor allem auf diejenigen Staaten, die jeweils durch ihre Macht und ihren Einfluss den Geschichtsverlauf bestimmt haben. Sein spezielles Interesse aber gilt dem durch die Aufklärung geprägten Staat seiner Zeit, der ihm im Preußentum der Nach-Napoleonischen Ära die Anschauung bietet.

Durchdenkt man diese Grundkonzeption, so begreift man, dass sie nach dem Modell einer allumfassenden Dialektik aufgebaut ist, die alle übrigen dialektischen Bewegungen als Subkomponente in sich einbezieht. Der Zustand, wie er vor der Erschaffung der Welt existiert hat, ist die These. Das Sich-Auslegen des göttlichen Geistes in Natur und Gesellschaft ist die Antithese. So betrachtet befindet sich unsere Welt sowohl in unserer bisherigen Geschichte als auch unter dem Gesichtspunkt einer überschaubaren Zukunft sozusagen in dem Zustand einer Antithese im Großen. Gleichzeitig besteht unsere Welt aus einer unübersehbaren Vielfalt kleinerer und größerer dialektischer Prozesse. Sie alle geschehen innerhalb der Antithese im Großen. Sie alle bringen phasenweise Verbesserungen. Sie dienen letztlich nur dem Ziel, auf die Synthese im Großen hinzuführen. Die aktiv werdenden Kräfte der Menschen, diese „unermessliche Masse von Wollen, Interessen und Tätigkeiten sind die Werkzeuge und Mittel des Weltgeistes, seinen Zweck zu vollbringen, ihn zum Bewusstsein zu erheben und zu verwirklichen; und dieser ist nur, sich zu finden, zu sich selbst zu kommen und sich als Wirklichkeit anzuschauen".[30] Diese Synthese im Großen ist am Ende der Zeiten erreicht; dann wird die ursprünglich mit der Entstehung der Welt erfolgte Entfremdung des Geistes aufgehoben sein, da die Welt als Ganzes Geist geworden ist.

Bei dem großen Reichtum HEGELscher Gedanken wäre es vermessen zu sagen, diese metaphysische Konzeption sei die richtige, die einzige oder die einzig mögliche. Aber von der Absicht aus, die HEGELsche Gesellschaftsphilosophie für die Erkenntnis sozialer Systeme fruchtbar zu machen, erscheint mir diese Konzeption die angemessenste. In ihr wird sichtbar, wie sehr die Zukunft des Individuums, der Gesellschaft, des Staates in das ständige Fortschreiten des Absoluten einbezogen ist.

1.3   Die bürgerliche Gesellschaft: Soziologische Analyse und ethische Bewertung

HEGEL hat in seiner metaphysischen Konzeption die Grundlage gesehen, die politische Geschichte sowie die Geschichte der Kulturen und Religionen zu interpretieren. Entscheidend für meinen Ansatz ist es, dass er auch die Gesellschaft seiner Zeit, die „bürgerliche Gesellschaft" vor diesem Hintergrund soziologisch analysiert, ethisch bewertet und Akzente für das politische Handeln setzt. Immerhin ist das soziale System „Unternehmen", mit dem wir uns im Folgenden näher beschäftigen wollen, auch heute noch ein System eben dieser bürgerlichen Gesellschaft.

In der Gesellschaft mit ihren gegensätzlichen Forderungen und Verpflichtungen vollziehen sich die dialektisch zu sehenden vielfältigen Kommunikationsprozesse und Verschränkungen zwischen Individuen sowie zwischen Individuen und größeren sozialen Einheiten. Wir sahen, dass HEGEL hier vom subjektiven und vom objektiven Geist ausgeht. Innerhalb seiner Staats- und Gesellschaftslehre spricht er hier meist vom „Besonderen" und vom „Allgemeinen". Das eine Prinzip, so heißt es an einer Stelle, ist die „konkrete Person, welche sich als *besondere* Zweck ist". Sie steht mit anderen Personen so in Verbindung, „dass jede durch die andere und zugleich schlechthin nur als durch die Form der *Allgemeinheit, das andere Prinzip, vermittelt* sich geltend macht und befriedigt".[31] Und man spürt förmlich die Dialektik, die zwischen beiden Prinzipien liegt, wenn HEGEL schreibt, „In der bürgerlichen Gesellschaft ist jeder sich Zweck, alles andere ist ihm nichts"; und gleichzeitig: „Aber ohne Beziehung auf andere kann er den Umfang seiner Zwecke nicht erreichen".[32]

Der bürgerlichen Gesellschaft systemimmanent, so erkennt schon HEGEL, ist der *hohe Stellenwert der Wirtschaft*; und speziell ihre *Orientierung auf den Markt*. Und es ist leicht einsehbar, dass die dialektische Bewegung sich in besonderem Maße auf die wirtschaftlichen Zusammenhänge bezieht. Die Produktion sowie der Austausch von Gütern und Dienstleistungen nach dem Grundsatz von Angebot und Nachfrage bringen eine „Abhängigkeit und Gegenseitigkeit der Arbeit und der Befriedigung der Bedürfnisse" mit sich, nach der die *„subjektive Selbstsucht* in den *Beitrag zur Befriedigung der Bedürfnisse aller anderen"* umschlägt. HEGEL schildert weiter, dass „indem jeder für sich erwirbt, produziert und genießt, er eben damit für den Genuss der Übrigen produziert und erwirbt".[33] Unter dem Gesichtspunkt der ökonomischen und der gesellschaftlichen Stabilität betrachtet HEGEL die entstehende Industrie seiner Epoche und die damit aufkommenden neuen Verhältnisse zwischen den gesellschaftlichen Schichten. Er erkennt die Probleme der Menschen, die durch die stärker werdende Arbeitsteilung in Abhängigkeit und Not geraten. Er spricht vom „*Übermaße des Reichtums*", und gleichzeitig davon, dass diese Gesellschaft *„nicht reich genug* ist [...], dem Übermaß der Armut und der Erzeugung des Pöbels zu steuern".[34] Die Erzeugung des Pöbels entsteht durch das „Herabsinken einer großen Masse unter das Maß einer gewissen Subsistenzweise".[35] HEGELs Schüler MARX wird wenige Jahrzehnte später vom „Proletariat" sprechen. Wiederum „entsteht im Pöbel das Böse, dass er die Ehre nicht hat, seine Subsistenz durch seine Arbeit zu finden, und doch seine Subsistenz zu finden als sein Recht anspricht".[36] Offensicht-

lich erkennt HEGEL, dass die Gefahr eines deutlichen An-
wachsens dieser Gesellschaftsschicht besteht; einer Schicht,
der bis dahin die Armen und Unterprivilegierten – die es, wie
SOMBART[37] aufzeigt, immer gegeben hat – zugeschlagen wurden. HEGEL betont dabei: „Die wichtige Frage, wie der Armut abzuhelfen sei, ist eine vorzüglich die modernen Gesellschaften bewegende und quälende".[38] Kurzfristig betrachtet
kann HEGEL kein Rezept anbieten, wie diese Lage geändert
zu werden vermag. Wenn man HEGELS Denken unter mittel-
und längerfristiger Perspektive betrachtet, so festigt sich jedoch der Eindruck, dass auch (oder sogar gerade) hier sein
positives Denken und seine Überzeugung von der vorwärts-
drängenden Kraft des Geistes entscheidend ist für das Vertrauen, dass die bürgerliche Gesellschaft mit Blick auf die Zukunft diese Problematik lösen kann. Dies ergibt sich aus folgenden Momenten:

1. Die (im Vergleich zu den bisherigen Wirtschaftsformen)
    starke Liberalisierung in Verbindung mit der Produktivität
    der beginnenden Technisierung erbringt ein *höheres Sozi-
    alprodukt* und ein *steigendes Volkseinkommen.* Mit Blick
    auf die Entwicklung in England schreibt HEGEL: „Durch
    diese ihre Dialektik wird die bürgerliche Gesellschaft über
    sich hinausgetrieben".[39]

2. In diesem Zusammenhang ist auf die Bedeutung hinzu-
    weisen, die HEGEL der *Arbeit* beimisst. Es ist die gemein-
    same Arbeit, die das höhere Sozialprodukt und ein stei-
    gendes Volkseinkommen schafft! Wenn auch durch die
    Technisierung die Gefahr des Herabsinkens einer breiten
    Bevölkerungsschicht in Beschäftigungslosigkeit und Ar-
    mut droht, so wird sich gerade andererseits mit Hilfe eben
    der Technisierung (der „Abstraktion des Produzierens")
    ein Zuwachs an „Produktionen" ergeben,[40] dies allerdings
    nur, wenn es der bürgerlichen Gesellschaft gelingt, die Ar-
    beit hochwertiger, qualitativer werden zu lassen. Und so
    tritt das Erfordernis der *Bildung* hervor. Nach HEGEL glie-

dert sich die Bildung in „praktische Bildung" und „theoretische Bildung". „Praktische Bildung", das bedeutet hoher Stand an Fähigkeiten und Fertigkeiten, insbesondere
manueller Art. „Theoretische Bildung", das ist Aufnahme
von abstraktem Wissen, aber auch Training der geistigen
Beweglichkeit und Schnelligkeit des Denkens. Die Intensivierung der Qualifikation motiviert den Menschen, da er
die Arbeit erfahrbar besser zu leisten vermag.[41] Umgekehrt
ausgedrückt: „Der Mensch ist vorzüglich dadurch unzufrieden, wenn er seinen Beruf nicht ausfüllt".[42]

3. Mit dem höheren Stellenwert von Qualifikation und Bildung für die breite Bevölkerung wächst der *gesellschaftliche Rang des Berufs sowie des Berufsstandes*. Der Be-
   rufsstand ist gegenüber dem Individuum das Allgemeine.
   „Wenn der Mensch einen Beruf hat", so HEGEL, „tritt er
   zu dem Anteil und Mitwirken an dem Allgemeinen ein und
   wird dadurch ein Objektives".[43] Und es ist wichtig, dass
   er sich selbst sagen kann, er habe sich „aus eigener Bestimmung, durch seine Tätigkeit, Fleiß und Geschicklich-
   keit zum Gliede eines der Momente der bürgerlichen Gesellschaft" gemacht.[44] Dadurch hat er dafür gesorgt, „in
   seiner Vorstellung und der Vorstellung anderer *anerkannt*
   zu sein".[45] Die Prosperität der Wirtschaft, durch welche
   die bürgerliche Gesellschaft über sich hinausgetrieben
   wird, schafft die Zuversicht, dass die unterprivilegierte
   Schicht in die ständische Gesellschaft aufgenommen wird.

4. Diese Zuversicht, dieses Vertrauen in die positive Entwicklung von Wirtschaft und Gesellschaft wird noch erhöht dadurch, dass HEGEL sich insofern als Lutherischer
   Theologe erweist, als er in Verbindung mit dem technischen Fortschritt auf die Arbeitsmoral, auf „Fleiß und
   Zucht" setzt,[46] denn es kristallisiert sich die Gewohnheit
   objektiver Tätigkeit und allgemeingültiger Geschicklich-
   keiten[47] (man könnte auch sagen: der klar auf die fortschrittliche Entwicklung von Wirtschaft und Gesellschaft
   qualifizierte Arbeitseinsatz) heraus.

In HEGELS Philosophie des Staates und der Gesellschaft gibt
es eine Fülle von ethischen Aussagen, die auf sittliches Sollen
und Sittlichkeit hinzielen. Insbesondere ist hier auf seine Deutung des „freien Willens" hinzuweisen. Er kann als Grundlage der ethischen Anforderungen angesprochen werden.

Freiheit ist für ihn das Freisein von Abhängigkeit gegenüber
den Trieben und den Gefühlen, die ständig aus den unbewussten oder halbbewussten Bereichen des natürlichen Menschen aufsteigen. Freiheit ist freie Entfaltung geistiger Kräfte,
ist Souveränität des Geistes. Freiheit ist wertorientiert, ist
Offen-Sein des subjektiven Geistes gegenüber den Werten des
objektiven und damit auch des absoluten Geistes. Entsprechend seiner Evolutionstheorie (so kann man seine Philosophie auch bezeichnen) sagt er: „Die Weltgeschichte ist der
Fortschritt im Bewusstsein der Freiheit".[48]

Wille ist für *Hegel* zunächst „an sich das Bewusstsein der Persönlichkeit"; oder, noch stärker, er soll „*selbst*bewusstes Wesen aller und jeder Persönlichkeit" sein.[49] Der Wille stellt sich
dann als derjenige Teil des Bewusstseins dar, der sich auf das
praktische Verhalten bezieht („der Wille [...] ist wesentlich
Tätigkeit und Handlung".[50]) Wichtig ist, dass demnach der
Wille dem Bewusstsein und damit dem Denken zuzuschreiben
ist. Er bezeichnet deshalb den Willen als „höheres Begehrungsvermögen" und setzt dies von dem Trieb als „niederes
Begehrungsvermögen" ab.[51] HEGEL zieht nun „Freiheit und
Willen" zum „freien Willen" zusammen. Beide Elemente sind
für ihn nahezu eine Einheit. „Die Freiheit ist [...] ebenso eine
Grundbestimmung des Willens, wie die Schwere eine Grundbestimmung der Körper ist [...], das Schwere macht den Körper aus und ist der Körper. Ebenso ist es mit der Freiheit und
dem Willen, denn das Freie ist der Wille".[52] Der „freie Wille" ist das Bewusstseinszentrum des Menschen. Das bedeutet
vor allem: der „freie Wille" ist die Steuerungsinstanz des Individuums. Das zeigt HEGEL nachdrücklich damit auf, dass
er den freien Willen von der „Willkür" absetzt. Der „ge-

wöhnliche Mensch glaubt, frei zu sein, wenn ihm willkürlich
zu handeln erlaubt ist, aber gerade in der Willkür liegt, dass
er nicht frei ist".[53]

Es wird ersichtlich, dass es vor allem die ethischen Grundlagen sind, von denen aus Hegel die Verklammerung in Verbindung des Subjektiven oder auch des Besonderen in das Objektive bzw. Allgemeine erwartet. Der *objektive Geist,* der im
Kern aus dem Netzwerk der Werte und Wertbeziehungen besteht, die Staat und Gesellschaft tragen und formen, trans-
formiert sich in den *subjektiven Geist* oder sucht das jedenfalls zu tun. Man kann auch sagen: Er übt einen Sog auf den
subjektiven Geist aus. Letzterer (speziell: der die Steuerungsinstanz verkörpernde freie Wille) soll sich positiv in die allgemeine Wertordnung eingliedern. Das Subjekt kann das,
und zwar deshalb, weil sein freier Wille gleichsam als Kon-
trollmoment das *Gewissen* hat. „Das wahrhafte Gewissen ist
die Gesinnung, das, was *an und für sich* gut ist, zu wollen";[54]
und ihm sagt immer sein Inneres, was zu tun ist.[55] Freilich ist
hier leicht ein Widerstreit zwischen den Menschen möglich.
Der Gewissensentscheid des einen muss nicht mit dem der anderen übereinstimmen. Deshalb ist ein Konsens mit anderen
Wertauffassungen zu suchen und zu fixieren. Das heißt auch:
die Moralität als subjektives Element muss sich in die *Sittlichkeit* (als die übergeordnete objektive Gestalt der ethischen
Normen) integrieren; denn die „Einheit des subjektiven und
des objektiven an und für sich seienden Guten ist die *Sittlichkeit".*[56]

2. Unternehmensphilosophie: Hegels Philosophie der Gesellschaft als Basis für die Soziologe des Unternehmens

2.1 Zur Übernahme des Hegelschen Denkens in die Praxis

Wesentlich für mich ist, dass sich HEGEL mit Staat und Gesellschaft seiner Epoche beschäftigt. Er verbindet dabei, so stellt es sich dar, soziologische und ethische Gesichtspunkte. Man könnte sagen, dass seine Stellungnahmen zum Staat mehr der Ethik gewidmet sind. Hier steht im Vordergrund, wie das Gemeinwohl erreicht werden kann. Die Analyse der Gesellschaft ist deutlicher auf den Ist-Zustand bezogen. Auch hier aber werden die ethischen Werte wie Verantwortung für den anderen und für das soziale System immer mit einbezogen. Im Übrigen ist der Staat vor allem in seiner Ordnungsfunktion für die Gesellschaft von Bedeutung.

HEGEL interpretiert das gesellschaftliche Leben sehr stark von der Notwendigkeit der Arbeit sowie von der Sinnerfüllung durch die Arbeit. Der freie Wille hat sich in der Aktivität und in der Verpflichtung zum Handeln zu zeigen. Die Integration des Individuums in größere Gemeinschaften sowie das Erlebnis der inneren Zufriedenheit innerhalb des Alltags entstehen über den Berufserfolg. Die Bildung soll insbesondere auf die Praxis bezogen werden.

In diesem Zusammenhang drängt sich die Frage auf, in welchem Rahmen und in welchem Sektor der Gesellschaft Arbeit und Beruf, Aktivität und weiterführende Bildung sowie pragmatischer Wille gefragt sind. Natürlich kann man sagen: überall. Konkreter, realistischer und spezifischer im Sinne

HEGELS lässt sich aber sagen: insbesondere da, wo Wertschöpfung für die Wirtschaft und Gesellschaft geleistet wird,
nämlich im Betrieb. Das zeigt sich zunächst in der Landwirt-
schaft. Seine berühmte Darstellung des „Herr-Knecht-Verhältnisses" wird in der landwirtschaftlichen sozialen Einheit
„Gutsherrschaft" lokalisiert. Und die Hoffnung auf wachsende Prosperität, die HEGEL mit Blick auf die weiter ent-
wickelte Betriebsorganisation in England hat, zeigt seine Beziehung zur technischen Rationalisierung. Man denke hier an
das 1776 erschienene Buch von ADAM SMITH über den
„Wohlstand der Nationen". Dies geht von dem „Stecknadel-
beispiel" aus, das heißt von einem Beispiel, an dem der Fortschritt der Produktivität innerhalb der Kooperation im Betrieb veranschaulicht wird.

HEGEL studiert und beschreibt Staat und Gesellschaft also als
Gesamtsystem. Er sucht die Bedingungen der Ordnung, des
Zusammenlebens und des Zusammenarbeitens zu erfassen.
Er stellt die wirtschaftliche Lage der Bevölkerung (speziell der
Armen und Unterprivilegierten) in ihrer Problematik und mit
den sich abzeichnenden Chancen heraus. Er weiß aber gleichzeitig, dass die Probleme wie die Chancen primär in den einzelnen sozialen Systemen liegen müssen, in denen gearbeitet
wird, in denen Leistungsbereitschaft und Aktivität, Kreativität und Wille zum Handeln und Anpacken der Aufgaben gefragt sind.

Unverkennbar also zeigen sich viele Parallelen zur heutigen
Aufgabenstruktur in den Unternehmen und Verwaltungen.
Dies tritt noch deutlicher hervor, wenn man die Schwerpunkte betrachtet, die HEGEL in Verbindung mit seiner metaphysischen Konzeption herausstellt: das Individuum mit
seinen Möglichkeiten zur Selbstentfaltung, die Anerkennung
des anderen über den Aufbau der Kommunikation; sowie die
Integration des Individuums in das übergreifende soziale System.

Erst recht wesentlich wird die Anknüpfung der Soziologie des Unternehmens an die HEGELschen Gedanken, wenn man sich die heute in der Praxis der Unternehmen bestehenden Neigungen vor Augen hält, ihre Grundsätze und Strategien als „Unternehmensphilosophie" zu bezeichnen. Mit dem Begriff „Philosophie" wird in der Tat ein großes Wort gelassen ausgesprochen. Oft wird es unreflektiert und oberflächlich verwendet. Schon bei PETER F. DRUCKER heißt es: „Mit dem Wort ‚Philosophie' wirft man heute in den Kreisen des Managements mit fröhlicher Unbekümmertheit um sich".[57] Dabei hat man doch zu beachten, dass Philosophie „Liebe zur Weisheit" bedeutet, dass sie das Streben des Menschen nach Erkenntnis der letzten Dinge, Werte und Sinnzusammenhänge des Lebens umgreift.

Wenn man es mit der Benutzung des Begriffes „Unternehmensphilosophie" wirklich ernst nimmt, dann bedeutet das, dass man den Sinn der unternehmerischen Tätigkeit sowie der Aktivitäten eines Unternehmens im Interesse der wirtschaftlichen und gesellschaftlichen Entwicklung zu erfassen strebt. Und dann ist eine solche Unternehmensphilosophie auf der Basis einer philosophisch abgesicherten Grundhaltung aufzubauen; und ich bin der Auffassung, dass die HEGELsche Philosophie mit ihrer umfassenden Sicht für Pragmatismus und Ethik diese Basis in optimaler Weise abzugeben vermag.

Es wurde verdeutlicht, dass HEGELs Philosophie der Gesellschaft auf einer metaphysischen Konzeption aufgebaut ist. Kann diese Grundhaltung noch Geltung beanspruchen? Bedenkt man die geschichtliche Entwicklung in den letzten zweihundert Jahren, kann es nicht verwundern, dass diese Basisvorstellung HEGELs mindestens skeptisch betrachtet, teilweise abgelehnt oder nicht zur Kenntnis genommen wird. Hierzu ist zunächst anzumerken, dass der HEGELschen Metaphysik das Schicksal aller der Transzendenz verpflichteten philosophischen Richtungen und Glaubenshaltungen bereitet

worden ist, nämlich einer Abwertung oder auch einer Ab-
leugnung des eigentlichen Kerns. Das Stichwort lautet „Sä-
kularisierung". Es sind geistesgeschichtliche Entwicklungen,
in denen die jeweils zentralen Anliegen mehr oder weniger
übersehen bzw. meist bewusst, wenn auch etwas verschämt,
umgangen werden.

Gleichzeitig ist es überraschend und bemerkenswert, dass
ethische Werte und Verhaltensnormen, die aus dem Zentrum
der jeweiligen philosophischen (oder religiösen) Grundhal-
tungen entstanden sind, Bestand gezeigt haben; ja in ihrer Bedeutung noch gestiegen sind. Dies ist recht eindrucksvoll in
der Geltung der in den Verfassungen der westlichen Demokratien kodifizierten *Menschenrechte* zu sehen. HEGEL gehörte in seiner Epoche zu den Denkern, die diesen Fortschritt,
nämlich eine tragfähige Ethik für die Gesellschaft zu entwickeln, vorangetrieben haben. Er war nicht der einzige. Er
war aber derjenige, der am überzeugendsten auf die Schwierigkeiten und Möglichkeiten der Realisierung dieses Anlie-
gens verwiesen hat; nämlich darauf, dass auch eine bewusst
ethisch orientierte Politik sich in der Realität in andauernden
dialektischen Prozessen und in der hier immer wieder auf-
tauchenden Macht des Negativen zu bewähren hat.

Wir stoßen also wieder auf die ethischen Werte, die HEGEL in
seiner Gesellschaftsphilosophie herausgearbeitet hat. Sie gelten in gleicher Weise für die Unternehmensphilosphie. Auch
für das Verhalten im sozialen System „Unternehmen" geht es
um die Freiheit sowie um die Verantwortung gegenüber dem
anderen und der übergreifenden Institution; um den Einsatz
des Wollens gegenüber den belastenden Trieben. Der Respekt
vor der Menschenwürde und die Integration in Sitte und Sittlichkeit steht in besonderem Maße im Vordergrund.

Unternehmensphilosophie im Sinne HEGELs setzt also an mit
der Kombination bzw. dem Ineinander-Verschränktsein von
Dialektik und Ethik. In unserem Zusammenhang bedeutet

das: Es kann durchaus dem Leser überlassen bleiben, ob er
die metaphysische Grundlage HEGELS für sich mit akzeptieren will oder nicht. Entscheidend ist, dass die dialektischen
Bewegungen, innerhalb derer die Widerstände entstehen, von
den Forderungen der Ethik her verantwortlich beobachtet
und gestaltet werden. Ein dialektisches Geschehen einschließlich der Widersprüche vermag zwar ganz spontan zu
entstehen, man kann dieses aber nicht einfach „laufen lassen", sondern es muss verantwortlich vorangetrieben werden.
Das wiederum heißt, letztlich verantwortliche Verhaltensweisen entwickeln und so umsetzen, dass eine Unternehmenskultur entsteht, in der sich zu arbeiten und zu leben
lohnt. So wird dann eine Integration der subjektiven und objektiven Werte entstehen, die einen Optimismus im Sinne
HEGELS rechtfertigt.

Was die Einschätzung seiner metaphysischen Konzeption betrifft, so ist bei aller Beachtung und Respektierung der geis-
tesgeschichtlichen Entwicklung doch noch ein Hinweis zu
machen: Es wird von mir als selbstverständlich angesehen,
dass HEGEL zu seinen Erkenntnissen durch die Vernunft bzw.
durch „reines und spekulatives" Denken gelangt ist – primär
jedenfalls. Ich bin aber auch der Auffassung, dass seine Einsichten durch ein inneres Erleben mitbestimmt worden sind,
welches heute gerne mit „Meditation" bezeichnet wird. Bezieht man diesen Ansatz mit ein, wird man seine Philosophie
sofort mit größerem Interesse beachten. Wenn man nämlich
an die zunehmende Vorliebe denkt, die den asiatischen Religionen und auch einer Vielzahl von esoterischen Lehren entgegengebracht wird, so erkennt man, dass die Sehnsucht nach
einer geistig-numinosen Wirklichkeit, die auf unsere Welt
einwirken soll oder kann, größer ist, als es bei einer ersten
Analyse der gegenwärtigen Weltsicht und Geisteshaltungen
erscheint. Und man wird sagen können, dass HEGEL jeden
Vergleich mit dieser „Konkurrenz" aushält; und zwar, weil er
die Erlebnisse und Anschauungsmöglichkeiten des Geistigen
stets in erster Linie von der übergreifenden Vernunft her gestaltet, steuert und bereichert.

Wenn hier vom meditativen Ansatz gesprochen wird, so will ich
damit einen Akzent setzen, der in Verbindung mit einigen Schlüs-
selzitaten HEGELS begründet werden soll. Dabei ist zunächst zu
berücksichtigen, dass HEGEL in seiner „Logik" für den Ausdruck
„absoluter Geist" die Kennzeichnung: „absolute Idee" vornimmt.
Und da heißt es: „die absolute Idee allein ist *Sein*, unvergängliches
Leben, sich wissende Wahrheit und ist *alle Wahrheit*".[58] Dieses Absolute in seinen vielfältigen Auslegungen und Gestaltungen zu erfassen, das ist Aufgabe der Kunst, der Religion und Philosophie. Die
„höchste Weise", dies zu vermögen, das ist die Philosophie; „weil
ihre Weise, die höchste, der Begriff ist. Sie fasst jene Gestaltungen
der reellen und ideellen Endlichkeit sowie der Unendlichkeit und
Heiligkeit in sich und begreift sie und sich selbst".[59] Es ist nicht einfach, angemessen zu interpretieren, was HEGEL unter „Begriff" versteht. In unserem Zusammenhang sehe ich das wichtigste Moment
darin, dass er als die Gesamtheit des menschlichen Erkenntnis- und
Erlebnisvermögens zu verstehen ist, von dem aus die Beziehung zum
absoluten Geist möglich wird. Wenn HEGEL vom Begriff als „Das
Höchste des Denkens"[60] spricht, so meint er nicht den üblichen
Vorgang des Erkennens und des „Sich-Orientierens: Ich *habe* wohl
Begriffe, d. h. bestimmte Begriffe, aber Ich ist der reine Begriff
selbst, der als Begriff zum *Dasein* gekommen ist".[61] Meditativer Ansatz soll bedeuten, dass hier die Vernunft als übergreifender und
umfassender Erkenntnisvorgang zu sehen ist, der sich nicht mit
Denken im Sinne von Verstandesfunktionen erschöpfen kann. Erfassen, was zum „Dasein" kommt, das kann sich nur in Zusammenhang mit Intuition und innerer Anschauung ergeben. Und die
Unendlichkeit und Heiligkeit kann doch nicht allein durch eine dür-
re Begriffsbezeichnung begriffen werden. Entscheidend ist, dass die
Erkenntnis von der höheren Vernunft her stets ein Erleben im Gefolge haben wird. Und die Widersprüche in Sein und Denken, die
werden als die Macht des Negativen „erlebt". Gleichzeitig werden
die Impulse, die Kreativität, die Aufwärtsentwicklungen, die Kräfte zum Überwinden der Schwierigkeiten, das Erreichen von Ausgleich und Synthese „erlebt". Und auch die Schlussfolgerungen, die
sich aus der Beziehung des subjektiven zum absoluten Geist für die
Ethik ergeben; also für die Werte, die Würde, die Verantwortung
für den anderen und das umfassende System, die gewinnen ihre eigentliche Bedeutung innerhalb des menschlichen Zusammenlebens
erst durch das „Erleben".

Ich bin also der Auffassung, dass man zur HEGELschen Philosophie, gerade auch zu seiner Philosophie der Gesellschaft
eine viel größere Nähe bekommt, wenn man erkennt, dass
sein Denken durch Intuition, innere Anschauung und me-
ditatives Erfassen bereichert wird.

2.2 Die positive Einschätzung von Widersprüchen

Zweifellos das Wichtigste, was man von HEGEL für eine Soziologie des Unternehmen lernen kann, das ist seine positive
Einschätzung der Widersprüche. Zu diesem Lernprozess
gehört zunächst die Einsicht, dass Widersprüche zu allen Le-
bensvorgängen dazugehören; ja dass gleichsam das Leben aus
Widersprüchen besteht. Und hier tut man sich in der Praxis
des Unternehmens recht schwer. Etwas pauschal formuliert
liegt der Grund in folgender Situation: Ein Unternehmen
plant über Rationalisierung und Marktanalyse seine Erfolge.
Sehr wesentlich für eine gute Umsetzung dieser Planung ist eine positive, optimistische Gestimmtheit der Beschäftigten.
Um diese entstehen zu lassen, wird Einverständnis, Handeln
nach festgelegten Kriterien verlangt. Kritik und In-Frage-Stel-
len irgendwelcher Art dagegen ist negativ.

Offensichtlich ist HEGELS Ausgangspunkt genau umgekehrt.
Jeder Widerspruch ist als Herausforderung aufzunehmen, der
Kräfte freisetzt, von denen aus der Widerspruch positiv genutzt werden kann. Damit entsteht der erwartete Optimismus.

Detaillierter betrachtet: In der Praxis des betrieblichen Geschehens befindet sich jeder in Widersprüchen mancherlei
Art, in andere kann er unvermittelt hineingeraten. Als her-
ausragendes Beispiel vergegenwärtige man sich die Vorgänge, die als „Management-Prozess" oder als „Ziel-Kontroll-
Kreis" zu bezeichnen sind. Ziele und Pläne werden (in der Regel) mit großer Sorgfalt und erheblichem Aufwand an Energie erstellt. Es wird dann erwartet, dass die einzelnen Bereiche
(insbesondere Materialwesen, Fertigung, Verkauf) danach
handeln. Nur so kann der für die nächste Zukunft geplante
Markterfolg erreicht werden. Hier entsteht eine soziale Atmosphäre, in der man von Konflikten, innerbetrieblichen
Konkurrenzvorgängen sowie von Fällen organisatorischer
Fehlentwicklung nichts hören will: Herrschende Meinung ist,

in der Planung und Vorbereitung, da sei alles bedacht worden. Es gelte jetzt, einfach nach den festgelegten Plänen zu arbeiten. Vorgetragene Bedenken könnten nur Unsicherheiten bringen und vom festgelegten Weg wegführen. Die Gefahr entsteht natürlich, dass in dieser Atmosphäre keiner sich traut, Kritik zu äußern; er möchte nicht als „negativ" gelten. Desto härter können dann Termin-, Qualitäts- und Kostenprobleme plötzlich hervorbrechen, mit der Folge gegenseitiger Schuldzuweisungen sowie lähmenden und zeitraubenden Rechtfertigungen.

Aus der Perspektive der Dialektik wäre das ganz anders zu betrachten und einzuschätzen. Alle Leistungsprozesse in Produktion und Verwaltung, alle internen Abstimmungsverfahren vollziehen sich nach dem Modell von These, Antithese und Synthese. In der Antithese entstehen die Widersprüche, die durch Unstimmigkeiten in den organisatorischen Abläufen, aber auch durch unterschiedliche Interessen der Akteure aufkommen. Und nun muss die Aufgabe darin bestehen, sich den Widersprüchen zu stellen und diese jeweils, was hier besonders oft auffällt, teambezogen zu bewältigen. Das kann teilweise durch Zeitaufwendung und durch Misserfolge erschwert sein. Aber die Auseinandersetzung mit den Widersprüchen führt auch zu neuen Wegen der Problemerkennung und -lösung.

Es ist freilich darauf zu achten, dass diese Botschaft nicht falsch verstanden wird. Das berufliche Leben in einem Unternehmen, das auf Geld-Verdienen eingestellt ist und sein muss, gerät selbst leicht in Widersprüche und hat in seinen Kooperationsprozessen mit Problemen mancherlei Art zu tun, die sich als Widersprüche darstellen. Und diese Widersprüche haben ihre eigenen Härten und können u. U. als brutal empfunden werden. Schließlich kämpft ein wirtschaftliches Unternehmen ständig um seine Marktposition, eventuell sogar um seine Existenz. Aber gerade weil die Lage so ist oder schnell so werden kann, ist es so wichtig, sich vor

Augen zu führen, dass bestehende Antithesen Neues bewirken: Organisationsstrukturen werden als obsolet erkannt; eingefahrene Netze zwischenmenschlicher Beziehungen brechen auf; und der Mitarbeiter wird sich seiner Veränderungsfähigkeit bzw. seiner Fähigkeit zum flexiblen Denken und Handeln bewusst. Erst die Widersprüche bewirken, dass der Einzelne „in sich geht", dass er nachdenkt, dass er Alternativen sucht und kreativ wird. Und erst wenn er die Verhältnisse so sieht, dann wird er den Anforderungen der Arbeit gegenüber souverän. Dann auch kann man zu einer in der Tat recht wesentlichen positiven Gestimmtheit gelangen, in der Vertrauen erweckender Optimismus entsteht.

2.3 Aufbau und Entwicklung der Persönlichkeit

Zur Nutzung der HEGELschen Gesellschaftsphilosophie für die Soziologie des Unternehmens gehört das Aufgreifen seiner Erkenntnisse vom Menschen. Das positive Denken HEGELS zeigt sich hier insofern als er dem Einzelnen (in seiner Charakteristik als subjektiven Geist) Aufgaben und Möglichkeiten zuschreibt, sich als Persönlichkeit laufend weiter zu entwickeln; und zwar auf ein stets höheres geistiges Niveau hin.

Der *Aufbau der Persönlichkeit* vollzieht sich über eine Vielzahl dialektisch zu verstehender Schritte. Aus unserer Sicht gibt es dabei drei Hauptfixpunkte im Werden des Einzelnen, nämlich das Unbewusste, (wie wir diesen Zustand des Individuums heute bezeichnen würden), das Ich-Bewusstsein und der Eintritt des Ichs in die Vernunft bzw. das Erlangen der Fähigkeit, Welt und Gesellschaft von der Vernunft her zu betrachten und zu deuten.

Mit gewisser Überraschung registriert man dabei zunächst die Bedeutung, die HEGEL dem Unbewussten beimisst. Seine Darstellung zeichnet sich durch eine eigenartige, vorweggenom-

mene Kombination seiner Geist-Philosophie mit der späteren
Lehre der Psychoanalyse und der Tiefenpsychologie aus. Die
Seele, so HEGEL, ist „die allgemeine Immaterialität der Natur".[62] In der Seele ist der Geist bereits potenziell enthalten,
aber noch im Zustand des Schlafes.[63] In der Seele ist zwar die
ganze Vernunft, der gesamte Aufbau des Geistes vorhanden,[64]
aber in der „Form des dumpfen Webens des Geistes in seiner
bewusst- und verstandeslosen Individualität".[65] Von der Seele wird der „bestimmungslose Schacht"[66] umschlossen. In
ihm, der in etwa dem „Es" der FREUDschen Lehre entspricht,
wird alles aufbewahrt, was der Einzelne in der ersten Phase
seiner Entwicklung erlebt. Er ist dann im Verlauf seiner
Höherentwicklung des Geistes in der Lage, durch spontanes
Erfassen und Nachdenken „die in den dunklen Tiefen unseres Inneren verborgen liegenden Bilder der Vergangenheit"[67]
wieder zu erkennen.

Auch HEGELS Auffassung vom Unbewussten wird von seiner
positiven Grundhaltung bestimmt. Es mag von Belang sein,
dass er den Bereich der Seele und der menschlichen Natur
nicht als Arzt, sondern als Gesellschaftsphilosoph betrachtet.
Jedenfalls ist es in Verbindung mit der Weiterbildung wichtig, auch die aufbauenden Momente des Unbewussten zu erkennen und zu pflegen. Und dabei hat man sich zu vergegenwärtigen: Die wichtigsten Lebensäußerungen und Aktivitäten
können ihre volle Wirksamkeit und ihren Schwung beim un-
ternehmensbezogenen Handeln nur entfalten, wenn sie von
den Kräften des Unbewussten her mobilisiert und gestützt
werden. Dies gilt für Kreativität, für Spontaneität und nicht
zuletzt für das Entstehen von Arbeitsfreude. „Wenn es nicht
aus der Seele quillt", dann kann keine Begeisterung für die
Zielerarbeitung und Zielerfüllung entstehen.

HEGELS ganze Entwicklungspsychologie zielt darauf hin, in
Verbindung mit den jeweils stärker vernunftbezogenen Be-
wusstseinsstufen diese elementaren Kräfte für den Fortschritt
von Individuum und Gesellschaft zu nutzen. Über dem dia-

lektischen Prozess bleibt das Unbewusste stets in den höheren Ebenen des Geistes aufgehoben.

Da ist zunächst das Ich-Bewusstsein grundlegend. „Zum Ich wird die Seele, indem sie sich in sich reflektiert und eine scharfe Grenze zwischen sich und ihrem Gegenstand zieht", so beschreibt Hösle diesen Ansatzpunkt.[68] Vom Ich-Bewusstsein her ergibt sich für den Menschen zumindest die Möglichkeit eines weiteren geistigen Voranschreitens. Hegel sieht hier für jeden eine mehrstufige Entwicklungschance, die heute von Begriffen wie „Selbstverwirklichung" und „Sinnfindung" bezeichnet wird. Und auch bei Hegel ist diese Chance bereits primär auf Arbeit und Beruf bezogen. Ein solches geistiges Voranschreiten bewirkt, dass der Einzelne immer deutlicher in die Dimension des Geistes einzutreten vermag. Die Einsichten, die er damit bekommt, zeigen ihm auch, dass und wie er zu einer Einheit von subjektivem und objektivem Geist gelangen kann. Damit ist er auch in der Lage, die Bedeutung der ethisch-sittlichen Werte in ihrer umfassenden (objektiven) Ausprägung von seiner Vernunft her aufzunehmen.

Für Hegels Denken ist es dann charakteristisch, dass die Aufwärtsentwicklung und Produktivität des subjektiven Geistes keineswegs nur eine Angelegenheit des einzelnen Individuums darstellt. Der Mensch ist ein soziales Wesen und befindet sich in einem Geflecht zwischenmenschlicher Beziehungen und größerer Gemeinschaften (sozialen Ganzheiten). Erst im Sich-Bewähren in diesen Verhältnissen kann sich auch die Persönlichkeit des Individuums entsprechend der angelegten geistigen Kräfte entwickeln.

2.4 Über die Anerkennung des anderen
zur optimalen Gestaltung der Kommunikation
und Kooperation

Hat der Einzelne in seiner Selbstentwicklung die erste Stufe
des Selbstbewusstseins erreicht, dann richtet er seiner selbst
bewusst den Blick nach außen und in sein Inneres. Er begreift,
dass er in einem Kreis von Menschen lebt, die offenbar un-
gefähr so sind wie er selbst. Beim Blick nach innen, da entdeckt er keineswegs nur Gutes. Er entdeckt jene Begierde, die
HEGEL „begehrendes Selbstbewusstsein"[69] nennt. Es ist nicht
nur die instinktiv vorhandene Begierde, sondern eine solche,
die bereits vom Denken, vom Selbstbewusstsein erkannt wird
und von hier her eingesetzt und gesteuert zu werden vermag.
HEGEL sagt, auf dieser Stufe des Selbstbewusstseins sei das
Verhältnis des Individuums zum anderen noch deutlich das
des selbstsüchtigen *Zerstörens*, nicht das des *Bildens*".[70]

Primär mit Bezug zur Geschichte betont HEGEL, dass von hier
her eine Kampfsituation entstehen kann, die auf Leben und
Tod geht. Diese Kampfsituation löst sich in der Regel dadurch, dass der eine sich dem anderen unterwirft. HEGEL hat
die aus dieser Konstellation entstehenden Prozesse als „Herr-
und-Knecht-Beziehung" beschrieben.[71] Und in diesem Zusammenhang hat er auch die Entwicklung vom begehrenden
zum anerkennenden Selbstbewusstsein aufgezeigt. In diesem
berühmt gewordenen und vor allem in marxistischer Deutung
herausgestellten dialektischen Vorgängen ist folgende Haupt-
linie wichtig: Der Knecht zeigt im Laufe der Zeit, dass er dem
Herrn unentbehrlich geworden ist, und zwar durch seine Arbeit, die er für den in Wohlleben erstarrten Herrn leistet. Dadurch überwindet der Knecht in der Arbeit und durch die Arbeit seine ursprünglich bestehende Furcht und wird sich seiner Bedeutung, die er für das Leben seines Herrn hat, bewusst. Gleichzeitig nötigt der Knecht dem Herrn Respekt ab,
denn die Arbeit bildet und verändert sukzessiv in positiver
Weise die Persönlichkeit des Knechtes: Die Folge ist, dass der

Herr seine Beziehung zum Knecht unter wachsender Anerkennung neu durchdenkt.[72) Von Belang erscheint hier, dass
HEGEL zu seiner Zeit dieses Herr-Knecht-Verhältnis beobachten konnte; und dass es in einem wirtschaftlichen Betrieb
lokalisiert war. Offensichtlich hat er hier ein besonderes Beispiel vor Augen, wie eine wechselseitige Anerkennung zustande kommt. Gerade unter Bezug auf das große Echo, das
HEGELs Darstellung des Herr-Knecht-Verhältnisses immer
gefunden hat, muss man betonen, dass dieses als Beispiel für
die ganz generell bestehende Entwicklung des „begehrenden"
zum „anerkennenden" Selbstbewusstsein zu gelten hat. Von
HEGEL wurden diese Entwicklungsprozesse mit großer Sub-
tilität, aber auch recht kompliziert beschrieben.[73)

HEGEL will die Entstehung des anerkennenden Selbstbewusstseins etwa so vermitteln: Es finden sich zwei Interaktionspartner in Kommunikation verflochten. Beide wirken
aufeinander ein, empfangen Eindrücke und beeindrucken den
anderen; fühlen sich beherrscht und versuchen, den anderen
zu beherrschen. Während dieser gegenseitigen Informations-
übertragungen oder sozialpsychologischen Transaktionen
kann sich der eine als der Stärkere erweisen (Herr), der den
anderen (Knecht) in Abhängigkeit zu bringen vermag. Im Zuge der Persönlichkeitsentwicklung kommen Ausgleichsprozesse zustande, in deren Verläufen das begehrende Selbstbewusstsein zum anerkennenden Selbstbewusstsein wird. Die
Kommunikation erhält damit ein höheres, der Würde des
Einzelnen deutlich besser entsprechendes Niveau.

In HEGELs Analysen, das zeigt sich in Bezug auf diese Thematik, verbinden sich historische und entwicklungspsycho-
logische Gesichtspunkte. Für uns ist dabei der Ansatz bedeutsam, der das Auftauchen des Selbstbewusstseins aus dem
Unbewussten betrifft. Das historische Moment ist dabei aber
eine wesentliche Stütze und Unterstreichung der dargestellten
Vorgänge; und zwar schon deshalb, weil in beiden Gesichtspunkten die ethische Komponente stets mit eingeschlossen ist.

Für die Soziologe des Unternehmens ergeben sich von hier aus zunächst zweifellos harte, ja sogar als peinlich empfundene Fragen, etwa: Wie weit sind die Beschäftigten (mit Bezug auf ihre berufliche Situation) in ihrer geistigen Entwicklung gelangt? Wie viele von ihnen sind – eventuell – noch vom begehrenden Selbstbewusstsein gefesselt? Wo und wieweit gibt es noch Denken und Verhalten (möglicherweise in verkappter oder getarnter Form) nach dem Herr-Knecht-Modell; und zwar in der Konstellation, in welcher der „Herr" noch nicht geläutert ist und der „Knecht" noch nicht erkannt hat, dass er von der Arbeit her seine Lage verbessern kann? Und wenn die Einsicht über die Bedeutung des anerkennenden Selbstbewusstseins da ist, wie weit ist bereits der Einzelne in der Lage, über seine Vernunft diese auch in die Praxis umzusetzen? Kann er den Neid besiegen? Ist er neidisch auf die höheren Fähigkeiten oder auf die höhere Position des anderen? Der Neid kann vor allem über interne Gehaltsvergleiche tief sitzen. Ein Personalleiter, der hier einige Erfahrung besaß, sagte mir einmal: „Wenn eine Führungskraft in einer höheren Position einem anderen erzählt, was sie verdient, dann ist das so, als ob sie diesem Gift geben würde". Wirkliche Anerkennung der Persönlichkeit und der Fähigkeit des anderen bedeutet immer, sich positiv in die Kommunikation und Kooperation eingliedern.

Respekt und Achtung sind gefragt. Damit ist wieder auf die Ethik des Verhaltens zu verweisen.

Unter diesem Aspekt ist auch die Analyse HEGELs zu sehen: Der Einzelne („der Eine"), der im Berufsleben steht, bringt seine Fähigkeiten und Fertigkeiten ein. (Er „setzt sich selbst", das wäre die These): Er sieht dann schnell, dass er die Ziele und Aufgaben nur in Zusammenarbeit mit einem Kollegen (mit „dem Anderen") zu erfüllen vermag. Die Konstellation bewirkt, dass er ganz zwangsläufig mit dem „Anderen" sowie mit dessen Art des Selbstbewusstseins und der Arbeit in engeren Kontakt kommt. Nehmen wir an, der „Eine" sei von der Persönlichkeit und vom Können „des Anderen" beeindruckt; und er müsse sich eingestehen, dass „der Andere" zum Beispiel in der Lage sei, effektivere arbeitsorganisatorische Maßnahmen zu konzipieren. Unterstellen wir weiter, „ der Eine" sei willens, seine eigene Begierde zum Erfolg im Beruf zu gelangen, als Impuls zur Zusammenarbeit umzumünzen; er werde deshalb dem „Anderen" die Bereitschaft signalisieren, sich in dessen Methoden einzugliedern. Das wird sicher nicht ohne einen (hier etwas temperierten) Widerspruch abgehen; aber „der Eine" ist eben bereit, im Interesse einer optimalen Kooperation zurückzustecken. (Er negiert damit, dass er seine eigenen Wege „gesetzt" hat.) Die Ideen des Anderen prägen dann die Situation. Es ist die Antithese entstanden. Damit ist aber die dialektische Bewegung nicht zu Ende. Der „Andere", der im Prinzip in der gleichen Situation steht, sieht sich seinerseits veranlasst, Denken und Arbeitsverhalten des Einen vertieft kennenzulernen. Der Andere erkennt die Art der Qualifikation des Einen, anerkennt sie, sucht sie angemessen für die Kooperation zu nutzen. So profitieren beide über die entstandenen Lernprozesse, es ist die Synthese erreicht. Hier vollzieht sich eine dialektische Bewegung, in der beide „sich setzten", beide dieses Gesetzt-Sein wieder negieren und über ein „Sich-Arrangieren" zu einem produktiven Voranschreiten in Arbeit und Rationalisierung gelangen.

Die gegenseitige Anerkennung bewirkt, dass beide in ihrer Persönlichkeit und in ihrem Berufsprofil gewinnen und die Arbeitsorganisation intensiver und rationaler wird.

2.5 Die Integration des Individuums in das soziale System

Es ist das Ziel HEGELS, man könnte auch sagen: es ist seine Vision, dass sich aus den Spannungen und Bewegungen der Selbstreflexion und der Reflexion in den anderen eine uneingeschränkte gegenseitige Anerkennung ergeben wird. HEGEL sieht nun die Chance, dass innerhalb der Gesellschaft immer mehr Individuen diese Art des Selbstbewusstseins erleben und als Fortschritt betrachten; ja dass die Mehrzahl der Menschen das Stadium des „anerkennenden Selbstbewusstseins" erreicht hat bzw. durchaus erreichen wird. HEGEL spricht in diesem Fall und unter diesem Aspekt vom „allgemeinen Selbstbewusstsein". Es setzt beim wechselseitigen Selbstbewusstsein ein, geht aber darüber hinaus und umgreift im Prinzip alle Individuen. Es wird hier als auf eine allgemeine, übereinstimmende Haltung kooperativen Handelns aller Menschen in einem größeren sozialen System abgestellt: „Reelle Allgemeinheit als Gegenseitigkeit" nennt HEGEL das.[74]

Man versteht von hier aus besser, was „objektiver Geist" besagt. Es entsteht – oder es soll jedenfalls entstehen – ein übergreifendes, für alle Individuen verpflichtendes Bewusstsein, was insofern „objektiv" geworden ist. Dabei wird damit noch mehr ausgesagt: Zum „objektiven Geist" entfaltet sich dieses „allgemeine Bewusstsein" durch die Werte, Normen und Leitbilder. Sie hat man sich als ein Netzwerk vorzustellen, das zwar nicht sichtbar ist, aber das Zusammenleben der Menschen recht spürbar bestimmt. Man weiß, dass es diese Werte und Normen sind, auf denen staatliche Gesetze aufgebaut sind. Weniger reflektiert wird, und deshalb ist das hier nachdrücklich zu betonen, dass auch soziale Organisationen wie das Unternehmen von Werten und Normen getragen werden; und genau das ist der Kern der Unternehmensphilosophie, wie sie von HEGEL aufgenommen werden kann.

Damit werden wir bereits ganz nahe auf die heute geradezu händeringend geforderte *Corporate Identity* herangeführt. Es wird in diesem Buch zu zeigen sein, dass die Schwierigkeiten des Integrationsprozesses in einem Grundwiderspruch stecken: nämlich in der Spannung zwischen den ethisch-humanitären Bestrebungen und dem notwendigen (!) Streben nach Erlangung eines optimalen wirtschaftlichen Erfolges.

Bei HEGEL wird insbesondere eines deutlich: Die Integration der Individuen in das soziale System und die damit entstehende Objektivität hat man sich nicht als eine so und nicht anders zu sehende Netz-Struktur mit einmal gegebenen Inhalten vorzustellen. Abstrakt betrachtet liegt zwar die Bedeutung der Philosophie und auch der Unternehmensphilosophie gerade darin, dass sie Basiswerte konzipiert, die (ähnlich wie beim Grundgesetz) Stabilität und Unveränderbarkeit demonstrieren; die konkreten und aktuellen Lebensvorgänge dagegen sind stets in Bewegung. Immer wieder sind, um mit HEGEL zu sprechen, die Begierden produktiv in die Vorgänge der gegenseitigen Anerkennung einzubeziehen. Man kann sich das leicht klar machen, wenn man sich vor Augen hält, dass ethische Werte wie Menschenwürde und Vertrauen im Arbeitsalltag unter wechselnden Voraussetzungen realisiert werden müssen. HEGEL weiß das sehr wohl; nicht umsonst legt er vom praktischen Geist und vom Willen her der Verpflichtung zur Tat eine große Bedeutung bei.

Diese Bewegungen, die – selbstverständlich bei HEGEL – immer dialektisch, d. h. von Widersprüchen durchzogen sind, äußern sich als vielfältige Wandlungen in den zwischenmenschlichen Beziehungen; Wandlungen, die von unterschiedlichen Interpretationen der Gültigkeit und der Priorität der Werte her entstehen. So kann z. B. die Art, wie Autorität und Kollegialität umgesetzt und akzeptiert werden, sich ändern; so können sich die Intensität zur Aufgabenerfüllung sowie die Sichtweise, welche Ziele primär anzupeilen sind, (mit der Folge einer Aktivitätsverschiebung) verändern. Insbesondere zwischen einem einzelnen und dem größeren System (dem Unternehmen, aber auch dem Bereich und der Abteilung) finden laufend Prozesse der Verschränkung, des Ausgleichs, der Ergänzung, aber auch des Ringens um Prioritäten von Werten, auch der Bewältigung von Wertkonflikten statt. Im Vordergrund steht sicher die dauernde Aufgabe des Einzelnen, sich mit seinen Werten in die objektiv (gewordene) Werte-Skala einzugliedern. Gleichzeitig ist aber der Einzelne stets aufgefordert, von seiner Wertorientierung her das soziale System zu „messen" und eine Diskussion über die gültige Rangordnung der Werte zu entfachen (man denke in diesem Zusammenhang an die programmatische Vorstellung, jeder Mitarbeiter solle sich als Mitunternehmer fühlen und eine entsprechende Verantwortung übernehmen).

Angesichts des HEGELschen Optimismus begreift man, dass er die Dynamik der Integration des Einzelnen in das soziale System als eine permanente Entwicklung auf eine stets höhere, vernünftigere, vom Denken her optimaler strukturierte Allgemeinheit betrachtet. Und die Grundlage des Optimismus ist das Vertrauen in das laufende Fortschreiten der Individuen zu solchen Persönlichkeiten, die von der Vernunft her die Anforderungen des Lebens und auch des Arbeitsalltags zu lösen imstande sind (bzw. immer besser sein werden). Die Reifung zur Persönlichkeit, das wurde schon gesagt, kann sich nur in Verbindung mit dem sozialen Umfeld ergeben; und sie wird sich in besonderem Maße über die Integration in das übergreifende soziale System (in das „Allgemeine") ereignen. HEGEL drückt das so aus: „Die Persönlichkeit fängt erst da an, insofern das Subjekt nicht nur ein Selbstbewusstsein überhaupt von sich hat als konkretem (Ich) ..., sondern vielmehr ein Selbstbewusstsein von sich (hat) als vollkommen abstraktem Ich, in welchem alle konkrete Beschränktheit und Gültigkeit negiert und ungültig ist".[75] Selbstbewusstsein als vollkommen abstraktes Ich besagt: Derjenige ist als Persönlichkeit zu bezeichnen, der sein Selbstbewusstsein nicht egozentrisch sieht, sondern der von sich zu abstrahieren weiß, der das Objektive in sein Denken mit einbezieht. Persönlichkeit, das bedeutet, über den Dingen zu stehen; sowie gerecht und abgewogen die Gegensätze verbindend und positiv sehend zu denken und zu handeln.

Von hier aus wird dann ein neues Licht auf die *Bildung* geworfen. Bildung ist nicht nur eine berufsbezogene Qualifikationssteigerung. Das ist sie auch; zuallererst aber ist sie das Programm oder der bereits erreichte Zustand einer Erhöhung des Persönlichkeitsniveaus. Und hier wird, gleichsam unversehens, noch einmal die Kraft der HEGELschen Metaphysik deutlich: Die Erhöhung der Persönlichkeit durch umfassendes und präzises Denken nämlich wird begründet durch das Sich-hinein-Bilden des absoluten Geistes in die Welt, der darin „sein objektives Dasein gewinnt".[76] Insbesondere die

Bildung ist es also, die als Klammer zwischen dem absoluten
und dem objektiven Geist auf der einen und dem subjektiven
Geist auf der anderen Seite fungiert. Bildung ist einmal der
Strom des Geistes, der im Subjekt (im Bewusstsein des subjektiven Geistes) aufnehmbar und erlebbar ist. Bildung ist
gleichzeitig Folge und Erfolg der Aktivität des Subjekts. Anders ausgedrückt: Geht man vom absoluten Geist aus, so
kann HEGEL sagen; „Dies ist der Standpunkt, der die *Bildung*
als immanentes Moment des Absoluten und ihren unendli-
chen Wert erweist".[77] Betrachtet man die Bildung aus der
Perspektive des Einzelnen, so ist hier die Freiheit angesprochen; aber deutlich in ihrer ethischen Qualität, was gleichzeitig heißt: als Erwartung, dass die Chance zur Bildung (als
Aufbau und Konsolidierung von Fakten, Ideen, Werten) genutzt wird. Folgt der Einzelne diesem Gebot, dann wird er
diese Aktivität als Befreiung erleben. „Diese Befreiung ist im
Subjekt die *harte Arbeit* gegen die bloße Subjektivität des Be-
nehmens, gegen die Unmittelbarkeit der Begierde sowie gegen
die subjektive Eitelkeit". Und diese Befreiung von innerer Belastung macht den Einzelnen fähig, die Sittlichkeit in ihrer Bedeutung für das Allgemeine zu erkennen und danach zu handeln.[78]

3. Managementphilosophie: Verantwortliches Führungshandeln

Unter Management soll die Gesamtheit der Führungskräfte eines Unternehmens erfasst werden. Natürlich ist hier in erster Linie an die Leitung bzw. an das leitende Gremium gedacht. Unter dem Gesichtspunkt des sozialen Systems und des von diesem zu erwartenden ökonomischen Erfolges ist es aber wesentlich, die Führungskräfte aller hierarchischen Ebenen einzubeziehen. So gesehen haben als Führungskräfte alle diejenigen Funktionsträger zu gelten, denen Personalverantwortung übertragen ist.

Managementphilosophie kann als ein synonymer Ausdruck für Unternehmensphilosophie verstanden werden. In unserem Kontext ist wichtig, dass mit diesem Begriff der spezifische Akzent auf die Ziele und Aufgaben des Managements in Verbindung mit den dialektischen Vorgängen gelegt wird. Diese Perspektive ist insofern philosophisch, als sie das eigentliche Kriterium des Managements, die Entscheidung zur Tat und ihre Umsetzung in das Handeln, vom grundsätzlichen Standpunkt bzw. von einer abstrakten (höheren) Ebene aus betrachtet.

Es ist unschwer zu erkennen, dass die HEGELsche Staats- und Gesellschaftsphilosophie die Forderung nach Handeln, und zwar nach verantwortlichem Handeln, umgreift. Dies zeigt sich vor allem immer da, wo die Notwendigkeit der Integration der Individuen in das größere System Gegenstand der Erörterung ist. *Die Integration des Subjektiven in das Objektive bzw. in das Allgemeine kann nur durch Handeln – primär durch Handeln der Repräsentanten des Allgemeinen – erreicht werden.* Die Individuen müssen ja gewonnen, „überzeugt" werden, die wichtigsten Gedanken und grundlegenden Ziele, die Normen und Werte, die vom Staat (eben: von den Repräsentanten desselben bzw. von dem Management) herausgestellt und vorgeformt werden, zu übernehmen. Dadurch kann überhaupt nur eine Objektivität der gemeinschaftsbezogenen geistigen Grundlagen zustande kommen. In diesem Zusammenhang ist eine Kernaussage HEGELs besonders bemerkenswert. Der Staat, so heißt es, sei dann „wohlbestellt und kraftvoll in sich selbst, wenn mit seinem allgemeinen Zwecke das Privatinteresse der Bürger vereinigt werden" könne, so dass „eins im anderen seine Befriedigung und Verwirklichung findet"; HEGEL kommentiert sofort im Anschluss daran: „ein für sich höchst wichtiger Satz".[79]

Das politische Handeln eines Staates hat sich also auf das Ziel zu konzentrieren, die Synthese zwischen den Zwecken des Gesamtsystems und den persönlichen Interessen der Individuen zu schaffen. Und das heißt auch: Das obrigkeitliche Handeln wird dann von optimaler Wirkung sein (etwa in Bezug auf eine gerechte Ordnung, auf den Ausbau sozialer Institutionen, auf das Wirtschafts- und Finanzsystem), wenn damit auch die Bürger das Bewusstsein haben, davon für sich persönlich optimal profitieren zu können – dann werden sie sich auch integrieren! Und der Aufbau einer solchen Synthese ist wiederum nur möglich, wenn das Handeln der repräsentativen Organe des Staates von der Verantwortung gegenüber beiden Zielen bestimmt wird!

Es zeigt sich hier erneut, dass HEGEL eine ethisch qualifizierte Politik anstrebt; ist es doch primär ein ethisches Programm, das vorgestellt wird. Aber es ist ein Programm, das auf das Handeln, auf die Realisierung ethischer Forderungen abgestellt ist. Dies ergibt sich vor allem aus seiner Akzentuierung des Willens. Es wurde schon beschrieben, dass der Wille derjenige Teil der Persönlichkeit ist, der sich auf das Handeln bezieht. Wille ist Tatkraft und Energie, wird damit Impulsgeber für die Arbeit. Und es ist die „harte Arbeit", die den Einzelnen zum Erleben der Integration in die objektiven Werte bringt und ihn damit zur inneren Befreiung führt.[80]

Es geht uns darum, dieses Verhaltensmodell, das für die Repräsentanten des Staates bzw. für das Management in den staatlichen Funktionen gilt, auf die Führungskräfte des Unternehmens zu übertragen. Dieses Vorgehen rechtfertigt sich dadurch, dass HEGEL nicht nur Staatsphilosoph, sondern auch Gesellschaftsphilosoph ist. Die Gesellschaft mit ihren sozialen System-Bildungen und den hier jeweils spezifischen Kommunikations- und Kooperationsformen stellt das innere, das eigentlich pulsierende Leben allen Geschehens im Staate dar.

Konzentriert man sich auf die Managementphilosophie im Sinne des verantwortlichen Führungshandelns in wirtschaftlichen Unternehmen, so ist festzustellen, dass der HEGELsche Kernsatz – insbesondere durch seinen ethischen Anspruch – Aufgabenspektrum und Verpflichtung der Führungskräfte durchaus charakterisiert. Folgen wir auch hier der aus der HEGELschen Gesellschaftsphilosophie gewonnenen Gliederung, so ist das Führungshandeln auf die Entwicklung der Persönlichkeit, auf die Anerkennung des (jeweils) anderen sowie auf die Integration des Einzelnen in die Arbeitszusammenhänge, Werte und Strategie des Unternehmens zu beziehen.

Zur Orientierung für das Management-Handeln hierzu einige Hinweise:

Jede Führungskraft muss wissen und hat zu respektieren, dass ihre Mitarbeiter „Geld verdienen" wollen. Allerdings handelt es sich doch, wenn man die Gesamtperson des Einzelnen betrachtet, um eine „oberflächliche", das heißt um eine von der Oberfläche des Bewusstseins her bestimmte Orientierung. Es ist hier wichtig, die Persönlichkeit in ihrer Gesamtheit einzubeziehen. Tut man das, dann gelangt man zu den eigentlichen Sehnsüchten oder Grundmotiven: zu dem Sich-Bewähren-Wollen und zum Streben nach Berufserfolg.

Das Geld ist dann Belohnung und die Voraussetzung, sich im Privatleben „etwas leisten" zu können. Wenn man, um ein Beispiel zu bilden, einen Arbeiter fragt, warum er arbeitet, dann wird er mit einem Gesichtsausdruck erwidern, als sei man „nicht ganz bei Trost": „um Geld zu verdienen". Wenn man nun aber diesen Arbeiter in seiner Tätigkeit beobachtet, so wird man mit ebenso großer Wahrscheinlichkeit feststellen, dass er dann zufrieden nach Hause geht, wenn er sich und anderen eine qualifizierte Leistung vorweisen kann; und er bleibt missmutig, wenn er dies nicht vermag. Handeln zur Entwicklung der Persönlichkeit hat immer da anzusetzen, dem Mitarbeiter über seine Arbeit, Arbeitsbeschreibung und Arbeitseinteilung eine berufliche Zufriedenheit zu verschaffen.

Was die Gestaltung der Kooperation und die Anerkennung des anderen betrifft, so wird in der Praxis zu Recht auf die Vorbildfunktion der Führungskraft hingewiesen. Von der Führungskraft wird ein Führungshandeln erwartet, in welchem der jeweilige Manager seine persönliche Entwicklung vom „begehrenden" zum „anerkennenden" Selbstbewusstsein vollzogen hat. Nur so vermag er auch ein Weiterbringen der Mitarbeiter auf eine höhere Stufe der Einsicht und des Verständnisses, der Teambezogenheit und der Innovation überholter Arbeitsvorgänge zu bewirken.

Mehr oder weniger alle Führungsaktivitäten sollen auf Integration des einzelnen Mitarbeiters in das Unternehmen gerichtet sein. Es ist die Akzeptanz der Strategien und Ziele, der Werte und Normen und natürlich die Erfüllung festgelegter Pläne und Aufgaben zu erreichen. Und bemerkenswerterweise wusste bereits HEGEL, dass die diesbezüglichen erforderlichen Eingriffe seitens der Führungskräfte nicht allein über deren hierarchische Macht bewerkstelligt werden können. Es ist der Aufbau einer „wechselseitigen" Anerkennung nötig. Die Entwicklungsprozesse, die HEGEL im Herr-Knecht-Verhältnis erkennt oder prognostiziert, weisen auf Management-Modelle hin, die heute von Unternehmen als „partizipative Führung" mit Konzentration auf die „soziale Kompetenz" bei Achtung des Mitarbeiters als Fachexperten bezeichnet werden.

Im Verlauf unserer Darstellung werden wir diese Themen, teils in anderen Zusammenhängen, aber den Anregungen HEGELS folgend, wieder aufnehmen. Hier sind noch einige grundlegende Bemerkungen zu machen. Man muss berücksichtigen, dass HEGELS „höchstwichtiger Kernsatz", nach dem das Allgemeininteresse möglichst mit dem persönlichen Interesse eines jeden Einzelnen in Übereinstimmung gebracht werden müsse, zwar auf das Handeln bezogen ist, aber doch eine ethische Forderung darstellt. Und zu ethischen Forderungen gehört es nun einmal, dass sie nicht so leicht umzusetzen sind. Was diese Umsetzung betrifft, so ist in unserem Zusammenhang zu registrieren, dass innerhalb eines Unternehmens andere Aktivitäts-Schwerpunkte erforderlich werden als in sozialen Systemen der öffentlichen Verwaltung. Unternehmen sind soziale Gebilde, die auf wirtschaftlichen Gewinn ausgerichtet sind und sein müssen. In den staatlichen Funktionen und Institutionen werden die Mittel zur Verfügung gestellt, damit politisches und Verwaltungshandeln geschehen kann. Von hier aus tritt beim Führungshandeln des Managements von Unternehmen ein Problem deutlich in den Vordergrund: der Kernsatz HEGELS kann sich bereits als ein Widerspruch erweisen; und zwar als ein solcher, der kurz- und auch mittelfristig kaum gelöst werden kann. Man denke an wirtschaftliche Krisen mit notwendigen oder doch drohenden Entlassungen. Man denke auch an im Prinzip notwendige Innovationen, in deren Verlauf aber auch gravierende organisatorische Umstellungen durchgeführt werden. Es ist jedenfalls die Dynamik im sozialem System, von der aus eine starke Diskrepanz von Gesamtinteresse und Einzelinteresse zu entstehen vermag.

Hinweise dieser Art sollen das Management nicht von dem Ziel abbringen, ein Handeln zu entfalten, von dem aus eine Synthese des Systemnutzens mit dem Nutzen für den Einzelnen gefunden werden kann. Es soll vielmehr den Ernst und den hohen Schwierigkeitsgrad dieser zentralen Verpflichtung unterstreichen.

Ein weiteres Moment, was vom Management zu beachten ist: Gerade dynamische Situationen, die im Alltag schnell entstehen können, werfen ein Schlaglicht darauf, dass Führungshandeln Steuerung der dialektischen Prozesse bedeutet. Es entstehen innerhalb der Zusammenarbeit immer dialektische Vorgänge. Kommt eine Führungskraft ihrer Steuerungsfunktion nicht nach, dann kann es sehr wohl sein, dass die Mitarbeiter Widersprüche ausgleichen, dass aber im Sinne des Unternehmens eine „verfehlte Synthese" entsteht. Es kann kein Zweifel daran bestehen, dass eine Steuerung der dialektischen Bewegungen in die Richtung zu gehen hat, die vom leitenden Management vorgeschrieben wird. Es ist dabei noch zu erwähnen, dass die Führungskraft in eine ganz bestimmte Schwierigkeit gelangen kann. Sie soll durch Steuerung der Dialektik Widersprüche lösen; aber oft genug schafft oder produziert sie durch ihre Aktivität neue Widersprüche. Wichtig ist für die Führungskraft, dass sie das weiß, dass sie damit rechnen muss; dass sie sich aber nicht von ihrer Verpflichtung abbringen lässt, stets Maßnahmen zu überlegen, wie die Widersprüche bewältigt werden können!

Wenn man sich die Lage des Managements sowie der von ihm verlangten Aufgaben und Pflichten vergegenwärtigt, so begreift man die Härte und die Herausforderung seiner Rolle. Wir werden uns in den weiteren Ausführungen näher damit befassen. An dieser Stelle erscheint es wichtig, sich ein Bild von der psychischen Grundsituation zu verschaffen, in der sich das Management befindet. Auch hier gibt die Dialektik, als psychisches Grundmodell, den besten Einblick. Es ist leicht nachzuvollziehen, dass als dominantes Element der psychischen Dialektik die Entscheidungsvorgänge zu gelten haben. Immer ist es ein Hin- und Herwenden der Gedanken, ein Abwägen von Gründen und Gegengründen, wie man zu einem Entschluss gelangt. Dabei wird von Führungskräften eine konsequente und schnelle Realisierung der einmal als Entschluss gedanklich fixierten Resultate erwartet; im Allgemeinen bringt eben die Schnelligkeit wichtige Vorteile. Sodann hat sich jede Führungskraft darauf einzustellen, dass dieses Treffen von Entscheidungen und die Umsetzung derselben eine permanente Herausforderung darstellen. Und es ist sicher nicht zuviel gesagt, wenn man betont, dass ein Manager derjenige ist, dem diese ständige Herausforderung nicht nur nichts ausmacht, sondern der diese innere Spannung als Lebenselixier ansieht oder jedenfalls anzusehen lernt.

Von hier aus ist zu erkennen, dass es sich bei Managern um eine gesellschaftliche Schicht handelt, von der Fähigkeiten verlangt werden, die längst nicht alle besitzen und die mindestens schwer zu erlernen sind. Man prüfe nüchtern, was es heißt, immer unter dem Druck zu stehen, für ein System verantwortlich zu sein; schnell reagieren zu können, wenn Kosten, Termine, geforderte Qualität auf einmal in Frage gestellt sind; wenn man ständig bereit sein muss, jeweils „nach oben!" Bericht zu erstatten, ob „alles in Ordnung" sei. Man denke, was es bedeutet, dann, wenn plötzlich Probleme im zwischenmenschlichen Bereich auftauchen, über – verantwortliche – Flexibilität wieder den richtigen Kurs zu finden. Und dann die Einsatzbereitschaft und das Engagement. Vom Manager wird vorwärtstreibendes Handeln gefordert! HEGEL, der sich mit Denken und Verhalten derjenigen gesellschaftlichen Schicht besonders beschäftigt hat, durch welche die Welt vorangebracht wurde, spricht hier von einer besonderen „Leidenschaft". Diese Charakterisierung lässt sich auch auf die Schicht des Managements beziehen, von der Politik und Ethik im wirtschaftlichen Unternehmen bestimmt wird. Es ist die Leidenschaft, die voll und ganz auf ein Ziel hin bezogen ist; und zwar „insofern die ganze Individualität mit Hintansetzung aller anderen Interessen und Zwecke, die man auch hat und haben kann, mit allen ihr innewohnenden Adern von Wollen sich in einen Gegenstand legt, in diesen Zweck alle ihre Bedürfnisse und Kräfte konzentriert".[81] Weil diese Leidenschaft auch zerstörerisch sein kann, muss sie, um fruchtbar werden zu können, mit einer tragenden Idee verknüpft sein, die wiederum in den ethischen Werten (in der sittlichen Freiheit) verwurzelt bleibt.[82] Diese Leidenschaft wird also nur als Teil einer Triade ihre positive Wirkung entfalten können.

Speziell mit Bezug zu HEGEL, von dem die Bildung einen geradezu überragenden Rang zugesprochen bekommt, kann der Trend zum Ausbau der Weiterbildung der Führungskräfte nur begrüßt werden. Dabei ist darauf hinzuweisen, dass im Mittelpunkt derselben die Stabilisierung dieser Leidenschaft, die Stärkung der psychischen (geistigen) Kräfte sowie überhaupt der Aufbau der Persönlichkeit des Managers zu stehen hat. Die Einsatzbereitschaft zur Sache und die Freude am Engagement für die Erreichung der Unternehmensziele sowie nicht zuletzt das Bemühen um eine Synthese der im Kernsatz HEGELS mit einfachen Worten ausgedrückten Aufgaben sind zu stützen und zu intensivieren. Im Übrigen kann es durchaus vorkommen, dass eine Führungskraft durch Enttäuschungen in ein emotionales Tief gerät. Wenn es stimmt, dass managerielle Fähigkeiten knapp und nicht ohne weiteres zu ersetzen sind, dann ist es nicht nur aus humanitären, sondern auch aus ökonomischen Gründen geraten, Führungskräfte so zu schulen bzw. zu trainieren, dass sie möglichst nicht in ein Tief fallen; und wenn sie drinstecken, ihnen Hilfe zu geben, wie sie da wieder herauskommen. Zu einem solchen Weiterbildungsprogramm gehört nicht zuletzt die Entwicklung zu einem Selbstbewusstsein, aus dem der Schneid entfaltet werden kann und soll, „nach oben" vorstellig zu werden, wenn es die Lage nach Auffassung einer Führungskraft erfordert.

Anmerkungen

[1] Wenn HEGEL zitiert wird, beziehe ich mich auf die neu editierte „Theorie-Werkausgabe", Redaktion: Eva Moldenhauer und Karl Markus Michel; Suhrkamp, Frankfurt 1970.

HEGELS Werke werden wie folgt bezeichnet:

– Phänomenologie des Geistes: Phän.
– Enzyklopädie der philosophischen Wissenschaften, Band II und Band III: Enz. II, Enz. III
– Vorlesungen über die Philosophie der Geschichte: Gesch.
– Grundlinien der Philosophie des Rechts: Recht
– Nürnberger und Heidelberger Schriften 1808-1817: Nbg-Hdb Schr.
– Wissenschaft der Logik II: Logik II

Bei der Enzyklopädie und bei der Rechtsphilosophie werden Paragraphen und Seitenzahlen genannt. Bei den hier kleiner gedruckten Zusätzen zu den jeweiligen Paragraphen wird ein Z hinzugefügt. Kursivierungen sind im Original.

Es mag für den Leser von Interesse sein, zu erfahren, wie sich meine Beziehung zu HEGEL aufgebaut hat. In meiner Ausbildung zum Volkswirt und Soziologen lernte ich HEGEL nur als Brücke zu KARL MARX kennen. MARX, so erfuhr ich, war Schüler der HEGELschen Philosophie, zeigte sich sehr beeindruckt, lehnte aber den zentralen Ansatz HEGELS ab, der lautet: Der „absolute Geist" oder der „Weltgeist" ist die Kraftquelle des „dialektischen Geschehens" in Geschichte und Gesellschaft. An die Stelle des „Weltgeistes" setzte MARX die „Materie" und war der Auffassung, damit HEGEL „vom Kopf auf die Füße" gestellt zu haben. Diesen Schritt konnte ich schon während meines Studiums kaum, in späteren Jahren noch weniger nachvollziehen. Mit HEGEL selbst habe ich mich erst näher beschäftigt, als ich in Verbindung mit beruflichen Aufgaben einen direkten Nachkommen des Philosophen, nämlich JÜRGEN VON HEGEL, kennen lernte. Er war länger als ich in der Industrie-Pädagogik tätig. In den sechziger Jahren inszenierte er die „Schledehausener Gespräche" für die Führungskräfte der Firma Aral. Ich habe von ihm viel gelernt und ich darf sagen, dass uns bis zu seinem Tode eine echte Freundschaft verband.

Bei der Lektüre HEGELs hatte ich recht gegensätzliche Erlebnisse. Auf der einen Seite war ich gepackt und fasziniert von der Tiefe und Aussagekraft seiner Gedanken. Andererseits stand ich nicht selten vor seinem Text wie ein Ochse vor dem Berg. Nicht ohne eine gewisse Beruhigung ersah ich dann aus Kommentaren über HEGEL, dass ich mit diesen Schwierigkeiten im Verständnis nicht allein stand. So spricht KARL BARTH (im HEGEL-Kapitel seiner „Protestantischen Theologie im 19. Jahrhundert", S. 357) „die berüchtigte und in der Tat dem Leser viel Leiden verursachende Dunkelheit des HEGELschen Schrifttums" an. Ich finde das Wort „Leiden" hier wirklich zutreffend. Mich überkam gleichsam das Leiden als Gefühl der eigenen Unvollkommenheit angesichts der Denkkraft des Philosophen. Ich litt aber sozusagen auch an der offensichtlich schweren Bürde, die HEGEL sich aufgeladen hatte, sein Denken in Worte umzusetzen. HEGELS Biograph, HORST ALTHAUS: „Dem Denken bei der Arbeit zuzusehen und sie mit der Sprache zu beschreiben, ist etwas, das HEGEL außerordentliche Mühe macht und mit der

Schwierigkeit wetteifert, es auf verständliche Weise zu tun". Wäre es anders, so ALTHAUS weiter, „hätte es nicht die Verständigungsschwierigkeiten über die HEGELsche Philosophie gegeben, die bis heute weiter bestehen". Mit Bezug auf HEGELs berühmtester Schrift, der „Phänomenologie des Geistes", betont ALTHAUS, dass dann, wenn man die Arbeiten zur theoretischen Bewältigung dieser Schrift nebeneinanderstellen würde, sie leicht den Eindruck erwecken könnten, es sei „nicht von einem Buch, sondern von ganz verschiedenen Büchern die Rede" (Horst Althaus: HEGEL, Hansa Verlag 1992, S. 408, 265f, 191) – und um diese Lage mit Humor darzustellen: „Würde sich ein Interpretationskurs zum HEGELschen Werk regelmäßig in einer Gaststätte treffen und vereinbaren, dass nur dann etwas zum Verzehr bestellt werden darf, wenn wirklich jemand aus der Gruppe etwas eindeutig verstanden hat, so bleiben zwei Möglichkeiten: Entweder die Kursteilnehmer verdursten, oder aber sie werden vom Wirt hinausgeworfen" (BURKHARD VOLLMER, Dialektische Variationen; Peter Lang, Europäischer Verlag der Wissenschaften, Frankfurt a.M. 1995, S. 47).

Nun sind sich alle Kommentatoren in einem Punkte einig, dass nämlich HEGEL die dialektische Methode entfaltet und zu einer unerhörten Perfektion gebracht hat. Von hier aus ist zu sagen, dass die „Verständigungsschwierigkeiten" vor allem von der Frage her entstehen, was der Auslöser der dialektischen Bewegung ist, bzw. welchen Auslöser HEGEL gesehen hat. Und hier wird man wieder auf die Grundfrage von MARX verwiesen: Ist es der Geist oder ist er es nicht. Und nach meinem Bemühen um das Textverständnis muss man sagen: Es ist der Geist! Besser kann man noch formulieren: Es ist die Kraft des Geistes oder die geistige Kraft. Die entscheidende Bestätigung – gleichzeitig möchte ich sagen: eine wesentliche Anregung – das so zu sehen, verdanke ich KARL BARTH und JOH. B. LOTZ (SJ).

Bei BARTH handelt es sich um das schon erwähnte Kapitel „HEGEL" („Die Protestantische Theologie im 19. Jahrhundert", Zollikon; Zürich; 2. Auflage 1952, S. 343 ff.) Von JOH. B. LOTZ (SJ) hörte ich zwei Vorträge über HEGEL („Das Geschichtsverständnis bei HEGEL" und „Das Gottesproblem bei HEGEL", gehalten im November 1987 und im November 1989 vor dem von dem Soziologen GÜNTER ENDRUWEIT präsidierten Arbeitskreis „Wirtschaft und Wissenschaft" in der Firma Herion, Fellbach bei Stuttgart). Ferner ist auf sein Buch „Transzendentale Erfahrung" (Freiburg 1978) zu verweisen. BARTH und LOTZ können keineswegs als Anhänger HEGELs bezeichnet werden. Beide stehen von unterschiedlichen Ansätzen her HEGEL recht kritisch gegenüber. Mehr oder weniger peripher mag hier wichtig sein, dass BARTH Calvinist, LOTZ Jesuit und HEGEL Lutheraner ist. Aber sowohl BARTH als auch LOTZ zeigen die HEGELsche Philosophie als die gewaltige Konzeption eines Gesamt-Systems auf, deren Mittelpunkt „das Absolute" ist. Und „das Absolute", das ist mit dem philosophischen Gottesbegriff identisch. LOTZ spricht hier vom „Panentheismus". Alles sei in Gott, es bestehe die innigste Einheit von Welt und Gott. Der Mensch sei immer schon in das „Absolute" und damit in das „Unendliche" hineingestellt. „Das Absolute lebt in uns und wir leben im Absoluten. Diese Nähe zum Absoluten durchzieht alles menschliche Tun". Und bei BARTH heißt es: „HEGELs Vertrauen gilt der Äquivalenz zwischen seinem Denken und dem von ihm Gedachten, d. h. der völligen Gegenwart seines Denkens in dem von ihm Gedachten und der völligen Gegenwart des von ihm Gedachten in seinem Denken – er vertraut auf die Äquivalenz zwischen beiden, weil er – und das ist das Geheimnis seines Geheimnisses – auf die im Ereignis des Denkaktes stattfindende Identität beider vertraut" – (a.a.O., S. 349).

Bejaht man diesen philosophischen (spekulativen) Ansatz, so ist es also „das Absolute", das die dialektische Dynamik bestimmt; sowohl in Bezug auf unser Denken als auch in Bezug auf die Welt und die menschliche Gesellschaft. Die große Frage ist natürlich, ob man diesen philosophischen Ansatz in einen soziologischen übertragen kann. Wenn ich mich hier entschließe, diesen Schritt für dasjenige Subsystem zu vollziehen, in dem ich meine Kenntnisse und Erfahrungen habe (Unternehmen, Betrieb, Organisation), so tue ich das auch mit Blick darauf, dass HEGEL selbst das in seiner Weise ebenfalls getan hat. In diesem Zusammenhang möchte ich hinzufügen, dass diejenigen Gebiete, die er als „Realphilosoph" behandelt, in denen er also seine Methode anwendet, erheblich leichter zu lesen sind (so: Teile seiner „Enzyklopädie", seiner „Rechtsphilosophie", seiner „Vorlesungen über die Philosophie der Geschichte", auch seine „Vorlesungen über die Religionsphilosophie").

Bei HORST ALTHAUS heißt es angesichts der unterschiedlichen HEGEL-Deutungen: „Was ‚HEGELsche Philosophie' ist, hat sich nie ohne weiteres bestimmen lassen, es muss sich immer erst aufs neue herausstellen." (a.a.O., S. 11). Bemühen wir uns auf unserem Gebiet um eine angemessene Umsetzung seiner Gedanken! Und wenn ALTHAUS sagt: „Es gilt hier und kann immer nur gelten, auf dem Wege zu HEGEL zu sein, ohne die Sicherheit des Erreichens" (a.a.O., S. 12), so ist das „Auf dem Wege sein" schon viel. Und eine Sicherheit des Erreichens ist unter dialektischen Prinzipien ohnehin nur als Momentaufnahme gegeben. Der Prozess des „Werdens" wird hier immer wieder einsetzen.

[2)] Logik II, S. 261 ff ; Enz. III, § 467 Z, S. 285 ff

[3)] VITTORIO HÖSLE: HEGELs System, Hamburg 1988; S. 162 f

[4)] ROMANO GUARDINI: Der Tod des Sokrates, Hamburg 1956, S. 194 f.

[5)] ROMANO GUARDINI, a.a.O., S. 194.

[6)] ROMANO GUARDINI, a.a.O., S. 195.

[7)] Gesch., S. 53.

[8)] Gesch., S. 40.

[9)] KARL BARTH: Die protestantische Theologie im 19. Jahrhundert, Zollikon / Zürich 1952, S. 349 f.

[10)] Phän., S. 28.

[11)] Gesch., S. 49.

[12)] KARL BARTH, a.a.O., S. 355 f.

[13)] Phän., S. 24.

[14)] Ueberweg, Grundriß der Geschichte der Philosophie; 4. Teil: Die Philosophie des 19. Jahrhunderts bis zur Gegenwart;13. Auflage, Tübingen 1951, S. 93.

[15)] VITTORIO HÖSLE, a.a.O., S. 278.

16) Enz. II, § 247 Z; S. 24.

17) Enz. II, § 247 Z; S. 25.

18) Enz. II, § 249; S. 31.

19) Enz. II, § 376 Z; S. 538.

20) Enz. II, § 376 Z; S. 538. Man weiß, dass die Freundschaft GOETHES mit HEGEL nicht zuletzt über der gemeinsamen Schauweise der Natur entstanden ist und Bestand gehabt hat. GOETHE übersandte HEGEL im „Sommers-Anfang 1821" folgendes Gedicht: „Dem Absoluten/empfiehlt sich/schönstens/zu freundlicher Aufnahme/das Urphänomen" (GOETHE/HEGEL Briefwechsel, zit. aus: Verlag Neues Geistesleben, Stuttgart 1970).

21) Gesch., S. 74.

22 Gesch., S. 74.

23) J. B. LOTZ, Vorträge; siehe Anm. 1.

24) Gesch., S. 73.

25) Gesch., S. 73 f.

26) Gesch., S. 53.

27) Gesch., S. 53.

28) Recht, § 257, S. 398.

29) Gesch., S. 57.

30) Gesch., S.40.

31) Recht, § 182; S. 339.

32) Recht, § 182 Z; S. 339.

33) Recht, § 199; S. 353.

34) Recht, § 245; S. 390.

35) Recht, § 245; S. 389.

36) Recht, § 244 Z; S. 390.

37) WERNER SOMBART, Der moderne Kapitalismus; Bd. I: Die vorkapitalistische Wirtschaft; Zweiter Halbband, Zweite Auflage München und Leipzig 1916 (Nachdruck München1987), S. 788 ff.

38) Recht, § 244 Z; S. 390.

[39)] Recht, § 246; S. 391.

[40)] Recht, §198; S.352f.

[41)] Recht, § 197-201; S. 352 und ff.

[42)] Nbg-Hdb-Schr.; S. 262.

[43)] Nbg-Hdb-Schr.; S. 263.

[44)] Recht, § 207; S. 359.

[45)] Recht, § 207; S. 359.

[46)] Recht, § 207; S. 359; und § 197; S. 352.

[47)] Recht, § 197; S. 352.

[48)] Gesch. S. 32.

[49)] Phän. S. 432, 433.

[50)] Nbg-Hdb-Schr.; S. 57.

[51)] Nbg-Hdb-Schr.; S. 205, 206.

[52)] Recht, § 4 Z; S. 46.

[53)] Recht, § 15 Z; S. 67.

[54)] Recht, § 137; S. 254.

[55)] Recht, Vorrede, Anm. S. 16.

[56)] Recht, § 141 Z; S. 290.

[57)] PETER F. DRUCKER, Die Praxis des Managements, Düsseldorf 1956, S. 171.

[58)] Logik II, S. 549.

[59)] Logik II, S. 549.

[60)] Logik II, S. 253.

[61)] Logik II, S. 253.

[62)] Enz. III, § 389; S. 43.

[63)] Enz. III; § 389, S. 43.

[64)] Enz. III; § 389, S. 43.

[65)] Enz. III; § 400, S. 97.

66) Der „bestimmungslose Schacht" wird auch bezeichnet: „nächtlicher Schacht", „Schacht meiner Innerlichkeit", „bewusstloser Schacht", „Schacht der Intelligenz": Hierzu Enz. III, Abschnitt „Die fühlende Seele", insbes. S. 122, 124, 131 f. Ferner der Abschnitt „Die Vorstellung", insbes.: S. 260, 261.

67) Enz. III, § 454, S. 261 und § 453 Z; S. 261.

68) VITTORIO HÖSLE, a.a.O., S. 365.

69) Enz. III, § 425 Z; S. 215.

70 Enz. III, § 428 Z; S. 218.

71) Enz. III, §§ 426 – 434, S. 215 – 224; Phän., S. 145 ff.

72) Phän. S. 146, ferner 147 ff. Eine hier anknüpfende eigenwillige Geschichtsphilosophie, in der diese Thematik als „säkularer Mythos" zur Befreiung des Knechtes und der Menschen überhaupt gesehen wird, bringt HANNO KESTING „Herrschaft und Knechtschaft", Freiburg 1973, S. 34 ff.

73) Als Anknüpfungspunkt hat man zu nehmen, dass „der Eine", indem er sich über sein Selbstbewusstsein klar wird, auf „den Anderen" sich bezogen sieht. HEGEL deutet das von einer Art selbstverständlicher Affinität der geistigen Kräfte, die bei der Begegnung zweier Individuen über ihren „subjektiven Geist" entstehen. Innerhalb dieser gegenseitigen Anziehung werden positive und negative Kräfte spürbar, die sich aus den permanenten dialektischen Vorgängen herleiten. HEGEL schildert die Grundsituation der Begegnung „des Einen" zum „Anderen" aus der Perspektive des „Einen" so: Das Selbstbewusstsein des Einen ist „außer sich gekommen. Dies hat die gedoppelte Bedeutung: erstlich, es hat sich selbst verloren, denn es findet sich als ein anderes Wesen; zweitens, es hat damit das Andere aufgehoben, denn es sieht auch nicht das Andere als Wesen, sondern sich selbst im Anderen" (Phän. S. 146). In Verbindung mit der weiteren Darstellung HEGELs können diese Aussagen etwa wie folgt interpretiert werden: Der Eine erhält in der Begegnung mit dem Anderen gravierende Eindrücke, die ihn wandeln; ja die ihn so wandeln, dass er sein Selbstbewusstsein verliert. Es kann sein, dass er Minderwertigkeitskomplexe bekommt; dass er unsicher oder verängstigt wird. Es kann aber genauso sein, dass er neue Ideen und Denkanstöße, konkrete aufbauende Verhaltenshinweise erhält. Gleichzeitig will er auf den Anderen einwirken. Der Eine hat das Bestreben, von seinem Selbstbewusstsein her dasjenige des Anderen so zu bestimmen oder sogar zu beherrschen, dass er dessen Psyche und bzw. oder Denken dominiert. HEGEL betont ferner, dass aus der Perspektive des Anderen Situationen, Denken und Verhaltensalternativen spiegelbildlich analog gesehen werden. Aus dieser Konstellation können Gegensätze entstehen, in denen Stärkere sich hervortun und damit Schwächere in Abhängigkeit bringen; so wie das Herr-Knecht-Beispiel es schildert. Generell und speziell längerfristig betrachtet aber zeigen die doppelseitigen „sozialpsychologischen Transaktionen", die HEGEL auch „Spiel der Kräfte im Bewusstsein"(Phän. S.147) nennt, eine aufbauende Wirkung. Sie entsteht durch die letztlich positiven Impulse der dialektischen Widersprüche. Der Fortschritt besteht darin, dass beide Interaktionspartner durch permanente Lernprozesse zu ihrem jeweiligen Ausgangs- Selbstbewusstsein zurückfinden. Beide geben sich sozusagen wieder frei: Der Eine und der Andere treten, bereichert durch die Intensität der Begegnung, wieder voll in

ihr eigenes Selbstbewusstsein ein. Es ist die Situation erreicht, die HEGEL nennt: „Sie *anerkennen* sich als *gegenseitig sich anerkennend* (Phän., S. 147).

[74] Enz. III, § 436 Z; S. 226.

[75] Recht, § 35, S. 93.

[76] Recht, § 187; S. 344.

[77] Recht, § 187; S. 345.

[78] Recht, § 187; S. 345.

[79] Gesch. , S. 39.

[80] Insbes: Enz III, § 468 Z, S. 287 f, § 469 und 469 Z ff.

[81] Gesch., S. 37 f.

[82] Gesch., S. 38 f.

Zweiter Teil

Die grundlegenden dialektischen
Spannungsmomente im Unternehmen

1. Die dialektische Spannung zwischen ökonomischer und sozialer Effektivität

Es ist zweckmäßig, von der Realität auszugehen, dass ein Unternehmen zwei grundlegende Aufgaben und damit auch zwei Grundleitziele hat, nämlich eine ökonomische und eine soziale Effektivität zu erreichen.[1] Beide Aufgaben und Leitziele sollen sich ergänzen; wenn auch unter betriebswirtschaftlichem Aspekt wie nach generellem Verständnis der ökonomischen Effektivität eindeutig die Priorität zukommt. Schließlich wird ein Unternehmen gegründet, um Gewinn zu erzielen. Andererseits ist ein Unternehmen ein soziales System; also eine Institution, in der Menschen miteinander arbeiten und miteinander leben. Und dieses Miteinander (man denke an Jugend und Alter, an männliche und weibliche Mitarbeiter, an die Kooperation zwischen verschiedenen hierarchischen Rängen) bedarf einer Effektivität, die auf der Grundlage ethischer gesellschaftlicher Normen aufbaut.

Auch unter dialektischer Perspektive hat man also davon auszugehen, dass das Unternehmen als „System" zu verstehen ist, was heißt: als soziale Einheit, in der eine Vielzahl von sozialen Elementen (Führungskräfte und Mitarbeiter mit unterschiedlichen Verhaltensweisen, Gruppen und Abteilungen mit verschiedenen Strukturen) integrativ verbunden sind. Allerdings ist das Unternehmen eben als „dialektisches System" zu interpretieren; es ist ein System, das von Widersprüchen durchwirkt wird. Man kann das von zwei Seiten her zum Ausdruck bringen. Erstens: Das Unternehmen ist ein mit Widersprüchen behaftetes soziales Gebilde; aber es ist doch ein System, weil es in sich die Kraft zu entwickeln vermag, diese Widersprüche zum Ausgleich zu bringen. Zweitens: Es ist richtig, das Unternehmen als soziales System zu begreifen. Es darf nur nicht der Eindruck entstehen, in ihm „laufe alles harmonisch" oder es sei durchweg „alles in Ordnung". Es wird hier zu zeigen sein, dass das Unternehmen ein „Zielsystem" ist, wobei es Widersprüche zwischen sozialen Aufgaben und Zielen gibt; und dass mit dem Bemühen um ökonomische und soziale Effektivität eine dialektische Spannung natürlich und unausweichlich aufkommt.

Konzentrieren wir uns zunächst auf das eine Leitziel, auf das *Streben nach ökonomischer Effektivität*. Jedes privatwirtschaftliche Unternehmen wird gegründet, um zu Markterfolg zu gelangen. Dieser Markterfolg muss sich im Gewinn niederschlagen, der in Geld gemessen wird. Daran ändert sich auch nichts, wenn man den Begriff „Gewinn" heute gerne durch Ausdrücke wie „Rendite" oder „angemessener Ertrag" ersetzt. Ein Unternehmen muss Geld verdienen; nur dann kann es die Beschäftigten bezahlen und Steuern an den Staat abführen. Konjunkturelle Einbrüche können uns schnell veranschaulichen, was die Folgen sind, wenn nicht genug Geld verdient wird. Zum „Geld verdienen" gibt es zwei Schlüssel-Größen: zum einen der auf dem Markt zu erzielende Gewinn, und zum anderen die Rentabilität des Einsatzes der Mittel. Anders gesagt: Um zu einer Rendite zu gelangen, ist eine Produkt- und Preispolitik erforderlich, die auf (je nach Situation) niedrigen bzw. erträglichen Kosten basiert. Und wie man von einem ständigen Ringen um den Kunden sprechen kann, so muss man auch von einem permanenten Ringen um Kostensenkung, um das Aufdecken von vermeidbaren Kosten, um das richtige Maß der Investition und um die angemessene Anzahl von Beschäftigten sprechen. Das Personal zählt unter streng ökonomischem Denken auch zu den Kostenfaktoren. Dieses gesamte Feld wird unter dem Begriff der „Rationalisierung" gefasst; wenn auch in der Praxis je nach Position und Aufgabe andere Ausdrücke verwendet werden, wie: „Produktivitätssteigerung", „effektivere Ablauforganisation", „qualitativere Leistung pro Zeiteinheit", „günstigerer Materialdurchlauf". Generell kann man von „organisatorischer Rationalisierung" sprechen; in Produktionsbetrieben, in denen es um Einsatz technologischer Mittel geht, bildet die neue Technik als die „technologische Rationalisierung" das eigentliche Kriterium.

Von hier aus begreift man: Alle Positionen und Stellen in einem Unternehmen arbeiten letztlich für den *Verkauf* und für die rationelle Erfüllung der dem Verkauf dienenden Aufgaben. Was den Verkauf direkt angeht, so vollzieht sich hier im Allgemeinen eine gleichsam natürliche Entwicklung. Es schälen sich tüchtige Leute heraus, die erfahren, dass ihre Kernkompetenz in der Überzeugungskraft liegt.

Entsprechend ihrer Bedeutung für das Unternehmen werden sie gut bezahlt; und die schwierige und auch unangenehme Seite des ständigen „Auf-Achse-Seins" nehmen sie unter anderem mit dem Bewusstsein in Kauf, nicht, nicht wirksam oder nicht so genau kontrolliert werden zu können wie andere Beschäftigte. Betrachtet man dagegen die innere Organisation, vor allem die Arbeitsorganisation unter dem Blickwinkel der Rationalisierung, so gelangt man gleichsam unversehens in eine ganz andere Konstellation; nämlich in die Brisanz des geschichtlich entstandenen Gegensatzes von Kapital und Arbeit, dessen Folgen sich heute noch in den potenziell immer vorhandenen Interessen-Kollisionen zwischen Arbeitgeber und Gewerkschaft zeigen.

Was ist nun die „soziale Effektivität"? Einen freundlichen Einstieg in dieses Gebiet bekommt man, wenn man in einem größeren Unternehmen an einer Besichtigung teilnimmt; und zwar möglichst noch mit Besuchern, die nicht aus der Industrie kommen. Diese Gruppe pflegt zunächst in die Kantine geführt zu werden; was heißt: sie kommt in eine Umgebung, deren positiver Atmosphäre (man befindet sich immerhin in einem Unternehmen) sich keiner entziehen kann. Es folgt dann ein Einführungsvortrag über Ziele und Absichten des Unternehmens, dessen Quintessenz ist: „Bei uns steht der Mensch im Mittelpunkt". Im Einzelnen wird jeweils ausgeführt, was das Unternehmen zu bieten hat; und hier wird etwa erwähnt: eine konsequente Leistungs-Entlohnung, die gerade deshalb auch als gerechte Bezahlung angesehen werden könne. Hierüber habe man sich mit dem Betriebsrat abgestimmt, zu dem überhaupt ein respektables Verhältnis bestehe. Meist kann auf ein Weiterbildungs-Programm verwiesen werden, das teilweise innerhalb der Arbeitszeit angeboten wird; wobei der Mitarbeiter die Möglichkeit habe, Kurse zusammenzustellen, die den an ihn gestellten Arbeitsaufgaben und die seinen Interessen entsprächen. Es wird überhaupt eine Übersicht über die Sozialprogramme gegeben; so über das „Clubleben", das viele Sparten (wie Fußball, Tennis, Basteln) umfasse. Wenn vorhanden, wird natürlich die zusätzliche Altersversorgung besonders herausgestellt.

Bei der sozialen Effektivität ist die *Image-Wirkung* des Unternehmens auf die Gesamt- Gesellschaft nicht zu übersehen. Wie das Unternehmen als wirtschaftliche Realität auf Markt und Kunde ausstrahlt, so wird es als soziale Realität für Staat und Gesellschaft von Belang. Man denke an die Steuern, die Städten und Gemeinden zugute kommen; man denke generell an den Nutzen für die Infrastruktur. Was die Weiterbildung betrifft, so ist auf die Unterstützung überbetrieblicher Bildungseinrichtungen (zum Beispiel für die Berufsakademie, für die Verwaltungs- und Wirtschaftsakademie) hinzuweisen. Man sollte auch nicht diejenige nennenswerte Leistung vergessen, die ein Unternehmen insofern für die Gesellschaft bringt, als es nicht nur für den eigenen Nachwuchs sorgt. Oft genug nämlich werden Führungskräfte und Mitarbeiter, die sich mittels Förderung durch ein Unternehmen mit dessen Aus- und Weiterbildungsprogrammen Kenntnisse angeeignet haben, unter Hinweis auf diese von anderen Unternehmen gerne übernommen. Schließlich kann und sollte doch gesehen werden, dass die erreichte wirtschaftliche Effektivität zur wichtigsten Größe der sozialen Effektivität geführt hat und weiterhin führt: Die Steigerung des Sozialprodukts und des Lebensstandards für die Gesellschaft.

Für ein Unternehmen sind sowohl seine Sozialprogramme wie auch sein Image innerhalb der Gesellschaft Momente der sozialen Effektivität. Und sie treten insofern als „Widerspruch" der ökonomischen Effektivität gegenüber, als damit gezeigt wird, dass es neben den ökonomischen Zielen noch soziale Ziele gibt, denen nachgegangen wird. Schon eine Kantine kostet Geld; ein Weiterbildungsprogramm erfordert den Ausbau des Personalwesens. Man denke auch unabhängig von der zusätzlichen Altersversorgung an den Werksarzt, an Pensionärsveranstaltungen. Und was das Ansehen „nach draußen" betrifft, so basiert das nicht nur auf Erfolg und Prestige des Unternehmens, sondern auch auf seinen finanziellen Leistungen für die soziale Umwelt. Auch dieses Geld muss erst einmal verdient werden; und es wird streng ökonomisch nicht investiert, sondern ausgegeben. Auf diese Faktoren der „sozialen Realität" ist vor allem deshalb zu verweisen, als sie innerhalb dieses dialektischen Spannungsfeldes nicht übersehen werden sollen. Dialektische Spannungen entstehen hier, weil es durchaus debattiert wird, welche Sozialausgaben in welcher Höhe geleistet werden können und sollen.

Freilich muss auch gesagt werden, dass diese Momente für die soziale Effektivität generell und damit für das Spannungsverhältnis zur ökonomischen Effektivität nicht entscheidend sind. Entscheidend vielmehr ist die Frage des „Miteinander", die Frage des Arbeitsklimas, der sozialen Atmosphäre in den Beziehungen zwischen Führungskraft und Mitarbeitern; zwischen der Linie und den Stäben, in denen die Rationalisierungs-Experten (REFA-Techniker, System-Engineers u. a.) tätig sind.

Eine soziale Effektivität in diesem Sinne zu erreichen, das bedeutet, dafür Sorge zu tragen, dass im Alltag des betrieblichen Geschehens das „Miteinander" entsteht und besteht; und dass dieses sich als stärker erweist denn ein „Gegeneinander", das häufig genug spontan aufkommen kann. Diese schwierige Aufgabe hat man immer von unterschiedlichen Ansätzen her zu lösen versucht. Von unserer heutigen gesellschaftlichen Werteskala her wird man den stärksten Schub zur Optimierung der menschlichen Verhältnisse im Arbeitsleben vom Ende des Zweiten Weltkrieges an datieren können. Parallel zur Demokratisierung des staatlichen und gesellschaftlichen Lebens setzten intensive Bemühungen ein, auch im Zusammenarbeiten und Zusammenleben der Menschen in Wirtschaft und Industrie sich Werte wie Freiheit, Offenheit, Würde und Entfaltung der Fähigkeiten des Einzelnen bewusst zu machen und zu fördern. Aktivitäten dieser Art gingen vor allem von kirchlichen Akademien und Instituten aus. Es folgten industrieeigene und auch gewerkschaftliche Bildungseinrichtungen, in denen mit bemerkenswerter Neutralität Themen wie „Voraussetzung zum Erfolg von Führungsverhalten" und „Grundlagen zwischenmenschlicher Kommunikation" behandelt wurden. Im Verlauf der 50er und 60er Jahre wurde der Aufbau innerbetrieblicher Bildungseinrichtungen verstärkt, in denen neben Fachkursen Veranstaltungen zur Entwicklung der Persönlichkeit, der Kommunikation, der Teamarbeit, der Motivation von Mitarbeitern als Pflichtseminare für Führungskräfte und Führungs-Aspiranten angesetzt wurden.

Als charakteristisch für diese ganze Bewegung kann die durchschlagende Wirkung der Theorie von A. H. MASLOW gewertet werden.[2] Nach ihm handelt der Mensch von einzelnen Motiven oder Bedürfnissen her. Dabei ist es in seinem Wesen begründet, dass diese Bedürfnisse in einer aufsteigenden Linie vom einfachen zum höheren Motiv fortschreitend aufgebaut sind. Die niederen Bedürfnisse (Grundbedürfnisse) suchen zu allererst Befriedigung. Hat der Einzelne das erreicht, dann ist er von dem Druck befreit, dem unbedingt Lebensnotwendigen (Essen, Trinken, Obdach) nachzugehen. Er kann sich den höheren Bedürfnissen (Streben nach Gemeinschaft und Prestige) widmen. Er wird das schon deshalb tun, weil der Mensch nach MASLOW primär ein geistiges Wesen ist und deshalb nach Entfaltung seiner vollen Kräfte, seiner Talente, seiner Kreativität strebt. Das höchste Bedürfnis ist das nach „Selbstverwirklichung". Und das Bewusstsein, ein inneres, tieferes Selbst entwickelt zu haben und sich als kreative Persönlichkeit zu erleben, konkretisiert sich für ihn als der eigentliche Lebenssinn. Wesentlich ist, dass diese Lehre auf das Arbeitsleben übertragen wurde, woraus sich folgende

Elemente ergeben: Jeder strebt auch in Arbeit und Beruf – ja
hier sogar in besonderem Maße – nach Selbstverwirklichung.
Das hat für jede Führungskraft eine recht wichtige Konsequenz. Führung bedeutet, dem Mitarbeiter eine solche Tätigkeit zuzuordnen und ihn so zu behandeln, dass er in seiner Arbeit eine Selbstverwirklichung erlebt. Dies zu tun, das ist die
wirkliche Motivation! So nämlich wird der Mitarbeiter angeregt, aktiviert, motiviert, seine Kräfte einzusetzen. Dieser
Ansatz wird noch dadurch unterstrichen, dass die Grundbedürfnisse zwar nach ihrer Befriedigung keine Strebungen
mehr entstehen lassen (man hat dann ja, was man wollte),
dass das Bedürfnis nach Selbstverwirklichung jedoch nie befriedigt werden kann! Erlebt der Mensch heute ein „Glücksgefühl" über eine vollbrachte Leistung, über einen Erfolg, so
genügt ihm das schnell nicht mehr, so wird er dazu getrieben,
ein neues (ein noch besseres, intensiveres) Glücksgefühl, bzw.
eine höhere Erfüllung haben zu wollen. Für die Führungskraft
bedeutet das, den Mitarbeiter in seiner Arbeit und in seinen
Arbeitsinteressen kennenzulernen; sowie sich dabei zu überlegen, in welcher Weise und auf welche Ziele hin sich dessen
Bedürfnis nach Selbstverwirklichung entwickeln wird. Das
Motiv „Selbstverwirklichung" ist immer ansprechbar. Und je
mehr es der Führungskraft gelingt, die zu leistende Arbeit mit
der Erfüllung dieses Motivs in Übereinstimmung zu bringen,
desto interessanter wird die Tätigkeit für den Mitarbeiter und
desto leistungswilliger wird er.

Man muss nun allerdings beachten, dass es sich bei dieser par-
tizipativen Führung mit dem Ziel, die Mitarbeiter zu einer
Selbstverwirklichung zu bringen, im Grunde um eine *ethische
Forderung* und um ethisch qualifizierte Bemühungen handelt.
Man kann sagen: Es ist eine demokratische Ethik, die in die
Motivation der Mitarbeiter umgesetzt werden soll. Eine Ethik
kann nie ohne weiteres Realität werden. Aber immerhin wer-
den hier Verhaltens-Gebote mit der Kraft einer einsehbaren
Ethik vorgebracht. Und es ist diese Kraft, von der die soziale
Effektivität als die eigentliche Gegenposition zur wirtschaft-

lichen Effektivität aufgebaut wird. Es ist auch keine Frage, dass gerade in diesem Zusammenhang dem Management eine Schlüsselrolle zukommt; wobei jede hierarchische Führungsebene angesprochen ist. Von jeder Führungskraft wird schließlich verlangt, beide Prinzipien, das ökonomische Prinzip und das humanitäre Prinzip zur Geltung zu bringen; und zwar täglich, stündlich, jederzeit. Man darf sich nicht über Unsicherheiten wundern, die man bei Managern feststellt. Letzten Endes spielt sich die Spannung zwischen diesen Prinzipien auch in der Psyche der Führungskraft ab, und zwar vom Top Manager bis zum Gruppenleiter.

Wir deuteten schon an, dass man bei der innerbetrieblichen Rationalisierung vor der problematischen Seite des Strebens nach ökonomischer Effektivität steht. Man findet sich plötzlich in einer Thematik, in der man von der rauhen Luft des Gegensatzes zwischen Kapital und Arbeit umweht wird; eine Thematik, die insbesondere vom Marxismus, aber nicht nur von ihm, als zentrale Frage der wirtschaftlichen Entwicklung betrachtet wurde. Inzwischen ist vieles entschärft und die Geschichte der industriellen Arbeit wird in manchen Trends anders zu sehen sein. In unserem Zusammenhang ist es jedoch wichtig, ein eingefleischtes Misstrauen vieler Mitarbeiter, vor allem vieler Arbeiter, gegenüber der Rationalisierung mit einzubeziehen. Es ist das Misstrauen gegenüber allen Bemühungen der Unternehmensleitung und der Führungskräfte, eine echte Verbindung zwischen wirtschaftlichen und humanitären Aktionen – die für den Mitarbeiter dann Nutzen bringen würden – herstellen zu können und zu wollen.

Ein dialektischer Gegensatz entwickelt in sich die Kraft, auf eine Aussöhnung dieses Gegensatzes hinzuwirken. Das ist auch in diesem Spannungsverhältnis von ökonomischer und sozialer Effektivität der Fall. Allerdings ist dies ein langwieriger Prozess, weil nicht nur der objektiv feststellbare Widerspruch besteht, sondern weil dieser durch das Misstrauen der Mitarbeiter verstärkt bzw. sogar geschürt wird. Eine Analy-

se der Spannungen muss dabei aber gerade dieses Misstrauen
der Mitarbeiter und seiner Folgen mit einbeziehen. Immerhin
sind sie diejenigen, die am eigenen Leibe die Rationalisierungsmaßnahmen spüren. Bei Gesprächen mit Mitarbeitern,
vor allem mit Arbeitern, erfährt man dann, dass das, was wir
als „vorurteilsvoll" bezeichnen würden, von ihnen als Absicht, „realistisch sein zu wollen", eingestuft wird. Dabei gibt
es zwei Akzente:

Einmal wird die „Rationalisierung" als strategisches Ziel des
Unternehmens angesprochen. Die Auffassung vieler Beschäf-
tigter ist etwa so wiederzugeben: „Wenn man realistisch ist,
dann geht es doch dem Unternehmen nur um den Profit. Und
wir kriegen von dem gebackenen Kuchen zu wenig ab." Aussagen dieser Art (und das muss einen noch viel nachdenkli-
cher machen) werden ergänzt durch Hinweise, alle Ansätze
der demokratischen Ethik, den Menschen durch Weiterbildung weiterzubringen (z. B. als Ersatz entgangenen Schulbe-
suchs), durch bewussten Arbeitseinsatz und Förderung im
Sinne des Zieles einer optimalen Selbstentfaltung zu motivieren, das seien nur „Ablenkungsmanöver" oder das sei „bewusste Irreführung". Wenn man „mehr Geld" haben wolle,
dann sei das immer oder „gerade jetzt" nicht möglich.

Zum Zweiten wird die Beziehung zum Vorgesetzten wie überhaupt die Stellung des Mitarbeiters innerhalb der Hierarchie
besprochen; und zwar unter dem besonderen Blickpunkt,
dass jede hierarchische Position (jeweils „nach oben") Erfolge auf dem Gebiet der Rationalisierung nachweisen müsse.
„Wenn man unsere Situation realistisch sieht", dann (so eine
typische Aussage) „kommt man zu der Auffassung: ‚Ober
sticht Unter'!" Derjenige, der die höhere Position bekleidet,
habe immer Recht. Insbesondere der Mitarbeiter betont, er
werde immer aufgefordert, im Sinne der Rationalisierung zu
denken, seine Ideen darzulegen, wie Abläufe produktiver,
kostengünstiger, „effektiver" gestaltet werden könnten. Tue
er das aber, dann erfolge keine Reaktion. Das liege nicht nur

daran, dass der Vorgesetzte schlecht zuhöre (das zwar auch
...); entscheidend sei vielmehr, dass dieser sich „nach oben"
nicht durchsetzen könne oder wolle, dass er die Rationalisie-
rungsideen des Mitarbeiters nicht energisch vertrete. Auch für
seine Vorgesetzten nämlich gelte: „Ober sticht Unter". Und
so gehe das innerhalb der Hierarchie überhaupt. Keiner wolle – dem jeweiligen Vorgesetzten – Unruhe bereiten; das tue
man aber, wenn man Ideen über neue Rationalisierungswege
vorbringe. Sei man hartnäckig und presche mit einer neuen
Konzeption vor, dann riskiere man den „Bumerang-Effekt".
Der Vorgesetzte fühle sich in seiner Schwäche erkannt, in die
Enge getrieben oder gar beleidigt. Und das lasse der einen
dann irgendwann spüren. So komme man dann zu der Auffassung, am besten tue man das, was verlangt werde; sonst
habe man nur Ärger.

Das gibt Anlass, sich einen Augenblick in die Situation einer
Führungskraft zu versetzen. Sie ist „Funktionär" oder freundlicher formuliert: „Sachwalter" des Unternehmens in ihrem
Bereich. Das Unternehmen tritt an, sich zu erhalten, sich auszubauen. Dazu ist der wirtschaftliche Erfolg die Grundlage;
ein Erfolg, der nicht von selbst kommt, der täglich neu er-
rungen werden muss, der steten Einsatz erfordert. Ohne dass
das (immer) so ausgesprochen würde, soll sich doch jede
Führungskraft gefragt fühlen: Habe ich heute im Sinne der
Unternehmensstrategie Entscheidungen gefällt oder doch
Weichen gestellt? Habe ich auf den Markterfolg hingearbei-
tet? Habe ich im Sinne der Produktivität gedacht und gehan-
delt? Und alle diese Fragen kulminieren in der Grundfrage:
Habe ich in meinem Verantwortungsbereich der Rationalisierung gedient? In der Beantwortung dieser Frage liegt die
Konsequenz, die Arbeitsprozesse auf zeitliche Reduzierung
und Kostensenkung sowie die Kooperation auf Zuwachs an
Integration und Team-Denken zu verbessern. Und gleichzeitig soll die Führungskraft sich fragen: Gebe ich mir genug
Mühe, meine Mitarbeiter zu motivieren? Was kann ich tun,
um meinen Mitarbeitern eine Selbstverwirklichung in ihrer

Arbeit zu verschaffen, damit sie das, was sie tun sollen, auch gerne tun? Im Grunde soll die Führungskraft also die Mitarbeiter zur Rationalisierung motivieren; und dann dafür sorgen, dass diese in und mit ihrer Tätigkeit im Sinne der Rationalisierung zur Selbstverwirklichung gelangen.

Die Härte dieser Situation wird noch dadurch erheblich erhöht, dass der Mitarbeiter sich gegen die Rationalisierung wehrt; und zwar von seinem Basis-Motiv, bzw. von seinem Anspruch her, einen Handlungsspielraum haben (schaffen und halten) zu müssen, der „geheim" bleibt, der jedenfalls seinem Vorgesetzten und den Rationalisierungs-Experten, die mit dem Vorgesetzten in Kontakt stehen und ihm Hinweise oder Anregungen zu einer intensiveren Rationalisierung geben, nicht bekannt ist. Dieser geheime Handlungsspielraum, der in Württemberg mit dem bezeichnenden Namen „Vorderwasser" benannt wird (was soviel heißt wie: Reserve, vor allem Zeitreserve), der ist gleichzeitig die Verteidigungsstellung; wobei der Mitarbeiter sozusagen „fast alles" tut, um diese zu halten. Diese Verteidigungslinie kann umgehend aktualisiert werden, denn sie ist immer dann gefordert, wenn die Rationalisierung „droht" – und diese droht immer!

In kaum einer anderen sozialen Situation zeigt sich die Bedeutung von Verständnis und Vertrauen stärker als hier. Und es ist sicher in erster Linie Aufgabe der Führungskraft als Inhaber der stärkeren Position, Verständnis für die Skepsis der Mitarbeiter gegenüber der Rationalisierung zu haben. Es bleibt dann der Fähigkeit der Führungskraft überlassen, durch Verhalten (Vorbild sein!) und Gespräche zu zeigen, dass es echtes Anliegen des Unternehmens ist, jedem Mitarbeiter zu helfen, in seiner Arbeit und in seinem Einsatz für das Unternehmen auch seine eigene Persönlichkeit stärker zur Entwicklung zu bringen. Zweifellos braucht eine solche „Beeinflussung" (im Sinne der Motivation und der Umwandlung von potenziellem Misstrauen in Vertrauen) Zeit. Und sie wird auch nur soweit gehen, bis die Grenze des „Vorderwassers" erreicht ist. Dabei ist es für Führungskräfte schwierig, diese Grenze zu erkennen. In der Regel redet der Mitarbeiter darüber nicht. Und wenn er direkt darauf angesprochen wird, dann sind Reaktionen wie Achselzucken und Bemerkungen, er wisse gar nicht, wovon die Rede sei, charakteristisch. Je besser die Beziehung zwischen Führungskraft und Mitarbeiter ist oder wird, desto größer wird für die Führungskraft die Chance, diese Handlungsreserve zu verringern; das heißt den Mitarbeiter zu veranlassen, sich mit einer Reserve zufriedenzugeben, die dieser als wirklich notwendig braucht. Hebt eine Führungskraft zu direkt auf eine Reduzierung oder gar auf eine Beseitigung dieser Reserven (unter dem Motto „Aufdeckung von Leerzeiten") ab, dann reagiert der Mitarbeiter eventuell mit „innerer Kündigung".[3]

Nun ist bei allem Misstrauen und bei allen Ängsten, das „Vorderwasser" einzubüßen, doch zu sagen, dass der Mitarbeiter nicht im Prinzip gegen die Rationalisierung eingestellt ist. Er weiß, dass ein Unternehmen Kosten sparen muss, dass der Markterfolg auch seinen Arbeitsplatz und sein Entgelt sichert. Hier übrigens ist seine permanente Klage einzuordnen, er werde nicht informiert. Er will orientiert sein, wie es um das Unternehmen steht, was verdient wird, welche Investitionen erforderlich sind und warum; und ob im Verhältnis dazu sein Lohn oder sein Gehalt angehoben werden könnte oder nicht. Wenn er zu diesen Themen eine befriedigende Auskunft bekommt, dann ist viel gewonnen.

Von hier aus müssen wir noch einmal auf den dialektischen Charakter der Spannung zwischen der jeweils angestrebten ökonomischen und sozialen Effektivität zurückkommen. Es gibt da gleichsam die große Linie, die in der Folge von „ökonomischer Effektivität – sozialer Effektivität – Unternehmenskultur" zu kennzeichnen ist. Es besteht der Drang, alle Kräfte des Unternehmens auf den wirtschaftlichen Erfolg, auf die Kundenzufriedenheit, auf die Gewinnung neuer Kunden zu richten. Um das optimal erreichen zu können, muss rational, produktiv, qualitativ mit einer einsatzbereiten und kompetenten Belegschaft gearbeitet werden (These). In einer zweiten Überlegung wird dann schnell deutlich, dass das wirtschaftliche Prinzip allein in die Einseitigkeit führt. Es muss durch die soziale Effektivität ergänzt werden. Es sind die Menschen, die den ökonomischen Zielen nachgehen, die aber auch eigene Bedürfnisse haben, die einen eigenen Rahmen brauchen. Im Übrigen wird ein Unternehmen in der Öffentlichkeit danach beurteilt, ob man „gerne" in diesem Unternehmen arbeitet bzw. arbeiten würde oder nicht (Antithese). Diese soziale Effektivität mit ihren spezifischen Zielen ist auf der einen Seite eine Ergänzung, auf der anderen Seite auch eine deutliche Opposition zur ökonomischen Zielsetzung.

Beide Effektivitäts-Typen sind jeweils Prinzip und Realität; und sowohl als Prinzip wie als Realität wirkt der in ihnen bestehende dialektische Gegensatz als Impuls zur Aussöhnung, zur übergreifenden Einheit, zum Gleichgewicht, zur Synthese. Und diese umfassende systemische Einheit der Gegensätze, auf die die Dialektik hinwirkt, wird *Unternehmenskultur* genannt. Dabei wird zu zeigen sein, dass dieser Zustand keineswegs ein Endpunkt ist, sondern dass er nach dem Muster der Dialektik immer wieder neue, im Dreierschritt sich vollziehende Schwingungen auslöst. Es sind jedoch – im allgemeinen jedenfalls – Bewegungen, in denen mit der Erlangung einer neuen Synthese jeweils ein vergleichsweise höheres Niveau an Kultur entstanden ist.

Innerhalb dieser großen Linie des dialektischen Geschehens sind nun im Führungskraft-Mitarbeiter-Verhältnis viele dialektische Prozesse „in kleinen Dosierungen" eingefügt. Sie sind nach folgendem Modell strukturiert: Die Führungskraft setzt und bespricht Aufgaben mit den Mitarbeitern ihres Bereiches und sucht mit ihnen *Zielvereinbarungen* festzulegen. Mehr oder weniger deutlich feststellbar steht dahinter die Absicht der Führungskraft, „nach oben" Erfolge in Bezug auf Kostensenkung und Produktivitätsentwicklung zu melden

(These). Jeder Mitarbeiter geht dann gleichsam in sich, prüft die Anliegen seiner Führungskraft mit seinen Handlungs- und Zeitreserven. Dabei ist die Sorge eines jeden bei Einsatz neuer Techniken (Maschinen, Anlagen) vor Verlust an solchem „Vorderwasser" besonders groß. Es pflegen dann Diskussionen zu entstehen, in denen die Mitarbeiter viele Gründe anführen, warum welche Anliegen der Führungskraft nicht oder zweckmäßigerweise anders erledigt werden sollten. Diese Gründe mögen alle stimmen, alle aber stehen in direkter Verbindung mit dem Anliegen, kein „Vorderwasser" zu verlieren (Antithese). Da die Führungskraft ja unter dem Einfluss der demokratischen Ethik die Mitarbeiter nicht kommandieren, sondern zur interessanten Tätigkeit gewinnen will, merkt oder ahnt sie auch normalerweise, wie weit sie zweckmäßigerweise in ihren Anforderungen gehen kann. Was hier ratsam ist, kann auf die Formel gebracht werden: Wenn sie die Ansprüche der Mitarbeiter respektiert, kann sie die Mitarbeiter auch zur Leistung für das Unternehmen „in Anspruch nehmen" (Synthese). Bei neuen Rationalisierungs-Verfahren kann man davon ausgehen, dass dieses Gleichgewicht kippt und ein neues – im Allgemeinen: auf höherem Niveau – erkämpft werden muss.

2. Die dialektische Spannung zwischen Stabilität und Dynamik

Beschäftigt man sich mit dem Unternehmen als handelndem sozialen System, so gelangt die Spannung von Stabilität und Dynamik ins Blickfeld. Dabei geht es hier um eine dialektische Konstellation, die alle Arbeits- und Lebensverhältnisse umfasst. Das bedeutet, dass stets zwei Seiten zu betrachten sind. Einmal muss jedes zielorientiert agierende Unternehmen einschließlich seiner Sub-Systeme (Bereiche, Abteilungen, zentrale Verwaltung, Niederlassungen) danach streben, eine Stabilität zu erreichen und zu wahren. Stets ist Berechenbarkeit mit darauf aufbauender Verlässlichkeit, Kontinuität mit überlegtem Fortschreiten der Unternehmensentwicklung in planbaren Bahnen und Größenordnungen gefragt. Auf der anderen Seite ist es jedoch gerade das Kennzeichen des wirtschaftlichen Unternehmens, dass es eine dauerhafte Stabilität nicht geben kann. Vielmehr erfordern oft plötzlich eintretende Marktveränderungen mit Umstrukturierungsfolgen für den innerbetrieblichen Ablauf, aber auch interne Macht- und Kompetenz-Verschiebungen, dass die Stabilität durch eine Dynamik ersetzt wird. Dialektisch betrachtet ist Stabilität als Ausgangspunkt und damit als These zu setzen. Die Dynamik beschreibt den Widerspruch und die Antithese. Wie in jeder Dialektik, so liegt auch in der Spannung zwischen Stabilität und Dynamik die auf einen Ausgleich hin wirkende Kraft. Dieser Ausgleich bzw. die Synthese wird in einer neuen Stabilität zu finden sein, in welcher die in der Dynamik in Erscheinung getretenen Entwicklungen und Lösungen einbezogen sind.

Die dialektisch zu ordnende Wirklichkeit ist insofern kompliziert, als man eine Makro-Sichtweise und eine Konzentration auf den Mikro-Bereich unterscheiden muss. Das zeigt sich vor allem bei der Synthese-Bildung. Im Großen betrachtet, wenn man das Unternehmen als Gesamtsystem erfassen will, mündet der Spannungsbogen von Stabilität und Dynamik – auch hier – in jener Beschreibung der umgreifenden System-Realität und sozialen Atmosphäre, die *Unternehmenskultur* genannt wird. Hier besonders ist der Begriff „dynamisches Gleichgewicht" angebracht: Eine Unternehmenskultur wird mit der Bezeichnung „Stabilität" nie angemessen zu benennen sein; es kann vielmehr immer nur eine Oszillation um einen erreichten Zustand beschrieben werden, wobei dieser Zustand sich unter dem Einfluss der permanenten Bewegung mehr oder weniger deutlich wandelt. Was den Mikro-Bereich betrifft, so ist zwangsläufig die Blickrichtung eine andere. Sie wendet sich den einzelnen sozialen Beziehungsnetzen zu; insbesondere den Interaktionen zwischen Führungskräften und Mitarbeitern. Im Verlauf unserer Darstellung ist aufzuzeigen, welche typischen Verhaltensweisen und Kommunikationsverläufe innerhalb der vielfältigen dialektischen Vorgänge zu sehen sind, und welche Steuerungs-Aktivitäten von den jeweiligen Führungskräften erwartet werden müssen. Wie bei der Analyse im Großen kann man bei den Studien der Details vom „dynamischen Gleichgewicht" als Charakteristikum der Synthese sprechen. Aber es gibt doch einen wesentlichen Unterschied: Die Denkweisen und Prozesse, denen man im Mikro-Bereich nachgeht, sind „hautnäher"; die sind einfacher und leichter zu erkennen und klarer zu überprüfen. Sie sind damit auch besser zu steuern. Es besteht bei den dialektischen Prozessen in den konkreten Vorgängen des betrieblichen Geschehens die Chance, die Phasen der Dynamik kürzer zu halten und schneller wieder zu einer stabilen Synthese zu gelangen. Auf die relevanten Probleme und impulsgebenden Momente, die in den einzelnen Beziehungsfeldern deutlich werden, kommen wir in eigenen Kapiteln zurück. Hier wollen wir uns auf diejenigen Einflüsse konzentrieren, die das *Unternehmen als handelndes Gesamtsystem* betreffen. Es versteht sich dabei, dass zwischen den Makro- und Mikro-Elementen vielfache Verbindungen und Verschränkungen bestehen. Die unterschiedliche Schauweise und Akzentuierung ist hier jeweils entscheidend.

Jedes Unternehmen ist gezwungen, mit der dialektischen
Spannung von Stabilität und Dynamik zu leben und die Widersprüche auszuhalten. Die Praxis zeigt, dass es offensichtlich Unternehmen gibt, die das erfolgreicher können als andere. Diesen wird gelegentlich vorgeworfen, sie hätten sich
von der Stabilität und Berechenbarkeit verabschiedet und sei-
en auf eine Strategie der laufenden organisatorischen Umstrukturierung einschließlich der Rotation von Positionsinhabern eingeschwenkt. Das ist sicher so gar nicht möglich.
Die Stabilität mit ihrer Ordnung und Stetigkeit ist auch für
diese „dynamischen Unternehmen" die unverzichtbare
Grundlage. Sie haben freilich begriffen, dass es besser ist, die
doppelschichtige Realität als gegeben zu akzeptieren und „etwas daraus zu machen", und auch: daraus zu lernen! Deshalb
entwickeln sie eine bewusste Sensibilität für Marktbewegun-
gen, für Rationalisierungs-Erfordernisse, für damit entstehende personalpolitische Aufgaben (die Einstellung der richtigen Leute, die optimale Rotation, die Intensivierung der
Weiterbildung). Sie wollen eben früh genug agieren, damit sie
nicht nur reagieren müssen.

Von solchen „dynamischen Unternehmen" wiederum können
auch wir lernen; nämlich uns auf die Bedeutung der persönlichen Initiative, auf den Mut zum Risiko und zur Entscheidung, und damit auf die HEGELsche Akzentuierung des
„Geistes" zu besinnen. Wenn von der Dynamik die Rede ist,
dann wird auf die „Globalisierung" und auf die „Markt-
schwankungen" verwiesen. Das ist sicher nicht falsch. Es ist
aber einseitig, insofern (was gemeinhin damit verbunden
wird) entstehende Probleme im Markt und in der Arbeitsorganisation „den Verhältnissen" zugeschrieben werden. Die
„Verhältnisse" sind die auslösenden Momente. Aber man hat
sich zu verdeutlichen, dass alle den Wandel und die Unruhe
verursachenden Faktoren bereits die umgesetzten Ideen und
Denkschritte der Strategen, Ingenieure und Vertriebsleute in
den Wettbewerbsfirmen, eventuell auch der Politiker, sind.
Und die von hier aus geforderten Reaktionen, die notwendig

sind, um zum wirkungsvollen Markt-Einsatz zurückkehren zu können, werden vom Top-Management, von dessen Stäben, von den Ingenieuren und Verkäufern, ja im Grunde von einem jeden Mitarbeiter erwartet. Was eben heißt: Um in der wirtschaftlichen Konkurrenz bestehen zu können, wird eine neue Denkweise, eine zielgerichtete Willenskraft und Energie sowie eine Kreativität mit Bereitschaft zur Flexibilität verlangt.

Ein Unternehmen muss in erster Linie nach „ökonomischer Effektivität" streben. Folglich ist es selbstverständlich, dass die dialektischen Spannungen, die aus dem Widerspruch von Stabilität und Dynamik entstehen, sich primär auf den Bereich „Marketing und Vertrieb" sowie auf die „innerbetriebliche Rationalisierung" beziehen.

Was den Vertriebs-Bereich betrifft, so konnte darauf hingewiesen werden, dass die sich in Verbindung und in Auseinandersetzung mit dem zweiten Basis-Ziel, der „sozialen Effektivität", ergebenden humanitären und zwischenmenschlichen Probleme nicht so auffällig sind wie im Rationalisierungs-Sektor. Sie können aber an Stärke zunehmen; und zwar vor allem dann, wenn zwei Faktoren zusammenfallen:

1. eine rasante Veränderung des Produktangebots,
2. eine deutliche Zunahme des Wettbewerbs im Markt.

Dies ist der Fall im gesamten Gebiet der EDV und der Informations-Systeme. An einem etwas abstrahierten und komprimierten Beispiel soll deshalb veranschaulicht werden, wie die Verkaufsorganisation durch technologische Veränderungen einer Dynamik ausgesetzt wird.

Beispiel: Ein Unternehmen, das Dienstleistungen im EDV-Sektor anbietet, ist zunächst nach dem herkömmlichen Organisations-Modell aufgebaut. Es hat eine zentrale Vertriebsleitung und unterhält in mehreren Großstädten Niederlassungen, in denen unter anderem Experten für Branchen tätig sind. Nun werden Hard- und Software in einer Weise entwickelt, nach der es dem Unternehmen im Interesse der „ökonomischen Effektivität" zweckmäßig erscheint, das bisherige „Produkt-Marketing" durch ein „Branchen-Marketing" abzulösen: Die Kunden werden speziell nach Branchen eingeteilt. Für jede Branche gibt es ein Zentrum, das jeweils in einer Großstadt etabliert wird, die nicht die Lokation der Zentrale ist. Daraufhin bauen die Branchen, jede an ihrem Platz, ein „eigenes Reich" auf. Tüchtige Branchen-Experten aus den Geschäftsstellen werden zusammengezogen. Es wird jeweils eine eigene Personalabteilung aufgebaut (was schon deshalb erforderlich scheint, weil der Personalleiter kein Jurist, sondern ebenfalls ein Branchen-Experte sein soll). Dann richtet man ein eigenes „Controlling" ein (schließlich will man sich nicht ständig von der Zentrale hineinreden lassen). Nicht zuletzt ist eine Weiterbildungs-Abteilung erforderlich, in der „die eigenen Leute", vor allem aber die Kunden (um sie „besser bei der Stange zu halten") geschult werden. Diese Art der Entfaltung vollzieht sich über mehrere Etappen; sie wird jeweils weiter vervollständigt, wenn Erfolg und Ansehen des Unternehmens durch diese Umstrukturierung gesteigert werden.

Aber auf einmal setzt sich im Top-Management die Auffassung durch, die Informationstechnologie habe sich in einer Weise weiterentwickelt, die eine Spezifizierung des Angebotes nach Branchen nicht mehr sinnvoll erscheinen lasse. Es werden nämlich umfassende Netzwerke aufgebaut, die in allen Branchen einsatzfähig sind. Außerdem rückt die individuelle Kundenberatung ins Zentrum des Service-Angebots. Infolgedessen wird das „Branchen-Management" und die darauf ausgerichtete Organisation wieder aufgehoben. Die dezentralen Stäbe schrumpfen sozusagen bis zur Unkenntlichkeit. Die Zentrale übernimmt wieder alle Funktionen, speziell das Personalwesen, die Weiterbildung, vor allem das Controlling (man muss in der Zentrale doch sehen, wie mit dem Geld umgegangen wird). Für die Führungskräfte und Mitarbeiter, die sich dezentralisiert orientiert hatten, entsteht jetzt das „Re-Entry-Problem" (wo soll man hin, wo ist ein Platz frei?). Es gibt auch trotzige Versuche, die dezentrale Aufgabe weiterzuführen; und eine gewisse Zeit kann das auch erfolgreich sein (zum Beispiel wenn die Branchen-Seminare bei den Kunden ein so positives Echo gefunden haben, dass das Unternehmen im Interesse des Verkaufs den Anforderungen der Kunden auf Fortsetzung nachkommen „musste"). Meist werden mittelfristig aber auch solche „übriggebliebenen" Aktivitäten umgelenkt, so in Verbindung mit einer Umorganisation, in der auf die Größe der nachgefragten Informationssysteme oder auf die Größe der Kunden (Großkunden, Mittelstand, Händlerorganisation) abgestellt wird. Wie die veränderte Struktur im Einzelnen auch aussehen mag, das jeweils neue Management schafft sich eine eigene Struktur, sucht „eigene Leute", die sein Vertrauen haben, zu fördern. Der Aufbau neuer Abteilungen wird mindestens in Erwägung gezogen. Im Ganzen bleibt die Dezentralisierung, aber sie wandelt sich.

Dynamische Vorgänge ähnlicher Art wird es immer wieder geben. Dennoch ist der Drang nach einer Synthese, die hier in der Gestalt eines „dynamischen Gleichgewichts" möglich wird, groß. Bei allen zu registrierenden Veränderungen, in denen Abteilungen aufgelöst und neue gegründet werden; in denen die Beziehungs-Netzwerke in und zwischen Bereichen, zentralen Stäben und Niederlassungen verwandelt und in ihren Gewichten verschoben werden, bleibt die ökonomische und die psychische Notwendigkeit nach Stabilität bestehen. Dies Beispiel zeigt vor allem, dass die Spannung zwischen Stabilität und Dynamik – wenn etwas zum Wohle des Ganzen und des Einzelnen herauskommen soll – nur von einem Werte-Bewusstsein her getragen und ertragen werden kann, in dem es um verpflichtende Verantwortung und gegenseitiges Vertrauen geht.

Auf die Grundfragen der innerbetrieblichen Rationalisierung sind wir schon bei der Darstellung der Dialektik zwischen ökonomischer und sozialer Effektivität eingegangen. Hier ist zu bedenken, dass die Rationalisierung in besonderem Grade in die Dynamik verflochten ist, ja diese vielfach überhaupt erst begründet oder sie zu einer auffallenden Dramatik hinführt. Die Hauptfragen der Rationalisierung werden gegenwärtig noch von den Folgen der „Lean-Debatte" beherrscht. Anfang der neunziger Jahre befand sich die Wirtschaft in einem kritischen Zustand, auf den man mit Maßnahmen der organisatorischen Umstrukturierung reagierte. Diese Maßnahmen sind unter der Bezeichnung „Lean" (Verschlankung) bekannt geworden. Vorreiter dieser Bewegung war die Autoindustrie. Das wesentliche Kennzeichnen ist die Abkehr von dem Ford-Taylorschen Produktionsmodell und das Bemühen um die Aufwertung der menschlichen Arbeit über neue bzw. veränderte Organisationsstrukturen. Im vierten Teil unserer Darstellung wenden wir uns intensiver dieser Thematik zu. Hier ist der Akzent darauf zu legen, dass die Lean-Aktivitäten zu einer ganz erheblichen Steigerung der Dynamik geführt haben und weiter führen müssen.

Hier sind noch einige Hinweise zweckmäßig, die das Materialwesen und den Einkauf betreffen.

Dieser Bereich ist dafür verantwortlich, dass die richtige Menge an zu verarbeitendem Material zur richtigen Zeit am richtigen Arbeitsplatz ist; und dass im Übrigen keine zu große Lagerhaltung entsteht. Um dies zu können, werden aussagekräftige Daten benötigt. Diese bekommt man in internen Absprachen, insbesondere mit der Fertigung, mit dem Konstruktions-Büro, mit dem Lager. Auf der Basis dieser Daten werden Lieferanten gesucht; und hier muss auf Qualität und Pünktlichkeit der Lieferung geachtet werden. Ist das Material eingegangen, werden Rückmelde-Vorgänge von der Qualitätskontrolle, von der Fertigungs-Planung, eventuell von einzelnen Meistern erforderlich.

„Stabilität", das bedeutet zunächst, gute und zuverlässige Lieferanten zu finden, bzw. gefunden zu haben; solche, mit denen man auf der Basis gegenseitigen Verstehens zusammenarbeiten kann. Speziell dafür ist es wichtig, diesen Lieferanten das Bewusstsein zu geben, mit ihnen langfristige Geschäftsverbindungen aufbauen zu wollen. „Stabilität" für das Materialwesen und für den Einkauf umfasst dann auch Erhalt und Ausgestaltung der internen Arbeitsbeziehungen mit den Stellen, die mit Verwendung des Materials zu tun haben. Nun bringt der Alltag schon leichte Instabilität und Unruhe mit sich. Es kann sein, dass für bestimmte Waren ein zu hoher Lagerbestand da ist, dass ein Lieferant nicht pünktlich liefert und einige Teile fehlen. Es kann auch sein, dass in der Qualitätskontrolle Materialfehler entdeckt werden und dass vom Konstruktionsbüro inkorrekte Materialdaten kritisiert werden. Bleiben die Verhältnisse einigermaßen im bestehenden Gleichgewicht, dann können sie normalerweise in Gesprächen mit Lieferanten und mit den betreffenden Abteilungen „ausgebügelt" werden.

Ganz anders aber wird die Lage, wenn vom Markt und (als Folge davon) in der Fertigung einschneidende Veränderungen eintreten, die Konsequenzen für das Materialwesen und den Einkauf haben. Nehmen wir den an sich positiven Fall, dass auf einmal Produkte einen deutlichen Markterfolg erzielen. Die Produktion soll deshalb schleunigst erhöht werden. Es stellt sich aber dann heraus, dass kein Material dafür auf Lager liegt. Der Einkauf, der eilig zitiert wird, der meldet, die Lieferanten könnten erst in einigen Tagen produzieren und liefern, da sie im Augenblick keine Fertigungs-Kapazität frei hätten. In dieser Situation pflegen dann lähmende Diskussionen zu entstehen: warum der Einkauf nicht neue Lieferanten suchen würde. Dieser reagiert, erstens dürfe man die bewährten und zuverlässigen Lieferanten nicht „verprellen"; und zweitens seien die anderen zu teuer und ob sie verlässlich seien, das wisse man nicht. Die Fertigung erklärt dann etwa (was nicht selten zu vernehmen ist), was denn wohl dem Unternehmen mehr schaden würde, die Kosten einer hohen Lagerhaltung oder ein Stillstand der Produktion. Vom Materialwesen kann dann gekontert werden, im Lager sei doch so viel Material, das man als „Lagerhüter" bezeichnen könnte. Da sei doch manches ähnlich dem jetzt verlangten. Da könne man doch sicher Teile „umrüsten" und dann hätte man für einige Tage genug Material für die Produktion. Schwieriger ist natürlich die Lage, wenn ein Produkt auf dem Markt keinen Erfolg mehr hat, wenn es zurückgezogen werden muss und man dafür kein Material mehr benötigt. Hier setzt dann die komplizierte Aufgabe des Einkäufers ein, den Lieferanten, der „sauer" und misstrauisch ist, zu beruhigen, zu vertrösten. Gleichzeitig wird der Einkauf intern recherchieren, ob, wieweit und für welches Material die Risiken einer Bestellung eingegangen werden können; es sei eben längerfristig betrachtet unklug, die Beziehung zu diesem Lieferanten zu gefährden.

„Verschlankung", das bedeutet auch, nüchtern zu prüfen, ob Personal eingespart werden kann. Und dabei gilt es gerade in dem Bereich Materialwesen und Einkauf zu beachten, dass die Tendenz besteht, mit recht knapper Personaldecke zu arbeiten. Man muss aber hier sehen, dass bereits auf Sachbearbeiterebene erhebliche Summen umgesetzt werden. Und die Verantwortung, die von den einzelnen Mitarbeitern verlangt wird, prägt sie, ehrt sie, aber setzt sie auch unter Druck. Und wenn dann die Dynamik unter dem Einfluss organisatorischer Umstrukturierung deutlich erhöht wird, geraten diese Mitarbeiter leicht in eine Hektik, die ein überlegtes Arbeiten nicht mehr gewährleistet. Bei der Steuerung der Dialektik hat man diese Fakten zu beachten!

Es ist erforderlich, Gegenstand und Bedeutung der Dynamik noch unter zwei Gesichtspunkten zu betrachten:

1. Zunächst hat man es als selbstverständlich zu sehen, dass das Leitende Management über eine souveräne Anordnung sowie über eine eigene Steuerung die Lösung der Spannungen erreichen will. Dies geschieht über die *Unternehmensstrategie*, die grundsätzlich davon ausgehen wird, die Dynamik vorweg zu planen und sie gleichsam in die Stabilität einzubauen. Nehmen wir an, die Marktbeobachtung zeige, dass es einer Konkurrenzfirma gelungen ist, ein Parallelprodukt zu bringen, das die Aufmerksamkeit potenzieller Kunden erreicht hat und eigene Kunden verunsichert und sie sogar zur Abwanderung geneigt macht. In diesem Fall wird man überlegen, in welcher Zeit zu welchen Preisen ein nachweislich verbessertes oder neues Produkt auf den Markt gebracht werden könnte. Um das zu realisieren, sind Absprachen mit der Entwicklung, mit dem Materialwesen, mit der Fertigung, mit der PR-Abteilung notwendig. Daraufhin ergäben sich Erfordernisse der Umstrukturierung, etwa des Aufbaus einer neuen Vertriebsorganisation, einer neuen Spartengliederung, nicht zuletzt einer Umgestaltung im Personal-Einsatz.

Gelänge es, diese Konzeption durchzuhalten, dann ließe sich tatsächlich von einer Entwicklung sprechen, die von der Stabilität über die Steuerung einer Dynamik zu einer neuen Stabilität führt. Ob aber ein dynamisches Gleichgewicht eintreten würde, das hängt davon ab, ob die Beschäftigten, insbesondere das mittlere und operationale Management diese Strategie mittragen; und zwar so mittragen, wie es vom Top-Management geplant ist und umgesetzt sein will.

2. Nun zeigt sich in der Praxis oft ein Verhaltens- und Beziehungs-Modell, das ich *Konzeptions-Konkurrenz*[4] nenne. Schon für die Entscheidung, mit welchem neuen oder verbesserten Produkt man die bisherige Marktposition behalten oder verbessern soll, und erst recht für die Umsetzung der Strategie in das praktische Geschehen gibt es keinen „one best way". Man kann durchaus davon ausgehen, dass die Beschäftigten, speziell die Inhaber von Positionen des mittleren und des operationalen Managements, neue Wege zur Fortentwicklung des Unternehmens begrüßen und unterstützen – aber das sieht und tut jeder von seiner Warte aus. Damit vermag ganz spontan ein Ringen um die jeweils bessere Konzeption zu entstehen. Auch jetzt bleibt die Entscheidung, was zu tun ist, bei dem Top-Management bzw. bei dem jeweils höheren Management. Aber mindestens neben diese Anordnung tritt die Verhandlung mit interessierten Mitarbeitern. Es hätte ja keinen Sinn, Beschäftigte, die Ideen vortragen, von deren Tragfähigkeit sie überzeugt sind, einfach zu übergehen. Entscheidend ist es, zu begreifen und zu berücksichtigen, dass in vielen, ja geradezu in allen Beziehungsfeldern innerhalb des Arbeitslebens eine Konzeptions-Konkurrenz auftreten kann und die Spannungen zwischen Stabilität und Dynamik nachhaltig zu verschärfen vermag.

Was ich hier herausarbeiten will, das kann man sich am besten von der Phase eines Neuanfangs her veranschaulichen. Denken wir an den Anlauf eines neuen Produkts, an die Entwicklung und Umsetzung einer neuen Marktstrategie, oder an eine tiefgreifende und umfangreiche organisatorische Umstellung. In Fällen dieser Art gibt es einen verantwortlichen Manager, in der Regel dem Vorstand angehörend, der diese Konzeption vertritt und umsetzen will. Dieser Manager wird sich eine „Produktgruppe" aufbauen. Er bemüht sich um die Bildung einer „Mannschaft", die mit ihm diese Konzeption realisieren soll. Zu ihr gehören normalerweise die an ihn berichtenden Führungskräfte sowie die in seinen Stäben sitzenden Experten. Er wird dann noch weitere Personen hinzuziehen, die für die jeweilige Zielsetzung und Aufgabenstruktur spezielle Qualifikationen haben und denen er Vertrauen entgegenbringt.

Mit einer gewissen Abstraktion lässt sich hier folgendes Verhaltens-Muster aufzeigen: Diese „Mannschaft" geht, vielleicht bei anfänglichem Zögern, mit einem schwungvollen Vorwärtsdrang an die Erarbeitung und Realisierung der Konzeption heran. Es zeigen sich bald Erfolge; nicht zuletzt deswegen, weil jeder sich voll ins Zeug legt und private Zeit einsetzt (ohne darüber ein Wort zu verlieren, weil ihm Tätigkeit und Rolle Spaß machen). Es pflegt dabei noch eine soziale Wirkung anderer Art einzutreten. Die zu dieser „Mannschaft" gehörenden Personen haben eine energievolle Ausstrahlung entwickelt, die auf andere übergreift. Informell, also ohne dass das angeordnet würde, zeigen andere Mitarbeiter Interesse, sich an diese Gruppe anzuschließen. Natürlich, und das ist in der Wirtschaft wie in jeder Organisation legitim, erhoffen sich die Mitglieder dieser „Mannschaft" mit ihrem Einsatz für sich Erfolge; jeder in seinem Sektor und innerhalb seiner Kompetenz. Insbesondere geht es dabei um bessere Bezahlung und um sozialen Aufstieg.

In den meisten Fällen ist eine solche Konzeption, mit der in Vertrieb oder in der innerbetrieblichen Rationalisierung ein neuer Weg zum Erfolg gesucht wird, nicht durch eine „einsame Entscheidung" des verantwortlichen Managers zustande gekommen. Es hat vielmehr längerer Verhandlungen und möglicherweise eines harten Ringens um die optimale Lösung bedurft, um eine konsensfähige Konzeption zu erarbeiten. Das besagt auch, dass in dem jeweils maßgebenden Gremium bereits Wettbewerbs-Vorgänge zwischen mehreren, meist zwischen zwei unterschiedlichen Konzeptionen, stattgefunden haben. Da jedes Mitglied dieses verantwortlichen Gremiums wusste, dass man zu einem Ergebnis kommen musste, entschied man sich letzten Endes für einen Weg. In der Regel setzt sich in dieser Entscheidung derjenige durch, der die höchste Position innehat, wenn auch nach außen vom „Mehrheitsbeschluss" gesprochen wird. Man muss nur wissen, dass bei einem derartigen Vollzug, und das ist hier das wesentliche, die Gegen-Konzeption nicht einfach wegzuwischen ist. Sie existiert quasi im Hintergrund weiter. Dies ist deshalb wichtig, weil die zunächst unterlegene Auffassung wieder „auf den Tisch" kommen kann, wenn die Konstellation dafür günstig ist bzw. werden sollte.

Dies kann eintreten, wenn bei der Realisierung der Konzeption „etwas schief geht". Es ist ja nicht selten, dass die Schwierigkeiten eines Neuanfangs unterschätzt werden. So kann es sein, dass die Mitarbeiter mit „neuen Werkzeugen", etwa mit der betriebswirtschaftlichen Nutzung einer Software, nicht fertig werden; eine Gefahr übrigens, die nicht kleiner wird, wenn man sie nicht sehen will. Oder man denke an plötzliche negative Rückmeldungen über das Marktgeschehen. In solchen Situationen, in denen der Arbeitseinsatz zwischen schweren Lähmungserscheinungen und hektischer Betriebsamkeit hin und her schwankt, da schlägt die Stunde der Gegen-Konzeption. Es melden sich diejenigen zu Wort, die schon in den Konferenzen über den einzuschlagenden Weg anderer Meinung waren, und die jetzt meist nicht ohne gewisse Genugtuung auf die Pleiten und Pannen hinweisen können. Damit beginnt die Konzeptions-Konkurrenz von Neuem. Dabei muss man noch grundsätzlich beachten, dass in Verbindung mit der Argumentation über „die richtige Konzeption" häufig 60:40-Entscheidungen getroffen werden; was also heißt, 40% der Gründe hätten in eine andere Stoßrichtung gewiesen. Da ist es nicht so schwer, die Argumentationsbasis zu verändern, um Gründe zur Erarbeitung einer umgestalteten Konzeption zu finden. So endet die Konzeptions-Konkurrenz oft damit, dass die „Produktgruppe" (die in unserem Beispiel für den Neuaufbau verantwortliche Gruppe) ihre Kompetenz behält, dass der Verantwortliche aber konkurrierende Ideen aufnimmt; wohl auch die Zusammensetzung seiner „Mannschaft" ändert.

Innerhalb einer Konzeptions-Konkurrenz werden (natürlich!) sachliche Argumente ins Spiel gebracht. Dahinter indes pflegen persönliche Interessen und Präferenzen zu stehen. Von ihnen aus können zwar die sachlichen Gründe nicht beiseite geschoben, aber doch andere Argumente in den Mittelpunkt gerückt werden, die eine veränderte Bewertung der Lage ermöglichen. Es ist in vielen Fällen tatsächlich kaum möglich, „Sache" und „persönliche Interessen" zu unterscheiden. Und das gilt für beide Wettbewerbs-„Partner".

Ein Wort noch zur „Mannschaft". Man kann davon ausgehen, dass die anfängliche Motivation mit dem energievollen Schwung die Gruppe so lange zu einem innovativen Team formt, solange ein Erfolg zu sehen ist. Bei Misserfolg dagegen wird nur ein kleines Häuflein Aufrechter den eigentlich erforderlichen Einsatz leisten, um die Konzeption trotz Schwierigkeiten durchzubringen. Die anderen Gefolgsleute dagegen ziehen sich zurück, kritisieren die Konzeption oder werden ihr gegenüber gleichgültig. Und man kann mit etwas eigenartigem Gefühl im Magen beobachten, wieviele derjenigen, die sich informell an die Erfolgsgruppe angeschlossen haben, zur Gegen-Gruppe übertreten.

Die Konzeptions-Konkurrenz, so lässt sich unschwer erkennen, ist Widerspruch und schafft Widerspruch. Wenn wir uns hier an die HEGELsche Grundauffassung erinnern, nach der es ohne Widerspruch keinen Fortschritt geben kann, so be-

greift man viel besser die positive Kraft, die in den Wettbewerbs-Vorgängen steckt. Der Wettbewerb stimuliert; er er-
zwingt gleichsam das Hervorbringen neuer Ideen und besserer Problemlösungen. Im Übrigen hat man mit diesem Begriff
„Konzeptions-Konkurrenz" die Möglichkeit, die als „Machtkämpfe" und „Konflikte" charakterisierten „innerbetrieblichen Auseinandersetzungen" zu versachlichen und versteh-
barer zu machen. Anders formuliert: Mit dieser Sichtweise
lässt sich zeigen, dass der innerbetriebliche Wettbewerb nicht
als „schädlich", als „belastend", als „negativ" qualifiziert zu
werden braucht. Das kann er zwar sein; aber durch eine si-
tuationsbezogene Steuerung der mit dem Widerspruch entstehenden Dynamik lässt sich das verhindern. Es wird die
überlegte Steuerung verlangt, die „das Werden", das Gestalten in die Zukunft hinein auf ihre Fahne geschrieben hat.

Der Wettbewerb um die bessere Konzeption (Idee, Strategie,
Maßnahme, Arbeitsmethodik) spielt – zwar mit unterschiedlicher Intensität, aber stets wahrnehmbar – im Makro- und
im Mikro-Bereich eine tragende Rolle. In vielen Fällen ist er
für das Entstehen einer Dynamik ausschlaggebend; und wo
man das nicht (so deutlich) sagen kann, da ist er in der Regel
als begleitendes Element der Dynamik „am Werk". Und was
für die Dynamik generell zutrifft, das hat deshalb für die Konzeptions-Konkurrenz in gleicher Weise Gültigkeit: Der Drang
zur Synthese ist in den einzelnen Beziehungsbereichen und
Sub-Systemen konkret nachzuvollziehen; und die Synthese
besteht in einer neu entstandenen (relativen) Stabilität, in
welcher der Wettbewerb von zielorientierter Zusammenarbeit überwölbt wird.

Was den Makro-Bereich, also das Unternehmen als Ganzes
angeht, so können Wettbewerbs-Prozesse um die besseren
Konzeptionen gerade dann aufkommen, wenn wesentliche
Entscheidungen für das Unternehmen als Gesamtsystem oder
für wichtige Sub-Systeme desselben erforderlich werden. Und
dies wird desto schneller und deutlicher passieren, je mehr

Umstrukturierungen mit wechselnden Positionen und Ver-
antwortungs-Bereichen ins Haus stehen. Zur Bildung einer
Synthese ist dann die Wirksamkeit einer Unternehmenskultur
mit verpflichtenden ethischen Werten und gemeinschaftsprä-
genden Normen Voraussetzung.

3. Dynamisches Kräfte-Gleichgewicht als Ordnungsrahmen – Unternehmensphilosophie und qualitative Unternehmenskultur

Das Unternehmen als dialektisches System, wie gesagt, befindet sich einmal in dem Spannungsverhältnis von zu erreichender ökonomischer wie sozialer Effektivität; und es steht zum anderen in der Spannung zwischen Stabilität und Dynamik, verstanden als permanente Bewegung und Veränderung. Innerhalb dieser Konstellation stellen die ökonomische Effektivität und die Stabilität jeweils die These dar, während die soziale Effektivität und die Dynamik die Antithese verkörpern.

Zur Frage der Synthese, die hier auftaucht, ist zunächst wie folgt Stellung zu nehmen:

Die Notwendigkeit, zum unternehmerischen Erfolg zu gelangen, führt zu den genannten Spannungen. Gleichzeitig entwickelt eine soziale Organisation die Kraft, auf einen Ausgleich dieser Spannungen hinzuwirken. Solche Ausgleichs-Prozesse finden täglich, stündlich, permanent statt. Von einer gewissen Abstraktionsebene aus betrachtet hat man im Unternehmen einmal die Ausgangsaktivitäten (stabile Strukturen, die auf ökonomische Effektivität hin aufgebaut sind). Ihnen stehen Widersprüche entgegen, die teils als Gegensätze und teils als Grenzüberschreitungen mit Ergänzungsfunktionen bemerkbar werden. Management und Mitarbeiter befinden sich in diesen Spannungen oder erzeugen sie. Um sie überhaupt „ertragen" zu können, müssen Übereinstimmungen, Gleichgewichts-Zustände mit „Abschleifen" zu harter Gegensätze, oder auch: mit Aufbau ergänzender Strukturen gesucht werden. Um sich zu veranschaulichen, was man hier unter „Synthese" zu verstehen hat, ist der Gleichgewichtsgedanke heranzuziehen. These und Antithese sind als Kräfte zu beschreiben, zwischen denen ein Gleichgewicht angestrebt wird. Synthese ist also eine Bewegung, die zwischen zwei Polen oder Grundkräften pendelt; eine Bewegung, in der durch akzeptierte Werte, die gleichzeitig Grenzen oder Toleranzen darstellen, ein Gleichgewichtsfeld bestimmt wird. Damit gestaltet sich die Synthese zu einem Ordnungsrahmen.

Es sind Werte (u. a. Qualität, Teamerfolg, Offenheit und Fairness im Kontakt mit anderen Bereichen), von deren Wirkung auf das Verhalten des Einzelnen Art und Güte des Ordnungsrahmens abhängt. Impulse zu einer solchen Synthese können spontan, aufgrund von Selbstregulierung entstehen. Unter Berücksichtigung, dass man hier das Unternehmen als Ganzes, als Makro-Einheit vor Augen hat, kann man jedoch mit dieser „Selbstregulierung" nicht zufrieden sein. Solche Prozesse würden viel zu lange dauern. Es tritt viel mehr die Steuerungsaufgabe des Managements in den Vordergrund. Das Management muss die Voraussetzung dafür schaffen, dass die Spannungen zu einer Synthese hin tendieren; damit sollen die Kräfte der Selbstregulierung durchaus gestärkt und einbezogen werden. Diese Aufgabe ist immer aktuell. Sie wird vor allem dann wichtig, wenn organisatorische Veränderungen die Spannungsfelder belasten. *Führung als Steuerung dialektischer Prozesse* bedeutet dafür zu sorgen, dass die Lage nicht nur „erträglich" bleibt, sondern dass eine soziale Atmosphäre entwickelt wird, in der die Spannungen als positive Kräfte und motivierende Faktoren empfunden werden!

Wenn es stimmt, dass die *Ausgleichsprozesse* ständig stattfinden, dann ist die Steuerung zur Synthese hin eine ständig gegebene Aufgabe. Handelt man im Management hier bewusst und konsequent, so sind in den meisten Fällen kurze formale und informale Kontakte innerhalb des Arbeitsalltags ausreichend, um eine positive soziale Atmosphäre entstehen zu lassen. Die Richtschnur muss dabei sein: Durch Kontaktaufnahme (wobei auch die Körpersprache, insbesondere eine freundliche Aufmerksamkeit, wichtig ist) die bestehende zufriedenstellende Beziehung unterstreichen.

Es gibt freilich für das Management auch schwierige Situationen, die man sich etwa so zu veranschaulichen vermag:

1. In der Praxis kann wie gesagt die Auffassung dominieren: „Ober sticht Unter". Eine solche Denkweise muss ein Ungleichgewicht schaffen, denn sie ist identisch mit der Einstellung, im Unternehmen werde keine „soziale Effektivität" angestrebt. Es braucht dann nicht weiter begründet zu werden, dass die Leistungsbereitschaft nicht hoch ist. Führung als Steuerung der Dialektik hat hier die Aufgabe, in Gesprächen und in Seminaren glaubwürdig zu verdeutlichen, dass das Unternehmen sehr wohl einen Ordnungsrahmen setzen will, innerhalb dessen die Mitarbeiter „herausgefordert" sind, positive Kritik zu üben. Die Mitarbeiter sollen begreifen, wie wichtig der Unternehmensleitung die Wahrung und Pflege der „sozialen Effektivität" ist. Es muss deshalb eine Atmosphäre erzeugt werden, in der die Mitarbeiter die Bedeutung der sozialen Effektivität für das Gelingen der ökonomischen Effektivität erkennen. Mit dieser Aktivität des Managements kann nicht erreicht werden, dass Mitarbeiter, die schwere Enttäuschungen mit ihrer Führungskraft oder mit anderen Repräsentanten des Unternehmens gemacht haben, „von jetzt auf gleich" positiv gestimmt werden. Aber es kann doch ihre resignative Haltung aufgeweicht werden; und es wird sich der Gedanke einstellen, vielleicht habe man bisher auf das Bemühen um ein Kräfte-Gleichgewicht zwischen unterschiedlichen Polen nicht geachtet. Und es soll natürlich die Hoffnung entstehen, man könne zu einer offeneren, kooperativeren Haltung gegenüber dem Betrieb und der Arbeit zurückfinden.

2. Das verantwortliche Management eines Unternehmens hat entschieden, in mehreren Positionen und Stellen einen

„Generationswechsel" durchzuführen. Diese Maßnahme ist unter Beachtung der ökonomischen Effektivität und unter konsequenter Personalentwicklung erfolgt. Die jüngeren Leute, die nunmehr in der Verantwortung stehen, sind recht zufrieden. Gleichzeitig wird von den Älteren erwartet, dass sie diesen Wandel als im Interesse der Zukunftsorientierung des Unternehmens mit tragen. Dennoch hat dieser Positions- und Stellenwechsel deutliche Unruhe entstehen lassen. So brodelt es in der Gerüchteküche; und die älteren Beschäftigten stehen häufig in Gruppen beieinander und diskutieren über ihre Zukunft. Dies sind natürlich Anzeichen, dass das Kräfteverhältnis von ökonomischen und sozialen Ansprüchen in ein Ungleichgewicht geraten ist. Es kommt hier darauf an, den älteren Führungskräften und Mitarbeitern zu zeigen, dass sie andere Aufgaben bekommen, in die sie sich hineinarbeiten können; wobei ihnen auch durch punktuelle (auf die Tätigkeit eines jeden bezogene) Weiterbildung geholfen wird. Gleichgewicht bedeutet hier das Erleben, dass den Einzelnen auch bei problematischer Dynamik die Chance gegeben wird, mit eben dieser Dynamik fertig zu werden.

3. In einem größeren Unternehmen soll ein Mitarbeiter, der sich als qualifiziert erwiesen hat, innerhalb des Bereichs Personal die Weiterbildung aufbauen. Die bisherige Weiterbildung hat sich auf einige Kurse und Vorträge für die mittlere bis höhere Führungsebene beschränkt. Der qualifizierte Mitarbeiter, der Diplom-Ingenieur ist, interessiert sich speziell für den Bereich Fertigung und schafft sich hier auch die besten Kontakte. Nach einiger Zeit legt er dem „Leiter Fertigung" eine Konzeption vor, in der er vorschlägt, für den Bereich Fertigung ein eigenes Personalwesen zu installieren, dem die Weiterbildung einzuordnen wäre. Und er lässt auch deutlich erkennen, dass er sich als der geeignete Manager für diese Aufgabe betrachtet. Der „Leiter Fertigung" steht dieser Konzeption positiv gegenüber. Er sagt sich einmal, dass die Akzente der Weiterbildung in der Fertigung ganz anders sind als in der Verwal-

tung oder im Vertrieb. Und dann erkennt er, dass er einen direkten „Zugriff" auf das Personal und die Schulung in seinem Bereich bekommen würde. Hier liegt eine Konzeptions-Konkurrenz vor, die sich als Verstärkung der Spannung zwischen Stabilität und Dynamik auswirkt und jede Tendenz zum Gleichgewicht zerstört. Dabei wäre es unangemessen, sich über das Verhalten des qualifizierten Mitarbeiters aufzuregen. Er wird jederzeit sagen können, er plane im Interesse der Firma; und man dürfe sich ja nicht von der Hierarchie unterdrücken lassen. Wichtig ist aber, dass der verantwortliche Manager, hier etwa der „Leiter Personal" oder der „Leiter Zentrale Verwaltung" eingreift. Er muss die entstehende Unruhe beseitigen, indem er eine Richtungsentscheidung trifft. Dabei würden sich grundsätzlich zwei Lösungen anbieten:

– Man folgt dieser Konzeption, d. h. man wird zweckmäßigerweise für die anderen Hauptbereiche ähnliche Lösungen überlegen, beziehungsweise ihnen Alternativen (etwa: eine methodische Weiterbildung bei externen Beratern oder ein Home Learning) anbieten. Gleichzeitig könnte man den amtierenden Personalleiter als Entschädigung für den Kompetenzverlust zu strategischen Aufgaben wie Personalentwicklung und Entwicklung eines Leistungslohnes verpflichten (eventuell mit Beförderung).

– Lehnt man diese Konzeption ab, dann kann man dem Mitarbeiter, der „vorgeprescht" ist, Anerkennung aussprechen, dass er sich im Interesse des Ganzen „Gedanken gemacht hat"; und man sagt ihm, man werde ihn als Aspiranten für weitere Aufgaben im Personalwesen im Auge behalten.

Ob die erste oder die zweite Lösung gewählt wird, in beiden Konstellationen sind die Voraussetzungen zu einer Synthese der Spannungen zwischen Stabilität und Dynamik in Gestalt eines Gleichgewichts der Kräfte gegeben.

Gerade die schwierigen Fälle zeigen, dass Synthese beschrieben werden kann als ein *dynamisches Kräfte-Gleichgewicht*. Innerhalb eines Kräftefeldes, dessen Grenzen da liegen, wo die jeweiligen Pole eben auf den Gegenpol eingestellt bleiben, wo sie nicht tendenzmäßig deutlich auseinanderdriften, da pendeln sich Schwingungen ein; und da funktioniert der Ordnungsrahmen, speziell dank der steuernden Eingriffe des Managements.

Nun deuteten wir schon an, dass die Synthese in Gestalt einer zufriedenstellenden Unternehmenskultur zu finden sein wird. Dabei ist es freilich schwierig, einen konsensfähigen Begriff zu finden, was unter „Unternehmenskultur" verstanden werden kann. In der Betriebswirtschaftslehre und in den Sozialwissenschaften gibt es Versuche dazu. Diese fallen aber recht unterschiedlich aus, und eine Besprechung derselben würde uns nicht weiterbringen. Für uns ist interessant, dass sich der Begriff „Unternehmenskultur" in der Praxis immer mehr durchsetzt. Hierunter wird unter anderem rubriziert, ob in einem Unternehmen die Angestellten in dunklem Anzug mit Krawatte bzw. im Kostüm erscheinen müssen, oder ob eine legere Kluft erwünscht wird. Sodann ist „Kultur", ob „die Türen" eines höheren Managers „für jeden offen stehen", ob eine bürokratische Regelung generell dominant ist; ob die Arbeitszeiten auch da streng formalisiert eingehalten werden müssen, wo es gar nicht mehr nötig ist. „Kultur" ist dann natürlich, wie Kunden, Lieferanten, Besucher behandelt werden. Von dem Gründer der IBM ist der eindrucksvolle Ausspruch überliefert: „Wir tun, was man von uns erwartet, und noch ein bißchen mehr". In Anlehnung an diese alle „irgendwie" zutreffenden Beschreibungen wollen wir eine Definition zum Ausgangspunkt unserer Erörterung nehmen, die ein Arbeitskreis vorgelegt hat, der aus der „Arbeitsgemeinschaft zur Förderung der Partnerschaft in der Wirtschaft" (AGP), der Bertelsmann-Stiftung und der „Deutschen Gesellschaft für Personalführung" (DGFP) hervorgegangen ist:

„Unternehmenskultur ist die Summe der gemeinsam von Unternehmensleitung, Führungskräften und Mitarbeitern getragenen Regeln, Normen und Wertvorstellungen, die die betriebliche Wirklichkeit prägen. In diesem Sinne hat jedes Unternehmen eine Unternehmenskultur."[5]

Hier wird die Absicht der Praxis deutlich, zu deklarieren, jedes Unternehmen habe eine spezifische Unternehmenskultur. Das Problem freilich ist die Formulierung von der „Summe" der gemeinsam getragenen Regeln, Normen und Wertvorstellungen. So, wie wir die Beispiele gebildet haben, träfe das zu. Man könnte von einer Unternehmenskultur sprechen, da die jeweiligen Führungskräfte durch Steuerung der dialektischen Vorgänge ein dynamisches Kräfte-Gleichgewicht herstellen und innerhalb dieser Prozesse die Gemeinsamkeit in der Akzeptanz der Regeln und Normen erreichen.

Von diesen Beispielen lässt sich aber auch folgern, was geschehen wird, wenn kein Ordnungsrahmen in Form eines Kräfte-Gleichgewichts zustande kommt. Nehmen wir das erste Beispiel: Es kann durchaus die Situation entstehen, dass die Haltung „Ober sticht Unter" sich so festgesetzt hat, dass die Bemühungen der Führungskräfte nichts bewirken, möglicherweise das Misstrauen und die resignative Einstellung noch verstärken. In solchen Fällen kann zwar durch autoritäre Eingriffe „Ruhe" hergestellt werden. Man kann aber nicht von „gemeinsam getragenen Regeln" sprechen. Es läge hier eine „Schein"- oder „Zwangs"-Synthese vor. So würde man hier von einer „Unternehmenskultur bei belastendem Ungleichgewicht" sprechen müssen.

Zum zweiten Beispiel: Wenn es nicht gelingt, die älteren Mitarbeiter durch auf sie zugeschnittene Maßnahmen zu einer neuen Sicht ihrer beruflichen Tätigkeit zu bringen, so wird sich die Unzufriedenheit erhöhen und die Gefahr informaler Gruppen mit systemkonträren Verhaltensnormen entsteht.

Auch hier läge eine „Schein-Synthese" mit einer „Kultur bei belastendem Ungleichgewicht" vor.

In Bezug auf das dritte Beispiel könnte es passieren, dass in der Konzeptions-Konkurrenz keine Entscheidung getroffen wird. Der innerbetriebliche Wettbewerb würde sich dann von seiner negativen Seite zeigen: Jeder der in diesem Umfeld tangierten Kollegen setzt auf eigene Regeln und Normen. Möglicherweise entsteht ein Konzeptions-Bündnis zwischen dem aufstrebenden Kandidaten und dem Leiter Fertigung, gegen das dann der Leiter Personal und andere leitende Führungskräfte auf „ihre Rechte" pochen. Jedenfalls entsteht Unruhe; die soziale Atmosphäre wird durch einen lähmenden Schwebezustand bestimmt. Hier wird nicht einmal eine „Schein-Synthese" entstehen. Und was die Kultur angeht, so hätte man hier ebenfalls eine „Unternehmenskultur mit belastendem Ungleichgewicht".

Es ließe sich (zur Beruhigung ...) darauf verweisen, dass Schein- und Zwangs-Synthesen dieser oder ähnlicher Art sich nicht lange halten, dass sie bei nächster Gelegenheit „umkippen" und dass damit der dialektische Prozess erneut beginnt. Innerhalb dieser Dialektik entstehen auch hier erneut Kräfte, die auf eine Synthese und damit auf ein neues Gleichgewicht hinwirken. Und nach HEGEL jedenfalls ist das stets die Chance, einen vergleichsweise optimalen Zustand zu erreichen – das ist aber mittelfristig betrachtet. Auf die konkrete Situation bezogen, da tritt der aktuelle Ausfall des Ordnungsrahmens als entscheidend hervor. Es muss sich ein neuer bilden oder vom Management geschaffen werden; das kostet viel Zeit, es entstehen Unsicherheit und Demotivation.

Respektiert man das Anliegen, eine Definition für die Unternehmenskultur zu finden, unter die jedes Unternehmen subsumiert werden kann, dann lässt sich die genannte Beschreibung halten; und zwar wenn man sie als Minimalforderung versteht. Immerhin sind sich alle Beschäftigten mit der Unternehmensleitung einig, dass zielorientiert gearbeitet werden muss, dass immerhin ein Minimum an Kommunikation geleistet werden muss, da sonst „nichts rauskommt"; ja und dass jeder auf Geld-Verdienen angewiesen ist und somit von hier her automatisch der Impuls zur Akzeptanz gemeinsamer arbeitsorientierter Verhaltensweisen entsteht. Freilich darf man sich dann nicht darüber aufregen, dass sich als Ergebnis eine Kultur zeigt, bei der wesentliche Werte nicht synchron geschaltet sind und deshalb die bestehenden Verhältnisse nicht zufriedenstellen können.

Synthese der Spannungs-Verhältnisse kann aber nur eine zufriedenstellende Unternehmenskultur sein. Und hier führt die Definition des Arbeitskreises insofern weiter, als ganz eindeutig die Regeln, Normen und Wertvorstellungen als die bestimmenden Faktoren der Kultur bezeichnet werden. Damit wird gleichzeitig die Beziehung zur „Theorie" hergestellt, die im weiteren Sinne die *Unternehmensgrundsätze*, im engeren Sinne die *Unternehmensphilosophie* umgreift. Es sind die in der Theorie entwickelten beziehungsweise überlegten und in Worte gefassten Regeln, Werte und Normen, von denen die betriebliche Wirklichkeit geprägt wird oder jedenfalls werden soll.

Unter dieser Perspektive wird ein neues dialektisches Modell deutlich, das den Rang der Unternehmenskultur als Synthese-Funktion für die Spannungsverhältnisse erst in das rechte Licht rückt. Unternehmensgrundsätze und Unternehmensphilosophie als Begründung und Ausgestaltung der Leitziele und Leitgedanken des Managements bilden die These. Dem Denken des Managements gegenüber steht das Denken des Beschäftigten: seine Auseinandersetzung mit der Situation, in der er sich befindet und die er nach seinen Vorstellungen, nach seinen Erfahrungen, Strebungen und Hoffnungen interpretiert. Damit haben wir die Antithese. Es ist dann das Management gefragt, eine echte integrative Atmosphäre herzustellen, in der die Beschäftigten ihre Ängste und Unsicher-

heiten verlieren, sowie die Grundsätze und philosophischen
Leitbilder akzeptieren, ja mit Zufriedenheit und als Impulse
aufnehmen können. Die sich innerhalb dieses Geschehens
vollziehenden Prozesse führen zur Unternehmenskultur als
„Synthese". In ihr gewinnen die Werte und Normen jene
Übereinstimmung, von der die Praxis in entscheidender Weise gestaltet wird.

Im Laufe der letzten Jahrzehnte ist von den leitenden Gremi-
en der Firmen intensiver als bis dahin über Sinn und Aufgabe, über Ziele und Zwecke eines Unternehmens nachgedacht
worden. Und das Ergebnis, zu dem man kam, lässt sich als
ein formaler Ordnungsrahmen bezeichnen, der in *Unternehmensgrundsätze* aufgegliedert wurde. Sieht man von ins Einzelne gehende Konturen ab, so lassen sich folgende Themen
und Schwerpunkte erkennen:

1. Die Achtung vor der Würde des Einzelnen wird in den
   Vordergrund gestellt.

2. Dem Einzelnen ist zu ermöglichen, seine Fähigkeiten und
   Fertigkeiten aus- und weiterzubilden und in enger Verbindung damit seine Persönlichkeit zu entwickeln.

3. Jeder Beschäftigte muss einsehen, dass er sein berufliches
   Wissen und Können für die Zielerfüllung des Unternehmens einzusetzen hat.

4. Die Führungskräfte und Mitarbeiter sollen sich als Gemeinschaft fühlen, sich positiv in das Unternehmen integrieren und für eine produktive Kooperation im Sinne der
   Unternehmensziele Sorge tragen.

5. Um die ökonomische Effektivität, sowohl was die Gewinnung und Pflege der Kunden als auch was die Rationalisierung betrifft, hat sich jeder Mitarbeiter entsprechend
   seiner Rolle und Position zu bemühen.

6. Das Bekenntnis zum fairen Wettbewerb wird betont und in diesem Zusammenhang der Respekt vor den Konkurrenten (die deshalb „Mitbewerber" genannt werden) hervorgehoben.

7. Die Verantwortung gegenüber dem Staat und der Gesellschaft wird unterstrichen.

Betrachtet man diese „Unternehmensgrundsätze" in ihrer Breite und in ihrem Zusammenhang, so fällt vor allem die Akzentuierung ethischer Werte auf; und zwar derjenigen Werte, die im demokratischen Rechtsstaat und in der sozialen Marktwirtschaft entwickelt worden sind. So ist deutlich, dass von nun an die soziale Effektivität, sowohl als innerbetriebliche wie als gesellschaftliche Verpflichtung, voll in die unternehmerische Verantwortung übernommen worden ist. Es mag sein, dass diese Wandlung beziehungsweise Weiterentwicklung unternehmerischen Denkens innerhalb der Gesellschaft kaum registriert wird. Man sieht jedenfalls die Wirkung des latenten und teilweise auch offenen Wettbewerbs der westlichen Demokratien mit dem Sowjet-Sozialismus um die tragenden Werte des Lebens und speziell des Arbeitslebens, wie er in den Jahrzehnten nach dem Zweiten Weltkrieg stattgefunden hat.

Die offensichtlich dominante Bedeutung der ethischen Werte in den Unternehmensgrundsätzen hat denn auch vorwiegend bewirkt, dass immer häufiger von „Unternehmensphilosophie" gesprochen wird; und zwar als dem Bemühen um letzte oder Basis-Grundsätze, auf die alle anderen aufbauen. Dabei wird die Analogie zur Rechtsphilosophie unübersehbar. Man vergegenwärtige sich: Der demokratische Staat gibt sich eine Rechtsordnung, in der „die Verfassung" die tragende Säule darstellt. Und es ist hervorzuheben, dass im Selbstverständnis des politischen Bewusstseins diese „Verfassung" als unveränderlich gilt. Sie nämlich (man denke an unser Grundgesetz) garantiert Freiheit, Menschenwürde sowie eine auf „Mitmenschlichkeit" orientierte gesellschaftliche Ordnung. Genauso sollen in der „Unternehmensphilosophie" die Werte der Menschenwürde, der Gemeinschaft, der Achtung vor dem „Mitbewerber" bleibend und verlässlich sein. Bemerkenswert ist, dass die IBM in ihrer „Management Philosophy" bei diesen demokratischen Grundwerten von den „Basic Beliefs", also von den grundsätzlichen Glaubenshaltungen spricht, zu deren Wahrung sich das Unternehmen bekennt. Und weiter: im Staat werden die Erfordernisse des gesellschaftlichen Zusammenlebens durch Gesetze, Verordnungen, eventuell durch Muster-Gerichtsentscheide geregelt; sie alle aber sind auf die ethische Substanz der „Verfassung" bezogen. In den „Unternehmensgrundsätzen" folgt man diesem Modell. In der Vielzahl der Bestimmungen und Anordnungen, die etwa den Verkauf, die Organisation, die Verhaltens-Normen generell betreffen; da müssen immer die humanitären Werte der „Unternehmensphilosophie" fassbar und spürbar hervortreten.

Es ist also zu konstatieren, dass die Firmenleitungen Unternehmensgrundsätze entwickeln, deren Kern ethische Werte sind. Unter speziellem Bezug auf diese Werte spricht man dann von „Unternehmensphilosophie". Dieser Begriff ist aus dem Amerikanischen übernommen. Er hat bei uns zwar zunehmend Eingang gefunden, hängt aber gleichsam noch immer etwas in der Luft. In Diskussionen kann man auch erfahren, warum das so ist. Der Terminus „Philosophie" gilt als praxisfremd. Hier bringt die Anlehnung an die HEGELsche Philosophie eine ganz neue Einsicht.

Betrachten wir nun die dieser „These: Unternehmensphilosophie" gegenüberstehende subjektive Sicht der Beschäftigten, wie sie bei einiger Abstraktion typisierend dargestellt werden kann. Sie repräsentiert die „Antithese"; und diese lässt sich generell von zwei dominanten Merkmalen her charakterisieren. Da ist einmal das ständige, tägliche Sich-Bewähren und Sich-durchsetzen-Müssen innerhalb der hierar-

chischen Zwänge des sozialen Systems. Zum anderen ist da
das Streben, ja das Sich-Sehnen nach Selbstverwirklichung
und nach Sinn in der Arbeit. Auf Probleme, die mit den sozialen Zwängen entstehen können und vielfach entstehen,
wurde schon mehrfach aufmerksam gemacht. Auffallend ist
zum Beispiel die Konstellation, in der Mitarbeiter unter einem
permanenten Distress leiden, oder in der Mitarbeiter mit Enttäuschungen infolge dauernder Konflikte nicht fertig werden;
oder auch: in der ihnen eine ständig besprochene und ver-
sprochene Delegation verweigert wird.

Und die gleichen Mitarbeiter, die mit kleinen oder großen
Problemen des Alltags kämpfen müssen (beziehungsweise jedenfalls: dies so sehen), wollen in ihrer Tätigkeit zu einer
Sinnerfüllung gelangen. Das Thema „Sinn-Orientierung" ist
von W. BÖCKMANN für die Praxis in Industrie und Verwaltung
fruchtbar gemacht worden.[6] Es geht auf den Psychotherapeuten VIKTOR E. FRANKL zurück. „Ob er es will oder nicht,
ob er es wahr hat oder nicht", sagt FRANKL, „der Mensch
glaubt an einen Sinn, solange er atmet".[7] Auffallend für mich
ist die Beziehung zu HEGEL, die bei FRANKL deutlich wird.
Die „Sinnträchtigkeit" ist der geistigen Dimension zugehörig.
Dabei reicht der Geist als „das, was man Gewissen nennt",
in eine unbewusste Tiefe hinab und wurzelt „in einem unbewussten Grunde"[8]; und selbst „der Leib des Menschen ist immer schon von dessen Geist geprägt".[9] FRANKL nennt seine
Richtung „Logotherapie", und dazu sagt er: „Im Zusammenhang mit Logotherapie meint Logos Sinn".[10] Dazu darf
man wohl anmerken, dass „Logos" nach allgemeinem Verständnis die Bezeichnung für „göttliche Vernunft" oder „gött-
licher Gedanke" ist. Das würde doch heißen, dass „Logotherapie" von dem Vertrauen aus ansetzt, der göttliche Geist
werde als heilende Kraft in die Therapie mit einbezogen werden müssen oder können. Jedenfalls ist pragmatisch betrachtet „Sinnerfüllung" nahezu identisch mit „Erfolg haben".
Der Beschäftigte, der seine Kraft und sein Können einsetzt,
der will „Erfolg"; etwa: dass „die Arbeit gut läuft", dass die

Arbeitsgruppe ein „Team" wird; dass er sich von der Führungskraft und vom Unternehmen anerkannt weiß; dass er über die Bemühung, zur Zielerreichung des Unternehmens beizutragen, auch seine eigenen Ziele und Motive zu erfüllen vermag.

Von hier aus sind wir nunmehr in der Lage, die Kennzeichen einer „qualitativen Unternehmenskultur" beziehungsweise einer „zufriedenstellenden Unternehmenskultur" aufzuzeigen. Diese Kultur umgreift als Synthese im engeren Sinne die beiden Pole „Unternehmensphilosophie" und „Streben nach Sinnerfüllung". Im weiteren Sinne ist sie in Gestalt des „dynamischen Kräfte-Gleichgewichts" die Synthese, auf die hin die Spannungsfelder ökonomische und soziale Effektivität wie Stabilität und permanente Veränderung zu steuern sind.

Auch und gerade die Entwicklung dieser (so verstandenen) Kultur kann sich nur über die Steuerung dialektischer Prozesse vollziehen und ist deshalb die Aufgabe des Managements. In seiner Verantwortung liegt es, eine Unternehmensphilosophie zu formulieren, deren zentrale Punkte die ethischen Werte der westlich-demokratischen Gesellschaft bilden. Es kommt dann darauf an, die Integration dieser Ethik mit dem Streben des Einzelnen nach Sinnerfüllung herzustellen. Das Management muss also „Sinn vermitteln". Das heißt gleichzeitig, dass es eine vertrauensvolle Handlungsbasis anbietet, die der Mitarbeiter von seinem Suchen nach „wertvoller Tätigkeit" her aufgreift. Es ist genau der Vorgang, den HEGEL mit der gegenseitigen Verschränkung des objektiven und des subjektive Geistes beschreibt. Das Management offeriert „umfassende Sinnmöglichkeiten", „die Werte genannt werden". Der Beschäftigte, der gleichsam a priori den starken Drang nach Selbstverwirklichung in sich hat, der wird existentiell davon berührt; der spürt, dass und wie er sich entfalten kann, der bekommt auch einen Sinn für Zusammenhänge, für die Notwendigkeit eines ganzheitlich vernetzten Denkens. Und erst diese so strukturierte „betriebliche Wirklichkeit" wäre es wert, in qualitativem Sinne als „Unternehmenskultur" bezeichnet zu werden. In ihr kommt eine soziale Atmosphäre auf, in der mit der Motivation des Einzelnen „Begeisterung" entfacht wird. Der Unternehmensberater HORST RÜCKLE betont, es gehe bei der Aktivierung der Mitarbeiter in der Tat um „Begeisterung", denn dieser Begriff leite sich von Geist und von der geistigen Kraft her. Es zeige sich dabei, dass nicht das Geld im Mittelpunkt stehe, sonst hätte sich der Begriff „Begeldung" herausgebildet.[11)] In einer von ethischen Werten spürbar geprägten Unternehmenskultur, da entsteht auch ein „positives Denken", das diesen Namen verdient. Von jeder Führungskraft wird erwartet, dass sie bei sich selbst und bei ihren Mitarbeitern ein solches Denken erzeugt und pflegt. Es ist freilich wichtig, zu betonen, dass damit keine oberflächliche Schönfärberei gemeint sein kann. Ein positives Denken muss aus der Überzeugung von der Sinnhaftigkeit des Seins seine Kraft ziehen; und das entsteht, wenn tatsächlich die „oben" festgelegten Werte und Normen in der „betrieblichen Wirklichkeit" erlebbar Realität werden. Dieses positive Denken ist es, von dem aus die Spannungen nicht als etwas Negatives, sondern als Herausforderung und Chance gesehen werden; von dem aus Belastungen als Ansporn zur Betätigung des eigenen Könnens gewertet und Stress als Impuls zur Weiterbildung betrachtet wird. Das positive Denken mit dem Hintergrund der Verzahnung von objektiven und subjektiven Werten bewirkt, dass die Beschäftigten ihre Situation von einer höheren Warte, vom Gesamtzusammenhang her sehen und beurteilen können. Damit verbunden entsteht ein wichtiger Lernprozess: Die Spannungen, mit denen man täglich umgehen muss, „verführen" leicht dazu, Werte als isoliert und damit als in Gegensatz oder als in Konkurrenz miteinander zu sehen. Man denke an ökonomische und soziale Werte. Von einer übergeordneten Perspektive, von der aus das Unternehmen als vernetzte Struktur betrachtet wird, begreift man auch, dass man die Werte als integratives System zu fassen hat, an dessen innerer Ausgewogenheit jeder mitarbeiten muss.

„Qualitative Unternehmenskultur", das ist ein Begriff, bei dem einmal auf den Inhalt der „Regeln, Normen und Wertvorstellungen" abgehoben wird; und bei dem zum anderen die ethischen Werte speziell in ihrer Wirkung auf die Praxis im Vordergrund stehen. Mit diesem Begriff ist ein Zustand beschrieben, in dem tatsächlich die Summe (beziehungsweise die integrative Gesamtheit) der gemeinsam von Unternehmensleitung, Führungskräften und Mitarbeitern getragenen Werte und Normen die betriebliche Wirklichkeit prägen. Dadurch entsteht ein „positives Denken", denn, um mit HEGEL zu sprechen, der Einzelne folgt seinem „freien Willen", der ihn verpflichtet, sich in die Werte und in die übergreifenden Aufgaben der Gesellschaft und somit des Unternehmens einzuordnen. Das besagt: Der Einzelne nimmt ethische Werte (etwa: Dienst an der Gemeinschaft, auch: „Dienst am Kunden", Team-Verantwortung) in sich auf, die in ihm Kraft und Energie entwickeln. Das besagt auch, dass die Sichtweisen der Unternehmensleitung und der Beschäftigten sich einander annähern. Was das höhere Management betrifft, so ist hier auf die genannte Bedeutung zu verweisen, die der „sozialen Effektivität" beigemessen wird. Das „soziale System" wird viel aufmerksamer beachtet. So sagt der Unternehmer KARL SCHLECHT, der über das „Miteinander" in seinem Betrieb nachdenkt: „Was das Unternehmen nach außen hin materiell und mit seinen Produkten darstellt, ist ... nicht das Unternehmen an sich, sondern nur seine äußere Erscheinung. Der eigentliche Kern – sein Wesen – ist das Denken, Fühlen und Streben seiner Menschen".[12] Und dieses Denken, Fühlen und Streben ist auf Sinnerfüllung gerichtet.

Wenn man die Kennzeichen der beschriebenen „qualitativen Unternehmenskultur" Revue passieren lässt, so fällt einem der Satz von SCHILLER ein: „Leicht beieinander wohnen die Gedanken, doch hart im Raume stoßen sich die Sachen". Es entsteht also die Frage: Ist das, was mit der qualitativen Unternehmenskultur ausgedrückt wird, „Unternehmenskultur" oder „Unternehmensphilosophie"? Und man muss in der Tat

sehen – auch: zugeben –, dass hier in einer Art Doppelglei-
sigkeit sowohl das „So-Sein" als auch das „Sein-Sollen" angesprochen ist. „Qualitative Unternehmenskultur", das ist
die „systemische Ordnung", wie sie gewünscht ist und wie sie
bestehen kann. Man könnte auch sagen: Es gibt eine Dialektik zwischen einer praxisnahen Abstraktionsebene, die nie-
derer ist als die „Unternehmensphilosophie" (die aber doch
nicht das „Ist" darstellt) und dem „Ist" als „So-Sein", wie
man es in der Praxis erlebt. Innerhalb einer „qualitativen Unternehmenskultur" können Einbrüche, Widersprüche besser
bereinigt werden. Aber sie geschehen doch täglich. Und nicht
alle sind innerhalb des Ordnungsrahmens zu bewältigen. Die
dominanten Werte aber – und dazu kann man Vertrauen haben – treiben gleichsam das Geschehen produktiv und aufbauend in die Zukunft. So bedeutet „Unternehmenskultur"
eine qualitative Konstellation, in der phasenweise das „Ist"
immer wieder in ein „Werden" übergeht und innerhalb dieser Prozesse die „Kultur" jeweils ein höheres Niveau an ökonomischer und sozialer Effektivität erreicht. In dieser Unternehmenskultur lernen die Betroffenen zunehmend, die Dynamik als Teil des täglichen Arbeitslebens zu begreifen und
als notwendige Ergänzung der Stabilität zu bewerten.

Anmerkungen

[1] A. Picot, R. Reichwald, Forschungsprojekt: Untersuchungen der Auswirkungen neuer Kommunikationstechnologien im Büro auf Organisationsstruktur und
Arbeitsinhalte, Forschungsprojekt des BMFT, Phase 1, Juni 1978, S. 25.

[2] A. H. Maslow, Motivation und Persönlichkeit, Reinbek bei Hamburg 1981 (Original: Motivation and personality, New York, Evanston, London 1954).

[3] H. Wiedemann, Die Rationalisierung aus der Sicht des Arbeiters, Köln und Opladen, 2. Auflage 1967.

[4] H. Wiedemann, Das Unternehmen in der Evolution, Neuwied und Berlin, 3. Auflage 1973.

[5] AGP / DGFP – Arbeitskreis(Arbeitsgemeinschaft zur Förderung der Partnerschaft
in der Wirtschaft und Deutsche Gesellschaft für Personalführung): Führungsin-
strumente zur Unternehmenskultur 1986.

6) W. Böckmann, Sinn-orientierte Leistungsmotivation und Mitarbeiterführung, ein Beitrag der humanistischen Psychologie, insbesondere der Logotherapie nach V. E. Frankl, zum Sinn-Problem der Arbeit. Stuttgart 1980.

Ders. Wer Leistung fordert muss Sinn bieten, Düsseldorf und Wien, 2. Auflage 1987.

7) Viktor E. Frankl, Der Mensch vor der Frage nach dem Sinn, 3. Auflage, München und Zürich 1982, S. 236.

8) Viktor E. Frankl, a.a.O., S. 66, 28.

9) Viktor E. Frankl, a.a.O., S. 75, S. 238. An anderer Stelle heißt es: „Sinn und Werte sind der Logos, auf dem die Psyche sich selbst transzendiert. Soll die Psychologie diese Bezeichnung verdienen, dann muss sie beide Hälften Ihres Namens anerkennen, den Logos genauso wie die Psyche" (S. 59).

10) Viktor E. Frankl, a.a.O., S. 238.

11) Horst Rückle in Vorträgen und Diskussionen beim VMP (Verein für Management und Personalentwicklung e. V.), Stuttgart.

12) Karl Schlecht, Broschüre: Miteinander bei Putzmeister; 1) die Unternehmensphilosophie, S. 6, Stand Juni 1999.

Dritter Teil

Das Führungskraft-Mitarbeiter-Verhältnis

1. Die Führung des Mitarbeiters

1.1 Führung als dialektischer Prozess

Auch – ja man möchte sogar sagen: in erster Linie – das Führungskraft-Mitarbeiter-Verhältnis muss vom dialektischen Modell her gesehen werden. Das ist uns freilich nicht geläufig und mag manchen überraschen; aber doch nur deshalb, weil die herkömmlicherweise bestehende autoritäre Polung unser Denken weitgehend bestimmt hat, nach der die Anordnungen der Führungskraft als „das Ganze" für diese und in dieser Beziehung genommen werden.

In der psycho-sozialen Wirklichkeit aber, und genau das haben wir uns hier zu vergegenwärtigen, ist die Anordnung nur der erste Schritt. Jede Anordnung ist innerhalb der zwischenmenschlichen Kommunikation die Sendung einer Nachricht; und es kommt nun darauf an, wie die Rückmeldung des Mitarbeiters auf diese Sendung ist. Anders gesagt: mit der gegebenen Anordnung sind sofort die Fragen gestellt: Befolgt und wie befolgt der Mitarbeiter sie? Hat er Einwände vorzubringen, gibt es Orientierungsfragen, fühlt er sich der gegebenen Aufgabe gewachsen? In jedem Falle nimmt der Mitarbeiter Stellung; nicht zuletzt deshalb, weil er es ist, der die Aufgabe zu leisten hat, und er sie auf sich und sich auf sie einstellen muss. Stellung-Nehmen ist der zweite Schritt (der „Widerspruch", die „Antithese"), auf die in der Regel als dritter Schritt eine Einigung zwischen Führungskraft und Mitarbeiter erfolgt; eine Synthese, die durch ein einigendes Gespräch oder auch durch ein kurzes Einigungssignal (verbal oder auch durch Körpersprache) begründet werden kann. Etwas vereinfachend kann man sich diese Vorgänge vom Ziel-Weg-Zusammenhang her veranschaulichen. Der Vorgesetzte setzt das Ziel; der Mitarbeiter überlegt, welche Wege es gibt, dieses Ziel zu erreichen. Eine kurze Abstimmung als Einigung (Synthese) setzt den vorläufigen Schlusspunkt, von dem aus die ausführende Arbeit erfolgt.

Natürlich gibt es Fälle genug, in denen autoritäre Führungskräfte bewusst oder mehr unbewusst eine Atmosphäre schaffen, in der die Mitarbeiter aus Angst vor Sanktionen die Anordnungen ohne Wenn und Aber strikt zu erfüllen haben.
„Der Mitarbeiter wird nicht gefragt, er hat gefälligst ..." kann
eine autoritäre Führungskraft denken oder auch sagen; und
das heißt in unserem Zusammenhang eben: Sie ist nicht ge-
willt, mit Aufmerksamkeit zuzuhören, ob und welche Fragen
der Mitarbeiter hat, welche Stellungnahme er abgeben möchte. Nur darf man nicht meinen, damit würden auch keine dialektischen Prozesse entstehen. Das Gegenteil ist der Fall. Man
sollte heute sensibilisiert genug sein, um zu wissen, dass in einem solchen Mitarbeiter, der nicht gefragt wird, spontan die
Frage auftaucht: Muss ich das wirklich? Kann ich nicht ausweichen? In den meisten Fällen wird der Mitarbeiter seinen
Ärger herunterschlucken und das tun, was von ihm verlangt
wird. Aber er wird das dann unzufrieden, demotiviert, mit
halber Kraft, mit permanentem Suchen nach Ausflüchten tun.

Damit ist die „innere Kündigung" nicht weit. Und für die
sattsam bekannten Fehlzeiten wird man in der Regel ebenfalls
hier die Gründe finden. Anders formuliert: Der Mitarbeiter
sucht sein Verhalten zu tarnen, der Vorgesetzte soll gerade
nichts davon merken; so bleibt der Widerspruch im psychischen Bereich stecken, aber de facto wird das soziale Feld und
seine Atmosphäre doch davon bestimmt.

Und die Synthese? Bei einem solchen tiefsitzenden Widerspruch kann nur eine Synthese entstehen, die durch den
Zwang der Verhältnisse gekennzeichnet ist. Es ist eine Synthese des minimalen Sich-Arrangierens, oder eine Synthese
mit Zwangs-Charakter. Der Mitarbeiter arbeitet gerade so
viel, damit er keine großen Schwierigkeiten bekommt. In dieser Situation bleibt auch der Führungskraft nichts anderes
übrig, als auf ihre Macht zu pochen und sich auf ständige
Kontrollen zu konzentrieren. Natürlich ist eine solche Synthese mit Zwangs-Charakter recht brüchig, und für beide

schlecht auszuhalten. Deshalb wird meist über weitere kleinere dialektische Schritte eine gewisse Verbesserung des Gleichgewichtszustandes gesucht. Es ist eben nur ein recht labiles Gleichgewicht entstanden. Die Führungskraft sucht die Kälte der Beziehung zu mildern, der Mitarbeiter bemüht sich darum, durch Sich-Beherrschen (Beherrschen des eigentlich bestehenden psychischen Widerstandes) eine vergleichsweise bessere Arbeitseinstellung zu bekommen und mehr auf Sorgfalt und Disziplin zu achten.

Wenn das dialektische Modell schon zur Charakterisierung des autoritären Führungsstiles eine vertiefte Sicht ermöglicht, so ist das erst recht mit Bezug auf den kooperativen Führungsstil der Fall. Besteht doch die *kooperative Führung* gerade in der Einbeziehung der Perspektiven der Mitarbeiter in die zu bearbeitenden Aufgaben und Probleme. Das kommt in der Verwendung des Begriffes „partizipative" (für: kooperative) Führung besonders deutlich heraus; Partizipation ist Teilhaben. Natürlich geht es auch bei der kooperativen Führung letzten Endes um Anordnungen, die ein Mitarbeiter zu befolgen hat – aber doch eben nur „letzten Endes", nur im Zweifel, vor allem bei extremen Situationen. Normalerweise ist eine Führung dann kooperativ, wenn die Anweisung nicht in voller Härte als Anweisung gilt, wenn sie vielmehr von vornherein als Angebot auf eine Ergänzung und Verbesserung der Aufgabenstellung, vor allem der Aufgaben-Ausführung, formuliert ist. Als typisch zur Kennzeichnung des kooperativen Führungsstiles hat sich in den letzten Jahren der Gebrauch des Begriffs „Zielvereinbarung"[1] erwiesen. Hier geht es nicht um eine höfliche Ausdrucksweise; hinter diesem Begriff steht vielmehr die grundsätzliche Einstellung, dass der Mitarbeiter mit seiner Sicht der Dinge, mit seiner Qualifikation gefragt ist.

Und gerade bei der Zielvereinbarung zeigen sich die dialektischen Schritte: Der Vorgesetzte nennt (je nach Situation) die ihm übertragenen Ziele, oder auch die Richtung, in der die

Zielfestlegung zu bestimmen ist; aber eben als Angebot,
gleichsam als Einladung, dass der Mitarbeiter seine Meinung
dazu sagt. Dem „Spruch" des Vorgesetzten soll der „Widerspruch" entgegentreten, indem der Mitarbeiter seine Einstellung, auch seine Zweifel, äußert und Veränderungsvorschlä-
ge vorbringt. In Rede und Gegenrede wird dann die Zielvereinbarung entwickelt; eine Synthese von Spruch und Widerspruch, in der die Pläne, Auffassungen je nach Gegenstand
auch die Visionen beider Partner mit eingehen, und die dann
auch von beiden Seiten getragen werden kann. Eine solche
Zielvereinbarung – und damit eine solche Synthese – kann
nur über Gespräche gesucht und gefunden werden. Und
in diesem Zusammenhang ist überhaupt zu sagen, wie bedeutsam generell Gespräche zur Erreichung einer Synthese
sind.

Halten wir uns noch einmal vor Augen, dass das Unternehmen als ein soziales System zu kennzeichnen ist, das sich in
steter Bewegung auf die Erfüllung der beiden Leitziele, nämlich der ökonomischen und der sozialen Effektivität, hin bewegt. Die Zeit ist reif, beide Ziele nicht als unüberbrückba-
ren, sondern als dialektischen Gegensatz zu begreifen, der
permanent auf eine Synthese in Gestalt der Erreichung beider
Ziele (eines Gleichgewichts, eines angemessenen Ausgleichs)
orientiert ist.

In diese Gesamt-Konstellation ist das Führungskraft-Mitarbeiter-Verhältnis eingeordnet. Selbstverständlich bedeutet
Führung, zum optimalen ökonomischen Erfolg des Ganzen
den möglichen bzw. auch den planerisch festgelegten und für
das Gesamt-System erforderlichen Beitrag zu leisten. Und wir
sahen, dass es insbesondere um Gewinn und Betreuung der
Kunden sowie um die Rationalisierung der Geschäftsprozesse geht. Nun erlebt jede Führungskraft, dass sich in Verbindung mit der auf die Erreichung dieser Ziele gerichteten Aktivität die materiellen und immateriellen Wünsche der Mitarbeiter nach vorne drängen. Sie speziell veranschaulichen die

Bedeutung der sozialen Effektivität. Die Perspektive, von der aus die Führungskraft das Gleichgewicht des Ökonomischen mit dem Sozialen herzustellen hat und damit gleichzeitig ihren Teil zur Unternehmenskultur leisten muss, ist in der Wirtschafts-Ethik verankert.

Betrachtet man den Arbeitsalltag sozusagen mit etwas Nachdenken, lässt man die täglich zu erlebenden Vorgänge auf sich wirken, so gibt es hier ein eindeutig zu fixierendes Modell, das zur Synthese beider Leitziele führt: Der Mitarbeiter hat Motive und Interessen, die er in der Arbeit zu verwirklichen strebt. Je mehr es nun der Führungskraft gelingt, diese Motive und Interessen in der Arbeit und durch die Arbeit zur Erfüllung zu bringen, desto aktiver und leistungsstärker wird der Mitarbeiter sein, desto mehr Arbeitsfreude und Arbeitszufriedenheit wird er haben. Damit werden gleichzeitig das Unternehmensziel und die davon abgeleiteten Abteilungsziele besser erfüllt. Dieses Synthese-Modell ist keineswegs eine Illusion, sondern ein Richtmaß, das bei entsprechendem Willen durchaus in realisierbare Ziele umgesetzt werden kann.

Allerdings gibt es zur Umsetzung dieses Musters eine Voraussetzung, die überraschenderweise bisher nur selten erfüllt ist: Die Führungskräfte – auch solche, die kooperativ führen wollen – kümmern sich nicht genug um die Motive und Interessen der Mitarbeiter. Das wiederum hängt engstens damit zusammen, dass der dialektische Prozess in den zwischenmenschlichen Beziehungen zu den Mitarbeitern nicht gesehen wird. Eine kooperativ denkende Führungskraft weiß schon, dass die Anordnung allein nicht genügt, aber sich eingehend mit den Motiven und Interessen der Mitarbeiter zu beschäftigen? Das gehe doch zu weit ... Dabei ist eben doch noch der Schritt erforderlich, mit dem Mitarbeiter in ruhige Gespräche über dessen Sicht der Dinge einzutreten! So erst kommt eine Zielerfüllung zustande. Es sind Gespräche erforderlich, in denen über die beiderseitigen Wünsche (bzw. die Erfordernisse des Unternehmens und die Wünsche der Mit-

arbeiter) debattiert wird; in denen eine Übereinstimmung gesucht wird, in denen aber auch Konflikte zum Ausdruck kommen können.

Hier liegt auch die ethische Komponente; die Verantwortung
dafür, dass die Führungskraft sich darum bemüht, dem Mitarbeiter die vielbesprochene Selbstverwirklichung im Beruf zu
ermöglichen. Für den Mitarbeiter bedeutet schon das Erleben, dass sein Vorgesetzter „sich hierauf einlässt", ein Moti-
vationsschub. Er weiß seinerseits auch, dass seine beruflichen
Wünsche nicht alle zu erfüllen sind, dass er im Interesse des
gemeinsam zu erzielenden Erfolges Abstriche machen muss.
Eine stabile Synthese jedenfalls, und das ist entscheidend,
kann nur dann entstehen, wenn die Führungskraft die be-
rufsbezogenen Wünsche des Mitarbeiters ernst nimmt und sie
(soweit wie möglich) für die berufliche Tätigkeit und für die
Zielerreichung des Unternehmens nutzbar macht. Wo das
nicht mehr geht, ist das zweckmäßigerweise dem Mitarbeiter
zu verdeutlichen. In diesem Falle kann man auch mit Verständnis des Mitarbeiters rechnen.

Man halte sich einen Moment vor Augen, was hier unter ethischem Gesichtspunkt von einer Führungskraft verlangt wird.
Sie soll sich die Frage stellen: Wie werde ich meinen Mitarbeitern gerecht? Welche Fähigkeiten, welche beruflichen
Wünsche und Ideale haben sie? Was bedeutet für den Einzelnen Selbstverwirklichung? Es wurde schon darauf verwiesen,
welchen Bekanntheitsgrad die Theorie von MASLOW gewonnen hat, nach der jeder Mitarbeiter Selbstverwirklichung anstrebt. Von den qualifiziertesten Manager-Seminaren über
Meister-Kurse bis zu Berufs- und Fachschulen wird von dieser Lehre ausgegangen und daraus für das Führungsverhalten die Schlussfolgerung gezogen, diesem Streben zu entsprechen; genau das sei Führung unter ethischem Aspekt. Von unserem Ansatz, also vom dialektischen Prozess her betrachtet
ist noch hinzuzufügen: Die Alternativ- oder auch Orientierungsfragen, was denn für den einzelnen Mitarbeiter „Selbst-

verwirklichung" bedeuten kann, hat als These zu gelten; was
der Mitarbeiter unter Selbstverwirklichung versteht, ist die
Antithese. Das gemeinsame Gespräch darüber, wie die Tätigkeit bei Berücksichtigung der beruflichen Wünsche und im
Sinne der optimalen Erreichung der Unternehmensziele gestaltet werden kann, das wird (soll) dann die Synthese herstellen.

Dass dies so abläuft – das ist zunächst einmal eine ethische
Forderung. Es kann so sein und es gibt Situationen in der Praxis, in der genau so verfahren wird. In diesen Fällen wird
(würde) eine stabile Synthese erreicht. Was die Breite der zwischenmenschlichen Beziehungen betrifft, so wird man wohl
sagen müssen, dass wir noch in der Entwicklung auf diese stabile Synthese hin sind. Zu oft noch erfährt man von Führungskräften, die in Management-Seminaren von Maslow
gehört haben, das sei ja gut und schön, für sie persönlich
träfe das alles auch zu – aber für ihre Mitarbeiter doch nicht,
denen gehe es nur ums Geld; Selbstverwirklichung heiße für
diese nur Konsumieren-Können. Im Übrigen habe sie als
Führungskraft (es folgt dann stets eine Rechtfertigung) doch
keine Zeit, sich so intensiv um die Wünsche der Mitarbeiter
zu kümmern. Der eigene Vorgesetzte mache das schließlich
bei ihr auch nicht ... So lange diese Auffassungen auf das
praktische Verhalten durchschlagen, das muss man in diesem
Kontext deutlich herausstellen, gibt es eben keine stabile Synthese, nur eine Synthese des minimalen (oder: des irgendwie
getroffenen) Arrangements, was immer als oberflächlich blei-
bender und recht labiler Zustand einzuschätzen ist.

Man erkennt, welche hohen Anforderungen von ethischer
Warte aus an eine Führungskraft gestellt werden. Der Ansatz,
diesen zu entsprechen, liegt in der durchdachten („echten")
Motivation. Wir werden noch sehen, dass die Motive und Interessen der Mitarbeiter als „Ansprüche" zusammengefasst
werden können; und Führung ist dann ein konsequentes Eingehen auf diese Ansprüche als ein „In-Anspruch-Nehmen".

Man kann das so formulieren, dass die Führungskraft dem
Mitarbeiter sagt: Ich respektiere deine Ansprüche, aber ich
nehme deine auf die Erreichung dieser Ansprüche entwickel-
te Energie in Anspruch, um die Ziele unserer Abteilung und
damit die Unternehmensziele erreichen zu können. Es ist vor
allem diese Motivation, von der aus eine echte Verzahnung
ökonomischer und sozialer Aufgaben erfolgreich bewältigt
werden kann.

1.2   Die Ansprüche des Mitarbeiters

Es wurde beschrieben, dass ein Unternehmen seine Aktivität
auf zwei Leitziele konzentriert, nämlich auf die Erreichung
der ökonomischen sowie der sozialen Effektivität. Was das
Streben nach sozialer Effektivität betrifft, so handelt es sich
nicht nur um eine Absichtserklärung des Top-Managements.
Es werden viele Maßnahmen ergriffen, um diese zweite Ziel-
linie zur Geltung zu bringen. Dies geschieht sicher auch –
möglicherweise oft genug primär – weil über die Erfüllung sozialer Bedürfnisse wiederum die ökonomische Effektivität gesteigert wird. Aber immerhin geschieht es!

Auf dem Felde der Führungskraft-Mitarbeiter-Beziehungen
gibt es allerdings in diesem Zusammenhang zwei miteinander verwobene Momente, die auffallend und aufregend zugleich sind. In der Praxis wird – oft unter Einfluss von Unternehmensberatern – diese Kommunikation nur „von oben"
gesehen, also die Denk- und Sichtweise der Mitarbeiter nicht
mit einbezogen. Und dies geschieht vor allem deshalb, weil
man der Auffassung ist, man könne über Denkweisen und
Auffassungen der Mitarbeiter nicht viel sagen; mit der Aus-
nahme natürlich, dass jeder mehr Geld haben wolle. Jeder
Mitarbeiter sei eben ein Individuum, habe unterschiedliche
Einstellungen und als Führungskraft habe man weder Zeit
noch Qualifikation, um in „Psychologie" einzusteigen.

Wenn man es aber ernst nimmt mit der Motivation der Mitarbeiter, dann kommt man nicht umhin, zu überlegen, ob es nicht in Arbeit und Beruf durchgängige Denk- und Verhaltensweisen gibt, die es zu erkennen gilt. Es stimmt ja, dass jeder Einzelne letztlich ein Mensch mit eigener Struktur und Konstitution, mit eigener Vita und Lebenserfahrung ist. Aber bei einiger Abstraktion lassen sich doch für das Arbeitsleben generelle Motive und Interessen erkennen, die, mindestens als erster Ansatz, als Erfolg versprechende Vermutung den Schlüssel zum Verständnis der Beschäftigten darstellen. Und meist werden sie die ausschlaggebenden Faktoren überhaupt sein.

In meinem Buch „Mitarbeiter richtig führen" habe ich die aus meiner Sicht dominant hervorstechenden Interessen und Motive der Arbeiter und Angestellten beschrieben.[2] Insbesondere wurden sie in ihrem „Zusammenprall" mit dem ständigen technologisch-organisatorischen Wandel interpretiert. Ich würde heute an dieser 1986 zuerst veröffentlichten Motiv-Skala nichts ändern. Wie wichtig ihre Erfüllung für den Einzelnen ist, zeigen die mit dem „Lean Management" zusammenhängenden Überlegungen. Unter Berücksichtigung der Handhabung des dialektischen Modells, und unter Konzentration auf die von HERZBERG „Motivatoren" genannten Einflussfaktoren (bei gewisser Vernachlässigung der „hygienischen Faktoren"), habe ich hier die wichtigsten Motive und Interessen unter der Bezeichung „Ansprüche" zusammengefasst. Es handelt sich um die Ansprüche,

– „Partner zu sein",
– „Experte zu sein" und darum,
– einen „unaufgedeckten Handlungsspielraum" zu haben.

Es geht dabei natürlich nicht um juristische, sondern um gesellschaftliche Ansprüche; allerdings sind für die Mitarbeiter „Ansprüche" stärker als Motive und Interessen. „Ansprüche" werden als gesellschaftlich sanktionierte Anrechte empfunden. Und man muss registrieren: Verantwortliche und qualitative Leistung wird nur erreicht, wenn diese Ansprüche erfüllt werden.

1.2.1 Der Anspruch, Partner zu sein

„Partner" steht hier für Gleichrangigkeit der Interaktionen, für menschliche Verbundenheit ohne Angst; für eine Kommunikationskultur, in welcher der Mitarbeiter sich als Mensch geachtet und in seinen Denk- und Verhaltensweisen respektiert und toleriert weiß. „Partner" heißt in der Praxis ganz konkret, in seinem Willen, selbständig und kreativ tätig sein zu können, respektiert zu werden!

Diesen Anspruch des Mitarbeiters so auszudrücken, das sagt sich leicht. Dabei ist die Führungskraft ein Vorgesetzter, der Anordnungsbefugnis hat und hierarchisch eine Stufe höher steht. Auch hier wieder ist das dialektische Modell hilfreich. Die „höhere Position" bestimmt die soziale Beziehung zum Mitarbeiter. Gleichzeitig aber hat die Führungskraft immer dann, wenn es ihr um Motivation des Mitarbeiters geht, in die soziale Rolle der Kollegialität und Partnerschaft umzusteigen (Antithese). Um auch hier wieder auf die ethische Ebene zu kommen; es ist unter dem Aspekt der Menschenwürde und der Mitmenschlichkeit angezeigt, den hierarchisch „Untergebenen" als Partner zu betrachten, der das gleiche Ziel anstrebt, nämlich für den Erfolg des Unternehmens zu arbeiten.

Was die Synthese angeht, so sei noch einmal daran erinnert, dass bei HEGEL die ersten Stufen in der dritten aufgehoben sind. So ist das auch hier. Die Führungskraft muss aus dieser Kollegialität wieder heraustreten, aber bei einer echten Synthese bleibt diese doch erhalten. Die Kollegialität geht eindeutig in die Führer-Rolle über. Die Führungskraft hat die Verantwortung für die zu treffende Entscheidung. Den Mitarbeiter als „Partner" sehen heißt aber dann, dass in diese

Entscheidung die innerhalb der Phase der Kollegialität erarbeiteten Grundsätze und Ziele mit eingehen. Es wird also erwartet, dass die Führungskraft im Rahmen ihrer Aktivitäten die Ansprüche des Mitarbeiters zur Erfüllung bringt, natürlich bezogen auf die konkreten Pflichten im Sinne der Zielerreichung. Die Führungskraft muss nicht ein Charisma haben oder entwickeln, aber eine persönliche Autorität ist unverzichtbar. Es war mir recht eindrucksvoll, als ein Mitarbeiter mir nach seiner deutlichen Kritik an dem Vorgesetzten zögernd sagte: „Dabei möchte man doch ein bißchen zu ihm aufsehen können!"

Die Synthese in der Beziehung zwischen dem Vorgesetzten und dem Mitarbeiter stellt sich also dann ein, wenn der Mitarbeiter von seiner Führungskraft – von der er sehr wohl weiß, dass sie positionsmäßig höher eingestuft ist und mehr Macht hat – ein verantwortliches Handeln erlebt, das auf den wirtschaftlichen Erfolg des Unternehmens ausgerichtet ist und in dem er selbst als Partner sich einbezogen sieht. Und aus der Sicht der Führungskraft ist hinzuzufügen: Sie sagt dem Mitarbeiter, sie freue sich sehr darüber, dass er den Anspruch habe, Partner sein zu wollen. Sie nehme ihn aber nun auch als solchen zur Aktivität für das Unternehmen in Anspruch!

Ich weiß natürlich, dass viele Mitarbeiter nicht in der Lage sind, sich diesen Anspruch so klar bewusst zu machen. In diesen Fällen wirken Ängste und/oder negative Erfahrungen dem entgegen. Wenn Mitarbeiter ihren Vorgesetzten als omnipotent auftretenden Macho kennen, der jeden Ratschlag als unnötigen Einwand abtut, dann kann der Partnerschafts-Gedanke (der als Anspruch im Kern vorhanden ist) nicht wachsen. Hier machen sich dann Enttäuschung und Pessimismus, Depression und destruktives Arbeitsverhalten – und eben Ängste – breit.

Dialektische Schau der Verhältnisse ist hier auch als ethisches Soll gefragt! Ein Sich-Berufen auf die formale Autorität genügt nicht. Es ist unter sozial-ethischem Aspekt angezeigt, den hierarchisch „Untergebenen" als gleichrangig zu betrachten – als Partner, der eigene Ideen hat, mit dem gemeinsam man den Erfolg anstrebt. Aus den (mindestens weitgehend) angstfreien Dialogen kann dann ein gemeinsames Ziel fixiert werden.

1.2.2 Der Anspruch, Experte zu sein

„Experte" sein heißt: Fachmann, Könner sein auf einem ganz bestimmten Gebiet oder in einer spezifischen Aufgabe. Den Anspruch zu haben, als Experte betrachtet zu werden, das umfasst dabei auch die Überzeugung, im eigenen Fachgebiet eine qualitative Leistung für das Unternehmen zu erbringen. Die Überzeugung des eigenen Könnens ist es, die den Anspruch entstehen lässt; sie kann durch qualifizierte Ausbildung, durch Erfahrung oder durch beides gestützt werden.

Es kann durchaus sein, dass ein Mitarbeiter sein Können zu hoch veranschlagt; oder dass ein anderer kein Zutrauen zu den objektiv bestehenden Fähigkeiten des Ersteren hat. In diesen Fällen ist die Führungskraft gefragt, die Ansprüche des Einzelnen mit der Realität in Einklang zu bringen (was oft genug nicht leicht ist). Zunächst ist es aber wichtig, sich zu verdeutlichen, dass jeder diesen Anspruch an sich als Experten und an die Umsetzung seines Könnens für das Unternehmen mitbringt; und die Erfüllung dieses Anspruchs wäre dann die vielbesprochene „Selbstverwirklichung", bzw. auch: die Sinnerfüllung. Man kann das, was mit diesem Anspruch ausgesagt ist, auch noch von den (jedenfalls im christlich geprägten Abendland) entstandenen Werten her sehen: Der Mitarbeiter möchte eigentlich, im „Grunde seines Herzens", etwas Besonderes leisten.

„Der Anspruch ist Widerspruch"; das bedeutet hier: Es ist der Widerspruch gegen die überkommene These, dass der Vorgesetzte die funktionale Autorität habe. In der amerikanischen Managementliteratur ist zwar schon längst aufgezeigt, dass die Führungskraft sich ihrer eigentlichen Expertise, nämlich dem Managen zuwenden müsse; in der Praxis pflegen sich die Führungskräfte aber häufig genug dieser Einsicht zu verschließen. Die „funktionale Autorität" der Führungskraft soll sich (und kann sich meist auch nur noch) auf den Management-Prozess im Sinne der Zusammenhänge von Zielsetzung, Planung, Organisation und Steuerung der zu integrierenden Arbeitsabläufe einschließlich der Kontrollfunktion konzentrieren. Bezieht man noch die „persönliche Autorität" (die, wie gesagt, da sein muss) mit ein, dann ist das Autorität genug. Auf die „fachliche Autorität" soll sie gerade verzichten. Erfolg hat diejenige Führungskraft, die den Mitarbeiter nicht notgedrungen als Experten akzeptiert, sondern ihm gerade die fachliche Autorität bewusst zuerkennt.

So heißt denn auch hier „Synthese", eine Arbeitsbeziehung zum Mitarbeiter aufzubauen, in der dieser sich in seinem Anspruch, Fachmann auf seinem Gebiet zu sein, respektiert sieht. Es ist fast so wie im Verhältnis eines Vaters zu seinem erwachsen werdenden Sohn. Für diesen Sohn gibt es keine größere Motivation, als ihm zu sagen, dass er einen Bereich hat, in dem er der Überlegene ist. Die Führungskraft kann den Mitarbeiter dann auch als Experten „in Anspruch nehmen"; und wie sie da vorgeht, darin zeigt sich ihre Autorität als Führungskraft!

1.2.3 Der Anspruch auf einen eigenen Bereich mit Handlungsspielraum

Es ist seit langem Gemeingut des Führungswissens, dass dem Mitarbeiter Aufgaben delegiert werden sollen; und zwar mit der ausgesprochenen Weisung, „Kompetenz und Verantwortung" für die Lösung dieser Aufgaben mit zu übertragen. Hierin ist eigentlich der Respekt vor dem Mitarbeiter als

Partner und Experte mit einbegriffen. Häufig genug erweisen sich aber die Forderungen des Managements und die Ansprüche des Mitarbeiters als nicht kongruent.

Das hängt zu einem erheblichen Teil davon ab, dass in diesem Kontext noch ein weiterer Anspruch des Mitarbeiters aufzuzeigen ist. Es handelt sich um das Streben, den genannten Aufgaben-Rahmen als übertragenen Handlungsrahmen zu betrachten, den man dann auf sich zuschneiden kann, innerhalb dessen man sich seinen Handlungsspielraum zu schaffen vermag, um so möglichst ohne Stress „gefälligst in Ruhe arbeiten zu können". Wir sahen schon, dass man auf diesen Anspruch speziell im Zusammenhang mit der Forderung nach Rationalisierung stößt. Und dass „Anspruch" ein „Widerspruch" ist, das zeigt sich gerade hier in eklatanter Weise. Jedenfalls weiß jeder, der die Praxis kennt, dass man hier einen der strittigsten Punkte im zwischenmenschlichen Beziehungsfeld trifft. Es geht um den Handlungsspielraum des Einzelnen, der identisch ist mit dem in der westlichen Demokratie so hoch veranschlagten Freiheitsmoment.[3] In einem interessanten Buch weisen CROZIER und FRIEDBERG darauf hin, dass es in sozialen Organisationen immer um die Verwirklichung von Freiheiten geht, mögen diese (speziell aus der Sicht von Außenstehenden) noch so gering sein. An eindrucksvollen Beispielen zeigen sie auf, dass es keiner Organisation je gelungen ist, den Menschen voll ihren Freiraum zu nehmen (auch nicht in Gefängnissen). Ihre Folgerung: „Das menschliche Verhalten ist auf keinen Fall dem mechanischen Produkt des Gehorsams oder des Drucks struktureller Gegebenheiten gleichzusetzen".[4]

Nach CROZIER und FRIEDBERG kommt damit eine eigene Macht des Mitarbeiters ins Spiel. Der Mitarbeiter, der einen eigenen Aufgabenbereich und Handlungsspielraum besitzt, verfüge über eine „Ungewissheitszone". Das besagt: Es ist für den Vorgesetzten und letztlich für das Unternehmen nicht

durchschaubar, eben „ungewiss", ob der Mitarbeiter die Planung und die in ihn gesetzten Erwartungen erfüllt, ob er sie
möglicherweise noch besser erfüllen könnte. Anders formuliert: Es ist die Macht des Mitarbeiters, zu entscheiden, ob er
die Leistungsbereitschaft bringt und die geforderte Qualität
leistet. Die Macht des Mitarbeiters wird in der Tat deshalb
prekär, weil er den delegierten Aufgaben-Rahmen in erster Linie als Zeitrahmen sieht. Er will – und das ist entscheidend –
innerhalb des festgesetzten Zeitrahmens die Zeit selbst bestimmen können, in der er die Aufgaben bewältigt. Als besonderes Beispiel hat das Akkord-Prinzip zu gelten. Der den
Mitarbeitern gegebene Zeit-Rahmen setzt „die Termine",
und das ist Zeitdruck genug! Innerhalb dieses Rahmens will
er dann Zeit haben, bzw. erstrebt er einen Zeit-Puffer. Dieser
Puffer gibt dann die innere Ruhe und Souveränität, Qualität
leisten zu können. Gerade die Überzeugung, dass man Zeit
benötigt, um Qualität bringen zu können, ist das wesentliche
Motiv, eine eigene Macht (als „Ungewissheitszone") aufbau-
en zu wollen.

CROZIER und FRIEDBERG sehen diese Macht des Mitarbeiters
als eine Gegenmacht gegenüber der Hierarchie und entwickeln darauf aufbauend eine eigene Organisationstheorie.[5]
Hier kann ich ihnen allerdings nicht ganz folgen. Einmal ist
die Macht des Mitarbeiters, über die er mit der „Ungewissheitszone" verfügt, im Verhältnis zur Macht der Hierarchie
und ihren „Instrumenten" (man denke an die permanenten
Aktivitäten zur Rationalisierung, die stets ein Jagen zu mehr
Gewissheit und exakter Planbarkeit sind) recht bescheiden.
Zum anderen aber, und das scheint mir viel wichtiger, wollen
die Mitarbeiter mit ihrer Macht primär jedenfalls nicht taktieren. Sie wollen den Anspruch respektiert wissen, dass sie
ohne Distress arbeiten können, soll Qualität geleistet werden.
Sie wollen den Anspruch respektiert wissen, dass sie Reserven (ein „Vorderwasser") benötigen, um nicht physisch oder
psychisch krank zu werden. Sie wollen sagen: Dieser „Hand-

lungsspielraum" gehört schlicht und einfach zu jeder Arbeit dazu.[6] Ein Taktieren vermag allerdings dann zu entstehen, wenn das „Vorderwasser" verloren geht und man infolge scharfer Rationalisierungsmaßnahmen sich kein neues schaffen kann. In diesen Fällen pflegt der Gedanke aufzukommen, bei „innerer Kündigung" habe man weniger Ärger … Von der anderen Seite aus betrachtet: Je größer der geheime Handlungsspielraum ist, oder: je leichter er wieder zu schaffen ist, desto mehr Freiheiten hat der Mitarbeiter, desto selbstbewusster ist er, mit desto größerem Interesse arbeitet er.

Synthese ist auch hier: diesen Anspruch respektieren und den Mitarbeiter von hier aus „in Anspruch nehmen". Die Richtung ist etwa: Dem Mitarbeiter Verständnis zeigen, dass er in Ruhe arbeiten möchte! Aber über die Grenze oder den Rahmen, über eine Kontrollfunktion, über die Vermeidung von Missbrauch muss dann schon geredet werden. In diesem Zusammenhang zeigt sich die Bedeutung der persönlichen Autorität des Vorgesetzten in besonderem Maße. Schon das Ansprechen dieses schwierigen Themas, eine Bestandsaufnahme im Sinne der Rationalisierung, der Herstellung einer Verbindung von Vertrauen und notwendiger Kontrolle, das vermag nur eine Führungskraft, der man die Fähigkeit und den Willen zum Abwägen des gerechten und des ungerechten Verhaltens zutraut.

1.3   Führung heißt: Respekt vor diesen Ansprüchen und In-Anspruch-Nehmen

Man weiß, dass man die Verhaltens-Verpflichtungen, vor denen der Einzelne steht, nach dem Konzept der sozialen Rolle gliedern kann. So würde sich darstellen lassen, was von dem Einzelnen im Beruf und in der Familie gefordert wird und welche Unterschiede hier bestehen. Innerhalb des Führungskraft-Mitarbeiter-Verhältnisses hat die Führungskraft gleichsam zwei „Hauptrollen":

1. den Mitarbeitern Achtung vor ihren Ansprüchen zeigen,
2. die Mitarbeiter unter Nutzung dieser Ansprüche zur zielorientierten Arbeit für das Unternehmen in Anspruch zu
   nehmen.

Wir haben gesehen, dass diese sozialen Rollen gleichzeitig in
den dialektischen Prozess eingebettet sind; die Anweisungen
an die Mitarbeiter führen zu eigenen Denkweisen und Interpretationen, die von den Ansprüchen her bestimmt werden.
Das „In-Anspruch-Nehmen" ist dann der Schritt zu einer stabilen Synthese.

Der Respekt also gegenüber den Ansprüchen des Mitarbeiters
als eine „Hauptrolle" der Führungskraft! Schon da man allzu oft in der Praxis davon nichts merkt, muss noch einmal ak-
zentuiert werden, dass der Mitarbeiter ohne eine solche von
ihm empfundene Respektierung keine wirkliche Leistung zeigen wird! Und es kommt doch bei der Herausforderung durch
die Globalisierung darauf an, die Leistungsbereitschaft des
Mitarbeiters zu mobilisieren und ihn zu einer verantwor-
tungsvollen Aktivität – als ob er sein eigener Unternehmer
wäre – zu bringen.

Gerade die Tatsache, dass die Chance, einen existierenden geheimen Handlungsspielraum halten oder wieder bekommen
zu können, zu den Ansprüchen zählt, zeigt auch deutlich, wie
schwierig es Führungskräfte mit herkömmlichen Vorstellungen haben, die Realitäten neu zu bewerten. Es ist dies nur
durch nüchterne Analyse der (inzwischen speziell durch Abkehr vom „Taylorismus" gekennzeichneten) Arbeitssituation
und Arbeitsorganisation, sowie durch die Akzeptanz des
Wertewandels (vor allem: des Einflusses demokratischer Werte in der Arbeitswelt) möglich. Hat man diesen Respekt vor
den Ansprüchen als eine „Hauptrolle" begriffen, dann freilich muss auch das Wissen um die überlegene Position der
Führungskraft eingebracht werden. Ein Unternehmen wird
immer hierarchisch strukturiert sein. Es ist mit großem Fra-

gezeichen zu versehen, wenn im Zeichen des „Lean Managements" vom Abbau der Hierarchiestufen gesprochen wird. Sicher, es können sich „aufgeblähte" Organisationsstrukturen
entwickelt haben; aber es wird doch immer wieder so sein,
dass es höhere Vorgesetzte gibt, die den an sie berichtenden
Mitarbeitern – die ihrerseits Vorgesetzte sind oder sein können – Ziele und Aufgaben übertragen. Und immer wieder hat
der Vorgesetzte die Verantwortung dafür, dass in seinem Bereich zielorientiert und erfolgreich gearbeitet wird. Wir sagten, dass nach dem *Modell des kooperativen Führungsstiles*
der jeweilige Vorgesetzte die Mitarbeiter über Zielvereinba-
rungsgespräche motivieren soll – aber darüber darf nicht vergessen werden, dass er die Ergebnisverantwortung hat und
dass das in seinem Denken und Führungsverhalten zum Ausdruck kommen muss. Man kann sagen, dass der jeweils höhere Vorgesetzte die Ansprüche des Unternehmens (im umfassenden Sinne) vertritt und die Verpflichtung hat, eine Kon-
gruenz dieser Ansprüche des Unternehmens mit den Ansprüchen des Mitarbeiters herzustellen. Auf die konkrete
Situation in der Praxis bezogen kann man davon ausgehen,
dass die Ansprüche des Unternehmens in deutlich spezifizier-
ten Zielen und Aufgaben formuliert werden können,
während die Ansprüche der Mitarbeiter vergleichsweise dazu abstrakter sind. Gerade deshalb kann der Mitarbeiter auch
das leisten, was von ihm verlangt werden muss, das Trans-
formieren seiner Ansprüche (Arbeitsinteressen und Akti-
vitätspotenziale) auf die jeweiligen situativen Gegebenheiten.
Diese Vorgänge umgreifen das „In-Anspruch-Nehmen".

Die Realisierung und speziell die Erfüllung beider „Hauptrollen" ist identisch mit der Steuerung der dialektischen Prozesse. Damit konkretisiert sich im Übrigen die Verpflichtung
der Führungskraft, für die ökonomische und die soziale Effektivität zu sorgen. Die „zwei Hauptrollen" würden sich so
beschreiben lassen: Der Vorgesetzte sucht das Gespräch und
zeigt dem Mitarbeiter sein Verständnis für dessen Ansprüche.

Gleichzeitig muss er ihn herausfordern, diese Ansprüche innerhalb der Abteilung und für die Abteilungsziele zur Erfüllung zu bringen. Der Vorgesetzte könnte zum Beispiel sagen: „Ich freue mich, dass Sie Wert auf substantielle Informationen legen. Die bekommen Sie! Wichtig ist, dass wir eine neue Marktstrategie entwickelt haben, nach der wir uns mehr als bisher auf die speziellen Wünsche des Kunden einstellen wollen; und hier sind wir alle gefragt, mitzuwirken". Er könnte hinzufügen: „Ich sehe Sie als Partner und spreche Sie als Experten an"; und dann käme das Eingehen auf Alltagsdetails.

In diesem Beispiel, in dem auf eine neue Marktstrategie abgehoben wird, könnte der Mitarbeiter in Anspruch genommen werden, sein Wissen und seine Erfahrung auf die Frage zu konzentrieren, wie man dem Kunden mehr Qualität bei Einhaltung der Liefertermine bieten könnte. „In-Anspruch-Nehmen" ist eine Herausforderung an den Mitarbeiter. Und sie basiert auf dem Menschenbild, dass der Mitarbeiter eigentlich arbeiten will. Es geht darum, die Aktivitäten des Mitarbeiters, die zur Erfüllung seiner Ansprüche potenziell vorhanden sind, auf die für das Unternehmen erforderlichen Arbeitsinhalte zu lenken. Der Mitarbeiter muss einsehen, dass er seine Energie hierauf zu richten hat. Dies wiederum wird er dann tun, wenn er die Autorität des Vorgesetzten akzeptiert; und wenn (in Verbindung mit dieser Autorität) der Vorgesetzte ein Vertrauensverhältnis zum Mitarbeiter aufbaut. Der Kern ist immer der, dass die Führungskraft dem Mitarbeiter deutlich macht, sie sehe ihn als einen mündigen Bürger, der Ansprüche habe, die wert sind, dass sie respektiert und zur Erfüllung gebracht würden. Aber nun solle er gefälligst auch durch die Tat beweisen, dass er sich in die Ziel- und Planfeststellung positiv integriere und seine Kräfte hierfür einsetze. In dieser Weise könne er sich innerhalb seiner Tätigkeit für das Unternehmen auch selbst profilieren.

2. Die Führung von Arbeitsgruppen

2.1 Führung der Arbeitsgruppe als dialektischer Prozess

Die Arbeit in Industrie und Verwaltung vollzieht sich in der Regel in Form von kooperativen Prozessen. In einer ersten Überlegung ist zu sagen, dass es Individuen sind, die miteinander kooperieren; und deshalb treffen alle Momente, die mit Bezug zum Führungskraft-Mitarbeiter-Verhältnis herausgearbeitet wurden, auch für die Führung der kooperativen Arbeitsabläufe zu. Innerhalb der Zusammenarbeit mit den Kollegen sucht also der Einzelne gleichzeitig ein Verhältnis zu seiner Führungskraft, in der er erleben kann, von ihr als Partner und Experte ernst genommen zu werden. Und auch innerhalb der Zusammenarbeit ist für jeden das Streben aktuell, einen disponiblen Handlungsbereich zu bekommen.

Hinzu kommt dann aber, dass die Kooperation, als Beziehung und aus ihr resultierend auch als soziales System, schnell zu einer eigenen Größe wird. In einer gewissen Vereinfachung wird diese eigene Größe „Arbeitsgruppe" genannt. Streng genommen entwickelt sich aus einer Arbeitsbeziehung nicht unbedingt eine Gruppe, eher noch eine „Gruppierung". Wenn man an die Fertigungsstraßen in Großbetrieben denkt, so erkennt man eine kooperative Bindung der Werker über den kontinuierlichen Prozess der organisatorischen Abläufe, nicht aber eine eigentliche „Arbeitsgruppe". Unter dem Einfluss der neueren Überlegungen über die „Lean Produktion" ist jedoch ein Trend zu echten Arbeitsgruppen zu bemerken. In der Verwaltung, deren Arbeitsstrukturierung nie so strikt festgelegt war wie in der Fertigung, konnte man dagegen immer viel leichter von „Arbeitsgruppen" sprechen.

Ob es sich nun um eine von der Arbeit fest oder weniger fest vorgegebene Gruppe handelt, in jedem Fall wird eine solche gesucht, die als „Team" wirkt und deren Art der Zusammenarbeit als „Teamwork" bezeichnet wird. Darunter ist eine Gruppe oder Gruppierung zu verstehen, in der sich die Akteure fachlich so ergänzen und persönlich so verstehen, dass sich eine Akzeleration der zielorientierten Arbeit entwickelt. Das zu erreichen ist die Aufgabe der Führung. Deshalb kann Führung von Arbeitsgruppen als zielorientierte Koordination eines Teams oder von Teams definiert werden. Freilich ist das zunächst keine Definition einer Realität, sondern eines Programmes, oder auch – wenn man diesen Begriff (wie das heute geschieht) etwas großzügig verwendet – eine Vision.

Realistisch beobachtet wird ein solches Team nämlich in der Regel erst im Laufe einer Entwicklung entstehen, die als dialektischer Prozess zu sehen ist. „Team" und „Teamwork" (als Ausdruck einer noch mehr die Aktivität in den Vordergrund rückenden Gruppe), das wären dann die Endpunkte dieses Prozesses und damit die Synthese. Wenn Führung die zielorientierte Koordination eines Teams sein soll, so muss die primäre Aufgabe darin bestehen, aus den Mitarbeitern ein Team zu formen. Es ist also zweckmäßig, auch die Führung von Arbeitsgruppen als einen dialektischen Vorgang aufzufassen: Als erster Schritt hat die Anordnung der Führungskraft mit der Arbeitsverteilung auf die Gruppenmitglieder zu gelten (These). Sodann muss beachtet werden, dass die als Gruppe zusammengefassten Mitarbeiter sich selbst mit der ihnen übergebenen Aufgabe und deren Spezifizierung vertraut zu machen haben. Dazu sind interne Abstimmprozesse erforderlich. Wenn diese gelingen, dann wird ein Gruppenbewusstsein entstehen; jene eigene Größe „Arbeitsgruppe", die ihre Meinung über die Art der Arbeitsverteilung und über die damit entstandene Gruppenstruktur der Führungskraft gegenüber artikuliert. Diese Meinung der Gruppe ist als „Antithese" anzusehen. Die Führungskraft hat es nun in der Tat als ihre Verpflichtung zu betrachten, die Auffassung der Gruppe ernst zu nehmen und mit ihr über eventuelle Differenzen zur Art der Aufgabenverteilung, der Arbeitsorganisation, der Zielerfüllung zu sprechen; eben mit dem Ziel, ein

„Team" zu schaffen, das optimale Leistung zu bringen bereit und in der Lage ist. Damit hätte die Führungskraft eine stabile Synthese erreicht; und von hier aus könnte sie dann auch die Team-Mitglieder „in Anspruch nehmen"!

Auch bei der Führung von Arbeitsgruppen, das muss sich die Führungskraft klar machen, genügt es nicht, die Arbeitsaufgaben spezifiziert an die einzelnen Mitarbeiter zu übertragen. Die beste Zielvereinbarung, im persönlichen Gespräch mit einem Mitarbeiter festgelegt, reicht nicht aus. Sie hat immer zu bedenken, dass die Mitarbeiter sich untereinander zu einer Art „Gruppen-Personalität" finden wollen. Freilich gilt – wie beim Verhältnis der Führungskraft zum einzelnen Mitarbeiter – auch hier: Irgendeine Synthese (Schein-Synthese) wird immer entstehen. Auch dann, wenn über die Art, wie die Führungskraft die Arbeitsaufgaben strukturiert, keine oder eine negative Gruppenmeinung entsteht, muss nämlich gearbeitet werden. Aber das, was da herauskommt, kann nicht im Sinne der Leistungsbereitschaft und Qualität sein, da sich keine echte Zusammenarbeit bildet. Es ist zu wiederholen: Diejenigen Gruppen, die man wirklich als Team bezeichnen kann, in denen die Mitarbeiter motiviert sind, durch die die Markterfolge erreicht werden können, die bekommt man nur über ein echtes Bemühen, zwischen den Denkweisen des Vorgesetzten und den Anliegen der Mitarbeiter eine tragfähige Synthese herzustellen!

Die Aufgabe des Vorgesetzten, die Führung von Arbeitsgruppen als dialektischen Prozess zu sehen, wird noch dadurch intensiviert und gleichzeitig erschwert, dass innerhalb der Gruppenstruktur ein zweiter dialektischer Vorgang sichtbar wird; ein Vorgang, in den der Vorgesetzte – mag er wollen oder nicht – mit einbezogen ist. Dieser Vorgang beginnt, indem die einzelnen Individuen innerhalb der Gruppe ihre Ansprüche zur Geltung bringen wollen (These). Damit geraten sie in einen internen Wettbewerb (Antithese), den sie durch die Erlangung eines „Gleichgewichtszustandes" zu bewältigen suchen; was also heißt, dass sie von sich aus eine Synthese suchen. Nehmen wir an, es gelingt der Gruppe, eine solche Synthese zu erreichen, so ist die Führungskraft gefragt, ob sie diese so akzeptieren will. Dies ist sicher kein Problem, wenn die Mitarbeiter ihre Synthese auf der Basis der vorgegebenen Aufgaben und Aufgaben-Gliederung aufgebaut haben. Schwierig wird es allerdings, wenn dieser gefundene und der Führungskraft präsentierte Gleichgewichtszustand ganz anders ist, als letztere sich das vorgestellt hat.

„Gleichgewicht", das heißt immerhin: ein aufgebautes Statusgeflecht sozialer Rollen, in dem die verteilten Tätigkeiten von allen als „so richtig" akzeptiert sind; in dem die antithetischen internen Kompetenzfragen bereinigt, die Konkurrenzprozesse beruhigt sind, in dem sich deshalb die Interaktionen kollegial zielorientiert vollziehen. In einem solchen Fall muss man es der Verantwortung der Führungskraft überlassen, ob sie mit der von der Gruppe gefundenen Synthese einig geht oder ob sie Veränderungen will. Man darf nicht übersehen, dass es die Führungskraft ist, die „nach oben ihren Kopf hinhalten" muss. Sie hat die Verbindung der Eckdaten des Management-Prozesses (Zielsetzung, Planung, Organisation der Arbeit, Kontrolle der Ziele) zu garantieren; und sie hat von hier aus für die optimale Aufgaben- und Rollenstruktur sowie für den zweckmäßigen Aufbau der Arbeitsgruppen zu sorgen. Ihr obliegt die Pflicht, die Energien und Fähigkeiten der Mitarbeiter im Interesse der bestmöglichen Zielerfüllung „in Anspruch zu nehmen". Ihr muss man folglich auch überlassen, durch Steuerung der dialektischen Prozesse die Gruppen-Synthese, genannt „Team", aufzubauen.

2.2 Die Dialektik bei Entwicklung und Arbeitsvollzug der Gruppe

Analyse einer Arbeitsgruppe ist sicher zunächst Analyse der momentanen Gestalt derselben; also etwa der bestehenden

Kompetenz- und Aufgaben- Verteilung, der Intensität der Zusammenarbeit und des gegenseitigen Verstehens. In den meisten Fällen ist dieser Zustand der sozialen Realität aber nur aus der „Historie", aus der Entwicklung der Gruppe, aus den Erfahrungen der Gruppenmitglieder mit ihrem Vorgesetzten und mit sich selber zu begreifen. Dabei stößt man unweigerlich auf das „Geworden-Sein" als einem dialektischen Geschehen; was bedeutet, dass Status und Rolleninterpretation, die Aktivität im Sinne des Strebens nach ökonomischer wie nach sozialer Effektivität erst von dieser Perspektive her angemessen interpretiert werden können.

Man kann sagen, dass es sich empfiehlt, bei einer Beobachtung des unmittelbaren Geschehens des Arbeitsprozesses einer Gruppe sich zu fragen, in welcher dialektischen Phase diese sich befindet. Sie kann, etwa durch Umstrukturierung, gerade im Stadium eines Neubeginns sein; es können Machtkämpfe und Konflikte die Szene beherrschen oder verdüstern, es kann aber auch das ruhige Fahrwasser eines gegenseitigen Respekts mit dem Ausgleich unterschiedlicher Interessen die Atmosphäre kennzeichnen. Dabei hat man sich auch hier vor Augen zu führen, dass eine Gruppe wie jedes soziale System nie eine statische Struktur hat, dass sie immer in Bewegung ist; und dass diese Bewegungsvorgänge unter dialektischen Vorzeichen zu betrachten sind. Eine Gruppe zum Beispiel, deren Historie sich über zehn Jahre zurückverfolgen lässt, deren Mitglieder sich „zusammengerauft" haben und eine respektable und produktive Synthese erreichen konnten, kann auf einmal wieder in innere Gegensätze geraten; etwa durch technische Rationalisierung mit neuen Aufgaben und neuer Aufgaben-Verteilung. Es sind dann neue Ansätze erforderlich, um wieder zu einem Gleichgewicht zu gelangen; Vollzüge, die aus der Gruppe selbst oder vom Vorgesetzten angestoßen werden und Zeit kosten. Dagegen kann eine andere Gruppe, deren Historie nur ein paar Wochen zählt, zu einem echten Team mit allseits bestehender Zufriedenheit geworden sein.

2.2.1 Zur Theorie der sozialen Gruppe

Die Gruppe und speziell auch die Gruppe im Betrieb steht seit langem im Mittelpunkt des soziologischen und sozialpsychologischen Interesses. Die Zuwendung zu dieser Thematik hat sich noch verstärkt, seit Anfang der neunziger Jahre den Unternehmen und Verwaltungen jene „Verschlankungskur" nahe gelegt oder aufgezwungen wurde, die unter der Bezeichnung „Lean Management" firmiert. In Verbindung mit den von hier aus entstehenden Umstrukturierungen der innerbetrieblichen Organisation setzen Versuche ein, eine Gruppenkultur zu entwickeln, die man als „strukturinnovativ"[7] bezeichnen kann. Ihre Grundprinzipien sind: Gewinn an Eigenständigkeit der Gruppe im Zuge der Aufwertung der horizontalen, die vertikalen Linien durchschneidenden Arbeitsabläufe („Restrukturierung"). Zu dieser Eigenständigkeit gehört insbesondere, dass der Gruppe eine weitgehende Eigenverantwortung zugestanden wird. In diesem Rahmen erwartet man dann von den Gruppen-Mitgliedern, sich von egozentrischem Verhalten zu lösen und „teamorientiert" zu denken. Diese „Restrukturierung mit Hilfe strukturinnovativer Gruppenorganisation" stellt ein theoretisches Konzept dar, das von seinen Protagonisten als Fortschritt im Sinne einer Betriebs- und Arbeitspolitik entworfen ist, mit der (im Blick auf die Arbeitnehmer und ihrer Vertreter) eine Intensivierung der Arbeitskultur erstrebt wird; und zwar eine solche, die aus meiner Sicht als Gleichgewicht (Synthese) von ökonomischer und sozialer Effektivität zu bezeichnen ist. Dieses Konzept bezieht sich auf das Unternehmen als Ganzes; und was die Dialektik angeht, so ist hier der „Makro"-Aspekt angesprochen. Wir werden auf diese Fragen im vierten Teil eingehen.

Das Führungskraft-Mitarbeiter-Verhältnis bildet demgegenüber, auch unter Einbeziehung der (jeweiligen) Arbeitsgruppe, den „Mikro"-Bereich. Hierauf primär bezieht sich die Theorie der sozialen Gruppe. Und wenn man ihr nachgeht, so stößt man schnell auf das dialektische Modell, auch wenn das nicht so formuliert wird.

Es ist etwa auf LEOPOLD VON WIESE zu verweisen. Er suchte das Spezifische des Gegenstandes, „das Gesellschaftliche" (identisch mit „das Soziale") zu erfassen.[8] Er sieht das gesellschaftliche Leben (und damit auch jede Gruppe) als ein Geflecht zwischenmenschlicher (sozialer) Beziehungen an. Diese Beziehungen haben aber nur so lange Bestand, als sie durch soziale Prozesse (Interaktionen), was heißt: durch spontan entstehende und oft auch schnell vergehende konkrete psycho-soziale Ereignisse aktualisiert, bestätigt, verbessert werden. Soziale Beziehungen und soziale Prozesse verortet VON WIESE von „einem Kontinuum zwischen Annäherung und Entfernung der Personen" her.[9] Binden und lösen, Integration und Differenzierung, Zueinander und Auseinander, das sind die Grundvorgänge des sozialen Lebens.

So besteht nach VON WIESE die Gruppe aus sozialen Beziehungen der Verbundenheit. Nach ihm sind „die Merkmale des Idealtypus der Gruppe:

1. Relative Dauer und relative Kontinuität;
2. Organisiertheit, die auf Verteilung von Funktionen an ihre Glieder beruht;
3. Vorstellungen von der Gruppe bei ihren Gliedern;
4. Entstehung von Traditionen und Gewohnheiten bei längerer Dauer;
5. Wechselbeziehungen zu anderen Gebilden;
6. Das ‚Richtmaß' (heute würde man sagen: die geltenden Normen)".[10]

Entscheidend für den Erhalt einer Gruppe ist aber, dass „soziale Prozesse des Zueinander" (Angleichung, Anpassung, Sozialisierung) als permanente Elemente dynamischen Lebens positiv und damit stabilisierend wirken. Hier lassen sich die zwischen den Menschen bestehenden Prozesse als Energieströme, als "Lichtbögen", die von den Einzelnen so erlebbar werden, veranschaulichen. Gewinnen dagegen „soziale Prozesse des Auseinander", nämlich Konflikte, Absonderungs- und Entfremdungserscheinungen die Oberhand, so kann eine Gruppe keinen Bestand haben.

Ähnlich wie VON WIESE sieht KURT LEWIN die Gruppe als „ein Feld dynamischer Kräfte". LEWIN war ursprünglich Physiker und absolvierte ein Elektro-Ingenieur-Studium. Von hier aus wurde er angeregt, auch die sozialen Prozesse als Vorgänge zwischen Menschen nach dem Modell magnetischer und elektrischer Kräfte zu interpretieren. Das „soziale Feld", wie LEWIN sagt, stellt sich als ein Netz sich anziehender und einander abstoßender Kräfte dar.[11] „Nach LEWIN", so schreibt W. H. STAEHLE, „existieren in jeder Situation Kräfte, die auf Wandel drängen (driving forces), und Kräfte, die Wandel behindern (restraining forces). Wenn die Summe der akzelerierenden Kräfte gleich der Summe der retardierenden ist, besteht ein Gleichgewicht, das den Status Quo beschreibt".[12] Die Analyse des sozialen Feldes (force field analysis) zeigt, dass die akzelerierenden Kräfte immer wieder Bewegung in die Gruppe (auch: in die soziale Organisation als Zusammenfassung mehrerer Gruppen) hineinbringen. Erforderlich erscheint eine Steuerung, die in den Phasen

1. Auftauen des gegenwärtigen Gleichgewichts (unfreezing)
2. Bewegung bzw. Veränderung zu einem neuen Gleichgewicht (moving)
3. „Einfrieren" des neuen Gleichgewichts (freezing, mit Integration der Menschen in diese neue Situation) zu geschehen hat.[13]

Wenn es um eine einfache und plausible Definition geht, so wird heute meist G. C. HOMANS gefolgt. „Unter einer Gruppe", so sagt er, „verstehen wir eine Reihe von Personen, die in einer bestimmten Zeitspanne häufig miteinander Umgang haben und deren Anzahl so gering ist, dass jede Person mit allen anderen Personen in Verbindung treten kann, und zwar nicht nur mittelbar über andere Menschen, sondern von Angesicht zu Angesicht".[14] Die so charakterisierte Gruppe fasst HOMANS von drei bestimmenden Merkmalen her, nämlich von der „Aktivität", von der „Interaktion" und von den „Gefühlen". Er geht also zunächst davon aus, dass der Mensch ein „aktives Wesen" ist, der diese Aktivität innerhalb der Gruppe zur Entfaltung bringen will. Als wichtigstes Element hat die „Interaktion" zu gelten. Es ist die Verbindung und Bindung zwischen den Menschen, die vor allem die verbale und nonverbale Kommunikation umfasst. Mit dem dritten Element, dem „Gefühl", betont HOMANS die Bedeutung des emotionalen Bereiches für die Gruppe.[15]

Entscheidend ist, dass diese drei Elemente als miteinander in Wechselwirkung stehend gesehen werden. Daraus leitet HOMANS Hypothesen ab, deren wichtigste von W. H. STAEHLE so zusammengefasst werden:

– „Je häufiger Personen miteinander interagieren, desto stärker werden ihre Freundschaftsgefühle füreinander ..."
– Personen, die häufig miteinander interagieren, werden in ihren Aktivitäten ähnlicher als solche, die das nicht tun.

– Je höher die Position, die eine Person in einer Gruppe einnimmt, desto eher werden ihre Aktivitäten mit den Gruppennormen konform gehen.
– Von einer Person mit hohem sozialen Status gehen mehr Interaktionen aus als von einer mit niederem.
– Je mehr eine Person oder Clique in allen ihren Aktivitäten den Gruppennormen entspricht, desto höher wird ihr sozialer Status sein.[16] STAEHLE bezieht sich hier ausdrücklich auf ein Kapitel von HOMANS, in dem er das Verhalten einer „Jungensbande" beschreibt.[17] Übertragbar ist diese Wechselwirkung aber auch auf eine Arbeitsgruppe, wenn man statt „Person oder Clique" formuliert: „Person oder Untergruppe".

Wesentlich für unseren dialektischen Ansatz ist, dass bei allen Autoren drei Akzente durchgängig zu erkennen sind:

1. Der Aufweis der Energien, die ursprünglich in der Person liegen, aber in den Interaktionen zur Entfaltung kommen.
2. In der Folge bilden sich innerhalb der Gruppe deutlich Bewegungen heraus; und zwar auch solche, die Gruppenstruktur und Stellung der Einzelnen in ihr deutlich verändern können.
3. Und schließlich fällt der Trend zum Gleichgewicht dieser Kräfte auf. Die Dynamik gleichsam konterkarierend ist bei den Gruppenmitgliedern der Drang zu erkennen, „im Widerstreit von Binden und Lösen Gleichgewichtslagen herzustellen" (VON WIESE)[18], ein „quasistationäres Gleichgewicht" (LEWIN) zu schaffen. Dabei muss dieses Gleichgewicht vielfach ein „bewegliches Gleichgewicht" (HOMANS) sein; was heißt, dass man eine neue Ruhelage sucht. Das wird zum Beispiel dann der Fall sein, wenn der eine Arbeitsplatz eine Aufwertung, der andere eine Abwertung erfährt; wenn die Kompetenz-Verteilung in der Gruppe sich ändert, wenn Arbeitsstellen anders besetzt werden.

Bei W. H. STAEHLE, CH. LATTMANN und H. W. HOEFERT werden in Übersichtsdarstellungen weitere Gruppentheorien speziell auf ihren Nutzen für das Management hin gesichtet.[19] Auch mit Bezug zu diesen Theorien lassen sich die genannten drei dialektisch be-

stimmten Akzente klar ausmachen. Man wird aber noch auf ein
weiteres Moment aufmerksam, dass nämlich die Entwicklungs-
und Bewegungsvorgänge der Gruppen sich in Phasen vollziehen.
„Von vielen Autoren wird die Auffassung vertreten, dass Gruppen
‚typischerweise' verschiedene Phasen durchlaufen (vom Anfang ihres Bestehens bis zu dem Zeitpunkt, wo die sozialen Beziehungen
geklärt sind und eine   einheitliche Zielorientierung hergestellt
ist)".[20] Man kann sogar sagen, dass das Kennzeichen der Phasen-
entwicklung implizit in jeder Gruppentheorie angelegt ist. Das
lässt sich auch aus der Beschreibung von CH. LATTMANN entnehmen. In ihrer Entstehungszeit, so führt er aus, fehle der Gruppe
noch eine eindeutige Ausrichtung und ein klarer Aufbau. Diese Zeit
sei „meist durch Meinungsunterschiede und Kämpfe um die Ein-
flussnahme" gekennzeichnet. In einer Phase der Ausformung sei es
erforderlich, dass sich bestimmende Normen ausbilden, dass sich eine Rangordnung und ein Rollengefüge einspiele. Als Ergebnis, und
damit als Erreichen der weiteren Phase, entstehe „eine quasi-
stationäre Gleichgewichtslage, um welche die weiteren Abläufe
pendeln". Ein solches Gleichgewicht, das sieht auch LATTMANN, hat
immer nur eine begrenzte Dauer. Wie lange es überhaupt existiert,
das hänge „von den durch die Gruppe ihren Mitgliedern vermittel-
ten Befriedigungswerten ab". Im Übrigen komme es darauf an,
ob es der Gruppe gelingt, die gemeinsam zu verfolgenden Ziele
zu erreichen. Gelingt das nicht, so die lapidare Feststellung von
LATTMANN, dann „verfällt die Gruppe der Auflösung"; was in der
Tat eine eindeutige Schlussphase bedeuten würde.[21]

Die dialektische Anlage wird im Phasen-Konzept besonders
deutlich. Unter diesem Aspekt besticht die Theorie von B. W.
TUCKMAN[22]: Zunächst „formiert" man sich, was aus unserer
Sicht heißt: Jeder sucht sich in der Gruppe unter dem Gesichtspunkt zurechtzufinden, ob und wie er seine Ansprüche
umzusetzen vermag (These). Es folgen dann „stürmische Zeiten", in denen die Gruppe in krisenhafte Entwicklung gerät
(Antithese). Und dann – das ist bei TUCKMAN recht treffend
beschrieben – entstehen offensichtlich neben den vorgegebenen formellen Richtlinien informelle Normen, von denen aus
eine Gruppenkohäsion stabilisiert werden kann und ein
„Gruppengefühl" entstehen wird (Synthese). Auf dieser Basis lässt sich optimaler arbeiten. Je stabiler die Synthese dann
ist, desto leichter wird man mit den immer wieder auftau-
chenden dynamischen Vorgängen fertig, die stets das erreich-

te Gleichgewicht in Frage stellen; beziehungsweise desto rei-
bungsloser vollziehen sich bewegliche Gleichgewichtsvor-
gänge.

	Gruppenstruktur	Aktivität
1. Formierungsphase (Forming)	Es besteht Angst, Abhängigkeit von einem Führer, man prüft die Situation und die Frage nach dem angemessenen Verhalten.	Die Gruppenmitglieder erkennen die Aufgabe, die Regeln und die angemessenen Methoden.
2. Konfliktphase (Storming)	Konflikt zwischen Untergruppen, Rebellion gegen Führer, gegensätzliche Meinungen, Widerstand gegen Kontrolle durch die Gruppe; Konflikte über die Intimität der Gruppe.	Emotionaler Widerstand gegen die Anforderungen der Aufgabe.
3. Normierungsphase (Norming)	Entwicklung der Gruppenkohäsion, Aufkommen von Normen, Widerstand ist überwunden und Konflikte sind beigelegt, gegenseitige Unterstützung und Entwicklung von Gruppengefühl.	Offener Austausch von Ansichten und Gefühlen: Kooperation entwickelt sich.
4. Arbeitsphase (Performing)	Interpersonale Probleme sind gelöst, die interpersonale Struktur steht im Dienst der Aufgabenaktivität, die Rollen sind flexibel und funktional.	Auftauchen von Lösungen für Probleme, konstruktive Anstrengungen, die Aufgabe zu beenden, die Energie ist jetzt für effektive Arbeit verfügbar; dies ist die Hauptarbeitsperiode.

HOEFERT, S. 219
(nach TUCKMAN, 1965 aus: ARGYLE, 1972, S. 215)

Es sind jetzt noch einige Bemerkungen zur Anwendung der
Gruppen-Theorie in der Industrie erforderlich. Wir sagten
schon, dass man in der Praxis bei näherem Hinsehen häufig
nicht von „Gruppen" im engeren Sinne, sondern von Grup-

pierungen sprechen kann. Bis heute noch bedeutsam ist dazu
die empirische Studie von H. POPITZ u. a. in der Hüttenindustrie aus dem Jahre 1957.[23] Es ist hier die Frage, wie weit
und wie intensiv die Kooperation innerhalb der formalen Organisation von Maschinen und technischen Anlagen vermittelt wird. Dabei gelangt man zu dem Ergebnis, man müsse eine „teamartige" von einer „gefügeartigen" Kooperation unterscheiden. Auch die „teamartige Kooperation" wird von
der technischen Anlage bedingt, gibt dem Arbeiter aber noch
Dispositionschancen, insbesondere um die Art der Kooperation zu bestimmen. Die „gefügeartige Kooperation" dagegen
basiert auf einer festen Systematik der Arbeitsplätze. „Es besteht eine feste Verteilung der Arbeitsaufgabe, die durch die
technische Anlage so weitgehend vorgegeben ist, dass eine
Dispositionschance über die Verteilung der zu leistenden Arbeit auf die einzelnen Arbeitskräfte ausgeschlossen ist!"[24]

Unter dialektischem Aspekt sind zwei Punkte herauszustellen:

Erstens: Bei dieser Studie von POPITZ handelt es sich um eine
der ersten umfassenden Untersuchungen, die zu dieser Thematik durchgeführt worden sind; und sie ist diejenige gewesen, von der aus die größte Breitenwirkung ausging. Diese
Arbeit ist nicht speziell auf den Veränderungsprozess bezogen. Dafür bildeten ihre Ergebnisse den Ausgangspunkt weiterer Studien, in denen der technische und der damit verbundene soziale Wandel im Betrieb detailliert analysiert wurden.
Hier ist insbesondere auf den soziologischen Beitrag zu einem
interdisziplinären Forschungsprojekt des Rationalisierungs-
Kuratoriums der deutschen Wirtschaft (RKW) über „ökonomische und soziale Aspekte des technischen Wandels" zu verweisen. Es ist die erste KERN/SCHUMANN-Studie, die sich auf
breiter empirischer Grundlage mit den Veränderungen indus-
trieller Arbeitsformen und Arbeitsinhalte beschäftigt hat. In
ihr wird die Veränderung von vielen Arbeitstypen beschrieben; wobei implizit deutlich wird, wie der technische Wandel
dialektische Vorgänge auslöst.[25]

Zweitens: Es ist das Verdienst der Forschungen von POPITZ
u. a., empirisch nachgewiesen und theoretisch verarbeitet zu
haben, welchen Rang Technik und Arbeitsorganisation für
die Bildung mehr oder weniger fester Gruppierungen in der
Industrie haben.

> Und bestechend ist dabei die eindrucksvolle Sorgfalt der Darstel-
> lung: so beschreibt H. KESTING die strenge zeitliche Ordnung der
> gefügeartigen Kooperation: „Jeder Arbeitsvollzug eines Mannes ist
> bezogen auf die Arbeitsvollzüge der anderen Leute. Jeder tut, was
> er tun muss, damit ein anderer tun kann, was er zu tun hat. Das hat
> zur Folge, dass die Arbeitsvollzüge sich gegenseitig zeitlich deter-
> minieren - dass ein Arbeitsvollzug den anderen nach sich zieht und
> notwendig macht".[26] POPITZ ergänzt: Es „entsteht eine ungewöhn-
> liche Intensität der Abhängigkeit voneinander, die ein wechselseiti-
> ges Vertrauen, eine nüchterne, partielle Zuverlässigkeit jedes ein-
> zelnen voraussetzt. Sobald das notwendige Minimum bestehender
> technischer Fähigkeiten, die eine Situation erfordert, jedoch unter-
> schritten wird, bedeutet das ein ‚unsoziales' Verhalten. Oberhalb
> dieser Grenze aber entsteht eine Art gegenseitiger Anerkennung ...".
> Und weiter: „Es entsteht eine sachliche, nüchterne, kontrollierbare
> Grenzziehung der wechselseitigen Anerkennung, deren Kennzei-
> chen die Tatsache ist, dass technische Fähigkeiten zur sozialen Ver-
> pflichtung werden". Viel aufmerksamer als früher wird man in der
> heutigen wirtschaftlichen Situation es sich aufnehmen, wenn
> POPITZ fortfährt: „Die soziale Verbindlichkeit des Tuns jedes ein-
> zelnen wird die Disziplinierung, zu der die Maschine herausfordert.
> Die Leistungsansprüche der technischen Anlage und der gefügear-
> tigen Kooperation sind daher untrennbar miteinander verbun-
> den."[27]

Sicher ist hier die Technik in einer betont scharf geschnitte-
nen Form als Priorität allen Geschehens, und damit auch der
Kooperation und der Gruppierung, genommen worden. Es
verwundert deshalb nicht, dass man in der Folgezeit von anderen Forschungsansätzen her wieder davon abgerückt ist.
Von heute aus muss man ja auch sehen, dass die in den 50er
und 60er Jahren erwartete „Automation" nicht eingetreten
ist; ja dass (wer hätte das gedacht?) die Abkehr vom Taylorismus eingeläutet wurde. Man kann die Dominanz der Technik als These nehmen: Als menschliche Energien, als „Gefühle", als Interaktionen interessieren diejenigen, die von der

Technik „gefordert" werden. Auch der Wille zur Disziplin,
die gegenseitige Anerkennung als Partner (zuverlässiges Verhalten) und Experte (notwendige Fähigkeiten), dies alles wird
ausgelöst von den so und nicht anders funktionierenden technisch-organisatorischen Abläufen. Demgegenüber lassen sich
dann als „Antithese" die subjektiven Beweggründe der Beschäftigten herausstellen; also die Motive und Ansprüche, das
Bemühen um den Sinn der Arbeit und um Selbstverwirklichung. Aufgabe des Managements wäre es dann, unter Beachtung der jeweiligen Arbeitssituation beide Ansätze und
Sichtweisen so in ein Gleichgewicht (in eine Synthese) zu
bringen, dass Kooperation und Gruppen-Zusammenhänge
ökonomisch und sozial effektiv werden.

2.2.2 Kooperation, Konkurrenz und interaktionales Gleichgewicht in der Gruppe

Die Arbeitsorganisation als Fixierung der Arbeitsabläufe, als
Festlegung der Stellen und Positionen, die ist schon durch ihre Existenz für die Stelleninhaber identisch mit der Forderung
nach Kooperation. Und es ist immer wieder erstaunlich, zu
beobachten, wie schnell man sich in der Praxis damit zufrieden gibt, dass diese Kooperation gefälligst zu funktionieren
hat. Die soziologische Realität ist jedoch, dass die von Technik und Organisation festgelegte und (oder) vom Management „verordnete" Kooperation sofort ein „Sich-Formieren
der Mitarbeiter" zur Folge hat. Dies wird beim Aufbau einer
neuen Abteilung oder einer neuen Arbeitsgruppe besonders
deutlich, ist aber auch bei jeder neuen Tätigkeit (etwa: beim
Durchlauf anderer Werkstücke oder Produkte) zu erkennen.
Innerhalb dieser Prozesse des Sich-Formierens, des Sich-Fin-
dens, des ersten Sich-Abstimmens wirken stets integrative
und konfligierende Elemente zusammen. Man kann sagen,
dass beide Elemente dialektisch aufeinander bezogen sind,
dass die Dialektik sich aber noch nicht entfaltet hat (These).
In der konkreten Ausprägung: Die Bedeutung eines wir-

kungsvollen Teams wird schon erkannt, es lässt sich durchaus von einer (wenn auch teilweise „geheimen") Sehnsucht nach einem solchen Team sprechen. So wird eine Verinnerlichung der geforderten Arbeitskontakte erstrebt, es werden Verhaltensweisen und Normen des Sich-Aufeinander-Abstimmens gesucht. Gleichzeitig drängen sich aber Handlungen des Sich-Behaupten-Wollens, der Umsetzung persönlicher Ansprüche, des Suchens besserer Positionen oder Arbeitsinhalte in den Vordergrund.

Diese zweite Seite, dieses konfligierende Element ist es denn auch, die von der „Forming"- in die „Storming"-Phase, was heißt: in die Phase des Widerspruchs bzw. der Antithese, überleitet. Es ist sicher situativ verschieden, wie stark diese „stürmische Bewegung" ist, zu bemerken und als wirksamer Einfluss zu registrieren ist sie immer. Im Kern kommt sie dadurch zustande, dass jeder von seiner „Individualität" (die in diesem Zusammenhang stolz hervorgehoben zu werden pflegt) annimmt, auf irgendeinem Gebiet des beruflichen Wirkens und/oder der persönlichen Einsicht besser zu sein als die Kollegen und sich so persönlich profilieren möchte. Da das eben jeder will, entsteht auch oder sogar gerade deshalb innerhalb der Gruppe oder der Gruppierung eine Konzeptions-Konkurrenz. Mag es um Schwerpunkte in der Festlegung von Arbeitsabläufen und Arbeitsinhalten, um Strategien, um wichtige und lukrative Tätigkeiten, um Beurteilung der Fähigkeiten anderer gehen, stets ist es die konkurrierende Konzeption sowie die damit verbundene konkurrierende Argumentation, die Unruhe schafft.

Wie man in Analogie zu HEGEL feststellen kann, ist in diesen Wettbewerbs-Vorgängen bei aller Gegensätzlichkeit der Denkweisen und Aktivitäten gleichzeitig der Trend zur Erlangung eines Gleichgewichts der Kräfte enthalten. Und so wie in der HEGELschen Dialektik die erste Phase nicht „untergeht", sondern im Zuge des Fortschreitens in der zweiten Phase mit „aufgehoben" ist, so bleibt auch das Bewusstsein, zur Kooperation gefordert zu sein, innerhalb der Konkurrenz und damit des Widerspruchs erhalten. Es sind dann vor allem partielle Erfolge des Einzelnen, Einsicht in das Erfordernis der Kooperation, entstandene Sympathie und (oder) gegenseitiger Respekt, und auch (teils resignative) Duldung, die aus der Konkurrenz das interaktionale Gleichgewicht entstehen lassen: Es hat sich eine Situation herausgebildet, in der die Kompetenzen abgesteckt wurden, in der Prestige und Vorteile einigermaßen gerecht aufgegliedert sind, in der jeder eine Anpassungsbereitschaft gezeigt hat. So weit die Arbeitsverteilung im informellen Rahmen vollzogen wird (beziehungsweise: was an Arbeitsverteilung im informellen Bereich geschieht), hat sich insofern und insoweit ein Team entwickelt, als jeder wenigstens ein gewisses Arbeitsinteresse hat. Und es hat sich innerhalb der Gruppe eine Status-Ordnung (einschließlich herausragender Wortführer als „informelle Führer") entwickelt, die allseits als „richtig" oder doch als „akzeptabel" empfunden wird. Damit ist mit Bezug auf die Interaktion innerhalb der Gruppe eine Ordnung erreicht, von der keine Impulse zur Veränderung derselben ausgehen.

Ich möchte noch hinzufügen, dass ich hierauf aufbauend mit LEOPOLD VON WIESE der Auffassung bin, dass *Konkurrenz nicht mit Konflikt identisch* ist.[28] Ja es ist gerade charakteristisch, teils tröstlich und teils auch wieder schwierig, dass innerhalb der Konkurrenz immer das integrative und kooperative Moment ebenfalls mitschwingt. Natürlich können aus einer Konkurrenz Konflikte entstehen. Es kann auch die Bewegung von der These in die Antithese sofort als Konflikt begriffen werden. In einem solchen Fall ist es leicht möglich, dass die Gruppe zerbricht; oder es vermag ein neuer dialektischer Prozess zu entstehen, der – häufig über das Bewusstsein, im Grunde nicht in einem Konflikt, sondern in einer Konkurrenz zu sein – in der geschilderten Weise auf das interaktionale Gleichgewicht hin tendiert. Freilich ist dieser Weg ungleich schwieriger und langwieriger. Und speziell von der dialektischen Perspektive her erkennt man, dass Konflikt immer verhärtete Antithese bedeutet. Es sind Brücken abgebrochen, ein Verstehen des anderen ist zerstört oder doch schwer belastet. Folglich bedarf es großer Anstrengungen, zeit- und kräfteraubender Wege, um zu einem interaktionalen Gleichgewicht zu gelangen. Und nicht selten bleibt das erreichte Gleichgewicht weitgehend instabil. Wer sich mit „Konfliktlösung" einmal konkret befasst hat, weiß davon ein Lied zu singen.

Aus diesen Hinweisen wird deutlich, dass ein erreichtes interaktionales Gleichgewicht als Synthese eine unterschiedliche Qualität und Stabilität haben kann. „Qualität" steht für „Team". Von einem Team kann man nur sprechen, wenn die Mitglieder der Gruppe durch emotionale Bindungen zusammengefügt sind, und wenn sie gleichzeitig die (rationale) Einsicht in die Bedeutung der Zusammenarbeit entwickelt haben. „Stabilität" bedeutet Festigkeit (Kohäsion) der Gruppe. Je mehr der Teamcharakter erreicht ist, desto stärker ist auch die Festigkeit; und je mehr Qualität und Festigkeit zusammenwirken, desto größer ist die Chance, dass das interaktionale Gleichgewicht ein dynamisches Gleichgewicht wird. Das heißt: eine dauernde Stabilität im Sinne eines interaktionalen Status Quo kann es nicht geben. Die jeweils existierende zwischenmenschliche Situation vermag von außen und von innen relativ leicht verändert zu werden. Man denke etwa, die Gruppe bekomme eine neue Aufgabe oder einen neuen Vorgesetzten. Man denke auch daran, die Gruppe erhalte einen neuen Mitarbeiter; oder man denke, ein Mitarbeiter, der sich nachweislich über einige Zeit beruflich weitergebildet hat, erstrebe eine verantwortlichere Aufgabe. Bleibt in all diesen Fällen die Erfolgsorientierung des Einzelnen mit Bezug auf diese Gruppe, und bleibt in der Gruppe die integrative Aktivität erhalten, dann wird sich auch auf der Basis neuer „Eckdaten" ein anderes, aber ebenfalls qualitatives und jeden bindendes Gleichgewicht einstellen.

Innerhalb des kybernetischen Denkens unterscheidet man zwischen „Steuerung" und „Regelung" von Systemen. „Steuerung" ist der Eingriff von außen, „Regelung" dagegen das automatische Funktionieren eines Systems aufgrund eines ersten Steuerimpulses. In der Praxis des zwischenmenschlichen Geschehens in der Industrie ist sehr wohl zu beobachten, dass eine Arbeitsgruppe (beziehungsweise: ein Arbeitsgefüge) zu einer „Selbstregulierung" gelangen kann. Eine Entwicklung dieser Art wird heute meist „Selbstorganisation" genannt. In diesem Zusammenhang ist an die schon länger debattierte „autonome Gruppe" zu erinnern. Man denke auch an die Versuche mit „Qualitätszirkeln" und „Werkstattgruppen". In allen diesen Fällen setzt man voraus („riskiert" man sozusagen), dass eine Gruppe im Prinzip unabhängig von einem Vorgesetzten als dem „formalen Führer" kooperiert und sich entfaltet.

Bemühungen um Gruppen, die sich selbst organisieren oder selbst organisieren sollen, halten sich unter anderem deshalb so hartnäckig, weil sie unsere ethischen Gesichtspunkte ansprechen. Warum sollte immer ein Vorgesetzter kommandieren müssen? Warum gibt man den Menschen nicht die Chance zu einer eigenverantwortlichen Gemeinschaftsarbeit? Warum muss immer die Hierarchie mit ihren bürokratischen Hemmnissen dazwischenfunken? Man hat jedoch aus zwei Gründen Anlass, etwas Wasser in diesen Wein zu gießen. Einmal ist „letzten Endes" einer verantwortlich; einer muss den „Kopf hinhalten" und gewinnt schon damit zwangsläufig eine Führerrolle, mag diese formell oder informell sein; und zweitens muss ja eine Selbstorganisation zielorientiert funktionieren, genau das ist zu gewährleisten. Dies wiederum muss derjenige garantieren, der „den Kopf hinzuhalten" hat.

Mit anderen Worten: Es ist sicher unter ethischem und auch unter motivationalem Aspekt sehr zu begrüßen, wenn eine Gruppe sich zu einem Team mit interaktionalem Gleichge-

wicht auf stabiler Grundlage findet. Damit, das darf man
nicht übersehen, wird auch der Führungskraft (dem formalen Führer dieser Gruppe) veranschaulicht, dass in der Tat ein
Team von sich aus entstehen kann; was dann auch heißt: die
Führungskraft braucht nicht mehr „einzugreifen", es ist ja bereits ein Team mit stabilem Gleichgewicht vorhanden. Die
Konstellation kann durchaus so sein. Dennoch ist aber in ihr
bereits ein „stiller Kontrollvorgang" vorweg erfolgt; beziehungsweise hat erfolgen müssen. Die jeweils verantwortliche
Führungskraft hat schließlich die Pflicht, zu prüfen, ob diese
Selbstorganisation im Rahmen des Ganzen, der unternehmerischen Zielsetzung und der Koordination mit anderen Abteilungen geschieht oder geschehen ist. Oft aber ist die Grup-
pen-Situation auch ganz anders. So kann es sein, dass die
Gruppen-Mitglieder sich zwar so weit einigen, dass ein interaktionales Gleichgewicht entsteht, die Führungskraft aber
mit der Art dieses Gleichgewichts (seiner Funktions- und
Machtverteilung) aus dem Gefühl ihrer Verantwortung heraus nicht zufrieden ist; etwa weil „großsprecherisch" auftre-
tende Mitarbeiter sich profilieren, während schwächere,
schüchterne aber tüchtige Mitarbeiter abqualifiziert eingeordnet sind. Merkt die Führungskraft das, ist sie verpflichtet,
steuernd einzugreifen. Man kann ihr nur sagen, dass sie das
möglichst früh erkennen und dann sofort handeln müsste. Es
kann natürlich auch sein, dass sich kurz- und mittelfristig ein
interaktionales Gleichgewicht „von selbst" nicht entwickelt;
etwa weil immer wieder Konflikte aufbrechen, oder weil aus
der Spannung zwischen Individualität und Konkurrenz sich
nur eine oberflächliche, brüchige Synthese herausbildet, die
schnell wieder eine Antithese entstehen lässt. In all diesen Fällen ist die Folge, dass die Mitarbeiter demotiviert sind und
warten, nämlich auf Führung!

Wir sahen, dass die Führung von Arbeitsgruppen sich als ein
dialektischer Prozess darstellt, der durch drei Phasen gekennzeichnet ist:

1. Anordnung und Zielsetzung (These),
2. die Reaktionen der Mitarbeiter auf diese Anordnungen und Ziele (Antithese) und
3. eine im Anschluss daran erfolgende Spezifizierung der ursprünglich gegebenen Anordnungen und Ziele. Diese Spezifizierung soll die Ideen der Mitarbeiter aufgreifen und eine Synthese zwischen den Anschauungen, Wünschen, Leistungsinitiativen der Mitarbeiter und den eigenen Zielvorstellungen (der Führungskraft) herstellen.

Die Synthese ist deshalb anzustreben, weil nur dadurch die Arbeitsgruppe zu einem Team wird und sie im „Teamwork" eine optimale Leistung für das Unternehmen bringt. Erschwerend zur Erfassung dieser Vorgänge ist es für die Führungskraft allerdings, dass diese zweite Phase, in der die Reaktionsweisen der Mitarbeiter entstehen und für die Arbeitsmotivation wichtig werden, ebenfalls nach dialektischem Muster abläuft. Die zwei ersten Phasen sind: Die Mitarbeiter konstituieren sich, suchen eine Einstellung („Forming") zu ihrer Aufgabe (These). Sodann entstehen Abstimm-Prozesse untereinander („Storming"), in der Regel über Konkurrenz-Mechanismen (Antithese). Und nun liegt es (davon ist „normalerweise" auszugehen) im wohlverstandenen Interesse der Gruppenmitglieder, dass sie sich selbst um einen Ausgleich dieser Spannungen bemühen. Daher entsteht dann der Trend zum interaktionalen Gleichgewicht (Synthese); und je deutlicher dieser Trend ist, desto leichter entsteht auch über die Selbstorganisation ein Team. Aus der Sicht der Führungskraft geht es nun darum, die Gruppe während dieser Phase zu beobachten und vor allem zwei „Kontrollen" durchzuführen:

– zu prüfen, ob der Trend zum interaktionalen Gleichgewicht in Gang kommt;
– ebenfalls zu prüfen, ob dieser Trend (sowie er sich darstellt) verantwortbar ist.

Die Führungskraft ist verpflichtet, für die Leistung der Gruppe zu sorgen. Sie hat deshalb die Steuerungsfunktion der Arbeitsprozesse; und da diese eng mit den sozialen Prozessen zusammenhängen (wer mit wem kooperiert, wer mit welcher Qualifikation zum Zuge kommt, wer welche Kompetenzen wem gegenüber hat), so hat sie auch hier die Steuerungsfunktion. Andererseits ist heute von ihr zu erwarten, dass sie die Mitarbeiter motiviert und sie deshalb zur Selbstregulierung anregt. Dies hängt mit dem Respekt und der Akzeptanz der Ansprüche des Einzelnen und des Teams zusammen, worauf jetzt einzugehen ist.

2.3 Die Ansprüche der Gruppenmitglieder: Persönlicher Erfolg und Teamerfolg

Das dynamische Geschehen innerhalb einer Arbeitsgruppe erkennt man noch präziser und detaillierter, wenn man es vom Gesichtspunkt der Ansprüche des einzelnen Gruppenmitglieds her sieht.

Die Arbeitsmotivation des Einzelnen würde sehr verkürzt interpretiert, erklärte man sie nur vom „Geld-verdienen-Wollen" her. Die Beschäftigung mit unserer Geistesgeschichte zeigt, dass die Arbeitsmotivation als Streben nach dem Sinn des Lebens und nach dem Sinn der Arbeit in ursprünglich religiösen Leitbildern verwurzelt ist. Es sind religiöse Werte – und damit geistige Werte – aus denen die Tugenden Fleiß, Disziplin, die Erarbeitung einer Fachkompetenz, die Verantwortung gegenüber dem Ganzen und gegenüber „dem Anderen" entwickelt worden sind. In Verbindung damit konnte sich die methodische Aktivität zur Erreichung von Zielen ausbilden, was die Bereitschaft zu persönlichem Verzicht auf „Konsum" im weiteren Sinne (etwa: Gestaltung der Freizeit) zur Erlangung eines als höher bewerteten Zieles einschließt. Dies heißt wiederum, dass es vorindustrielle Verhaltensnormen sind, von denen aus die Leistungen in der Industrie erbracht werden konnten. Dabei besteht in unserem Zusammenhang Anlass, sich bewusst zu machen, dass diese Normen mit der Orientierung auf die ökonomische und auf die soziale Effektivität identisch sind. Diese doppelte Zielsetzung als geistige Haltung, die in der heutigen Situation betont herauszustellen ist, hat es aber vor Aufkommen der Industrieentwicklung bereits gegeben; wenn sie auch unter dem Einfluss schwerer Krisen und der Dominanz marxistischer Gedanken ins Hintertreffen geraten ist. Man kann auch sagen: Diese geistige Haltung, die zur „Arbeitsmoral" wurde, gelangte in einen scharfen Gegensatz zu einer Haltung, die aus der Existenznot heraus nur auf das „Materielle" im Sinne des Ringens um das täglich Notwendige abgestellt war. Erst die Prosperität seit den fünfziger Jahren führte, insgesamt gesehen, aus dieser Enge wieder heraus.

Man hat also heute, deutlicher und bewusster als es normalerweise geschieht, davon auszugehen, dass der Mensch den Anspruch hat, im Beruf zu einem persönlichen Erfolg zu gelangen. Dieser Anspruch ist als Oberbegriff zu sehen, der sich konkret vor allem in den Ansprüchen zeigt, als Partner und Experte ernst genommen zu werden, sowie über einen Freiraum eigenverantwortlich verfügen zu können. Und es ist nun wichtig zu erkennen, dass diese Ansprüche nicht nur in der direkten Beziehung zur Führungskraft gestellt werden, sondern auch innerhalb der Arbeitsgruppe. Deshalb besteht der Ausgangspunkt der Interaktionen (als These, als „Forming") für jeden darin, die ihm übertragenen Aufgaben daraufhin zu überprüfen, ob sie ihm auch im Verhältnis zu den Kollegen als Partner und Experte Respekt verschaffen und ihm einen angemessenen Handlungsspielraum lasen. Deshalb auch schleichen sich in die Prozesse des Sich-Formierens leicht die Versuche ein, den eigenen Einflussbereich vergrößern zu wollen („richtig betrachtet ist das meine Kompetenz"). Bei konsequenter Fixierung des Arbeitsablaufs bleibt dem Einzelnen nur die Beschwerde beim Vorgesetzten; hierzu gehören die

Klagen, die Arbeitsanforderungen seien ungerecht verteilt, die Stellenbeschreibung und Arbeitsbewertung müssten überprüft werden. In den meisten Fällen bleibt bei der Ablauforganisation doch ein Feld, in dem Tätigkeitselemente hin und her geschoben werden können. Hierher gehören die Versuche in der Fertigung, einen Auftrag „mit gutem Akkord" zu bekommen; in der Verwaltung ist das Bemühen um den besser ausgestatteten Arbeitsplatz bekannt. Es kann also durchaus sein, dass der Anspruch auf persönlichen Erfolg gegen den Anspruch auf Team-Erfolg gerichtet ist. In diesem Zusammenhang gibt es Versuche von Einzelnen, sich durch Schaffung einer Nische aus der Konkurrenz herauszuhalten. „Wenn das, was hier zu beobachten ist, Schule macht, dann haben wir lauter Inseln, aber es entsteht kein Netzwerk", so lautet der Kommentar eines Kollegen. Es gehört aber zu den positiven Seiten der Konkurrenz, dass dies nicht möglich ist. Über kurz oder lang (meist dauert es nicht lang) gerät jeder in die Konkurrenz hinein und der dialektische Prozess setzt wieder ein.

Generell lässt sich also die dialektische Dynamik der Arbeitsgruppe unter dem Aspekt der Ansprüche des Einzelnen wie folgt beschreiben: Der Einzelne sucht seinen persönlichen Erfolg im Beruf (These). Im Zuge seiner Aktivitäten zur Erlangung dieser Erfolge kommt er (ob er das will oder nicht) in Konkurrenz mit anderen Gruppenmitgliedern (Antithese). Nicht zuletzt durch das Sich-Auseinandersetzen mit der Konkurrenz wird dem Einzelnen dann der Nutzen eines Teams als Optimierung, ja als Potenzierung der Kräfte aller Teammitglieder deutlich. Konkurrenz, das heißt auch: sich besser kennen und schätzen lernen, heißt (auch hier: ob man das will oder nicht) Veränderung der zwischenmenschlichen Beziehungen im Sinne des „Sich-näher-Kommens". Es entstehen Gespräche, die Vertrauen schaffen! Gegenseitige Hilfsangebote folgen. Damit wächst die Gruppe zu einem Team zusammen, in dem jeder Einzelne zwar von seinen ursprünglichen Strebungen einiges aufgeben musste, dafür aber anderes bekommen hat. In der Regel ist es so, dass jeder sich auf bestimmte Tätigkeitsfelder und Kompetenzen einstellt; möglichst auf solche, die ihn mehr interessieren und (oder) für die er mehr Qualifikationen mitbringt. Dafür gibt er andere Verpflichtungen ab, auch hier möglichst solche, die ihm nicht so liegen oder die doch ein Kollege besser oder leichter zu leisten vermag. Die Verbesserung der zwischenmenschlichen Beziehungen, der Kommunikation, des gegenseitigen Verständnisses, die ist es denn auch, die jedem vor Augen führt, dass er im Team mehr Erfolg hat denn als „Einzelkämpfer"; und dass das Team als solches erfolgreich ist, indem es die Leistung bringt, die dem Unternehmen einen höheren Nutzen verschafft. Das Team als Gemeinschaft ist auf einmal wichtiger als der Eifer eines Einzelnen. Die Synthese als gemeinsame Aktivität, die lässt ein Erfolgsgefühl entstehen, das als wichtig und wertvoller empfunden wird im Vergleich zum persönlichen Bemühen ohne Berücksichtigung (ja ohne Rücksicht auf die Ansprüche) des anderen.

Es ist leicht zu sehen, dass hier Konstellationen angesprochen werden, deren Problematik speziell vom dialektischen Modell her zu erkennen ist. Einzelne streben eigensinnig Erfolge an und wollen diese unabhängig von anderen erreichen. Sie wollen der Konkurrenz ausweichen und sehen nicht, dass sie längst in einer Antithese stecken; und zwar ist das eine verhärtete Antithese, aus der eine Weiterentwicklung zum interaktionalen Gleichgewicht „von selbst" kaum möglich ist. Meist kann hier nur der steuernde Eingriff der Führungskraft lösend wirken. Es geht bei diesem Streben nach persönlichem Erfolg natürlich stets um die Einsicht, dass dieser nur in Verbindung mit den anderen Gruppenmitgliedern erreicht werden kann. Die Konkurrenz als Antithese ist dabei die (mehr oder minder deutliche) „Auseinandersetzung", von der aus das Denken eines jeden in die Bewegung auf den Sinn der Teamarbeit hingelenkt wird. Der steuernde Eingriff kann diese „Auseinandersetzung" initiieren oder auch provozieren. In den meisten Fällen freilich entsteht diese Einsicht auch ohne

Führungskraft, ja sie ist längst latent vorhanden. Wir sagten, dass die sich hieraus gebildeten Arbeits-Normen auch auf das Ziel bezogen sind, Erfolg für das Unternehmen zu erwirtschaften; nach dem Motto: Durch eigene Qualität zur Qualität des Produktes – und gleichzeitig: ohne Erfolg des Ganzen gibt es auch keinen persönlichen Erfolg.

Im Grunde bekommt man in diesem Kontext die ebenfalls dialektisch zu betrachtende Spannung zwischen Ichbezogenheit und soziokultureller Position des Einzelnen, zwischen dem Menschen als egozentrisches und als soziales Wesen ins Blickfeld. Auf der einen Seite ist der Mensch Egoist; auf der anderen Seite doch bis zu einem gewissen Grade auch Altruist. Jedenfalls ist er in zwischenmenschliche Beziehungen eingebunden und mindestens konfrontiert mit der Verantwortung für den Erhalt dieser Beziehungen und den Aufbau einer Gemeinschaft. Zunächst ist hier aber das Erfolgsmoment zu sehen. Der Einzelne ist auf sich bezogen, weil er Erfolg sucht. Und er wird sich dann (meist freilich erst in einem zweiten Denkschritt) dessen bewusst, dass er insofern Erfolg hat, als die Gemeinschaft, in der er sich befindet, erfolgreich ist.

2.3.1 Der Anspruch auf Team-Gefühl und Team-Bewusstsein

Team ist erreichte Synthese. Und in unserem Zusammenhang ist es wichtig, sich vor Augen zu führen, dass der Mensch „eigentlich" eine solche Synthese erstrebt. Er will sich persönlich entfalten; aber es entsteht gleichzeitig der Wunsch, dies im Team zu erreichen. Er verursacht eine Konkurrenz oder er gelangt unversehens in eine solche hinein; er will sie aber überwinden und eine Gemeinschaft aufbauen oder aufbauen helfen. Der Mensch als soziales Wesen hat – wenn auch oft uneingestanden – ein starkes Verlangen nach einem Team, in dem er sich aufgehoben fühlt, in dem er anerkannt wird, in

dem er auch für andere und damit gleichzeitig für sich selbst
wirken kann. Natürlich konstituieren sich Familie und Freun-
deskreis als ein solches Team. Und „natürlich" ist es auch,
dass die Arbeitsgruppe, in der Menschen als Mitarbeiter „permanent" (jedenfalls über einen gewissen Zeitraum und innerhalb dieses Zeitraums dann während des ganzen Arbeits-
tages) in Kooperation sind, sich auf ein Team hin entwickelt.

Erinnern wir uns, dass HOMANS „Aktivität", „Interaktion"
und „Gefühl" als die drei charakteristischen Elemente der sozialen Gruppe betrachtet. Für Gestalt und Erhalt des Teams
ist davon sicher „das Gefühl" das wichtigste Element; und
zwar deshalb, weil das Gefühl die Erlebnisseite des Menschen
beschreibt. Der Mensch möchte in der Gruppe das Erlebnis
des „Sich-Wohlfühlens". Deshalb sucht er auch im Arbeitsleben ein Team. Er will sich freuen, im Team zu sein, seine Gefühle der Zuneigung hier zeigen und entfalten zu können. Das
ist zunächst sein Team-Gefühl. Er will aber gleichzeitig positives Echo auf seine Gefühlsäußerung. Er will, dass auch die
anderen sich freuen, in diesem Team zu sein; und dass damit
gleichsam eine gewisse Objektivierung des Team-Gefühls entsteht. Dabei ist davon auszugehen, dass subjektives und ob-
jektiviertes „Gefühl" dieser Art auch bei Kooperationsvor-
gängen entsteht, die weitgehend von der Technik bestimmt
werden (gefügeartige Kooperation). Und man darf nicht vergessen, dass es immer um den Erfolg geht. „Erfolg" entsteht
durch Erbringen einer qualitativ einwandfreien Leistung, die
vom Vorgesetzten und vom Unternehmen als solche anerkannt wird. Es geht dabei um das Erleben jenes geheimnis-
vollen Potenzierungseffektes, nach dem die Gruppe wirkungsvoller arbeitet als bei Addition der Einzelaktivitäten
herauskäme. Dieses Erlebnis ergänzt (oder auch: bewirkt erst)
den Prozess der Harmonisierung der sozialen Beziehungen in
der Gruppe. Mit „Anspruch des Einzelnen auf Team-Gefühl"
ist also diese Kombination gemeint: persönliche Zufriedenheit, ja Begeisterung, in einem guten Team zu sein; und das
Empfinden, dass die Kollegen genauso reagieren. Ferner: Der

hieraus entstehende Arbeitselan mit Ziel erreichender produktiver Leistung, die damit gleichzeitig eintretende Harmonisierung der Interaktionen, das gute Sich-Miteinander-Ab-
stimmen, das Sich-Verstehen – zu diesem Sich-Verstehen
gehört dann auch das (wohlgemerkt auf der Basis der Leistung entstehende) Bemühen, die Schwächen einzelner auszu-
gleichen; beziehungsweise Teammitglieder, die Probleme haben, „aufzufangen".

Es ist schon so: Ohne positive Gefühle kein Team, keine Leis-
tungsgemeinschaft, kein „Teamwork" – aber die Priorität
des Gefühls darf nicht zu weit getrieben werden. Gefühle, so
muss man sehen, können trügerisch sein; Zuneigung kann in
Abneigung umschlagen, sich auf einen anderen richten oder
schlicht „eintrocknen". Es fällt auf, dass HOMANS auf das
Denken und den bewussten Willen nicht eingeht, wobei er
sich im Trend der heutigen Psychologie befindet. Demgegenüber ist von einem gängigen psychologischen Modell her
zu sagen: Der Einzelne tritt in die Arbeitsgruppe nicht nur mit
seinem Eltern-Ich und Kind-Ich ein, sondern auch mit seinem
Erwachsenen-Ich. Er überlegt, was die Gruppe ihm bieten
kann, wer potenzieller Konkurrent ist, wer ihm wo überlegen
ist und wem er wo überlegen ist. Sein Verhalten in der Gruppe wird also nicht nur vom „Gefühl", sondern auch von der
„Rationalität" bestimmt: Dabei ist es die subjektive Rationalität im Sinne H. A. SIMONs, um die es nur gehen kann[29];
das heißt diejenige Rationalität, die bei jedem von seinen
Kenntnissen und Informationen her begrenzt ist. Aber diese
Art der Rationalität sagt ihm ja gerade, wie wichtig ein Team
ist, weil jeder Kollege ihn in seinem begrenzten Wissen zu ergänzen vermag, und man damit zu einer großen und weitgehend „objektiven Rationalität" gelangt!

„Anspruch auf Team-Bewusstsein" heißt deshalb: der Anspruch an sich selbst und an die anderen Gruppenmitglieder,
die im Gruppenprozess auftretenden dialektischen Spannungen mit dem Denken her bewältigen zu müssen und zu kön-

nen. Ein stehender Ausdruck dafür ist: „Unter erwachsenen Menschen muss man doch erwarten können ...", nämlich, dass man Konkurrenz-Vorgänge und Konflikte mit Vernunft löst, dass man die Bedeutung eines eingespielten und erfolgreichen Teams sich sehr wohl auszudenken vermag. Dieses Team-Bewusstsein soll und wird dann die Grundlage sein, auf der das Team-Gefühl entstehen und (oder) stabilisiert werden kann.

2.3.2 Der Anspruch auf Team-Ordnung und Team-Geltung

Wir haben uns weiterhin zu verdeutlichen, dass der Mitarbeiter einen Anspruch auf Team-Ordnung hat. Er erlebt die Phasen des Forming und des Storming, die (wie wir sahen) nicht negativ zu bewerten sind, die aber doch Unruhe schaffen; und aus dieser Unruhe heraus sucht er Stabilität. Diese Stabilität wird teilweise organisatorisch vorgegeben, so durch die Fixierung des Arbeitsablaufes mit Arbeitsverteilung, mit Stellenbeschreibung und Arbeitsbewertung. Sie wird aber auch durch das interaktionale Gleichgewicht konstituiert, in dem jeder seinen Platz gefunden hat.

Der ursprüngliche Drang nach Ordnung, der dem Menschen innewohnt, darf nicht unterschätzt werden. In der Praxis gibt es den Spruch „Jeder will wissen, wo er steht"! Er will seine ihm delegierten Ziele, Aufgaben und Termine kennen und dann ohne Distress danach arbeiten. Er will wissen, wer sein Nachbar ist; er will erfühlen, wer ihm wie weit hilft (helfen kann oder helfen will). Er will sich gleichsam in diesem Team (nach Anpassungsprozessen) einrichten. Eine solche Ordnung schafft Vertrauen. Nun weiß im Grunde jeder, dass es auch in einer Arbeitsgruppe nur eine relative Stabilität geben kann. Es gibt eben immer wieder Veränderungen. Entscheidend ist aber, dass diese bei Bereitschaft der Teammitglieder zu Anpassungsvorgängen vom dynamischen Gleichgewicht her aufgefangen werden. Anders gesagt: Die Wandlungen werden

positiv gesehen, weil sie auf der Basis der bestehenden Ordnung bleiben oder weil die neue Ordnung mit Respekt vor
dem Anspruch des Einzelnen hergestellt wird.

Mit dem Stellenwert der Ordnung, da ist es so eine Sache.
Während innerhalb sozialer Organisationen, speziell in Unternehmen, die Ordnung früher sicher überbetont wurde, ist
in der Literatur in den letzten Jahren ein Gegenschlag festzustellen. Ordnung ist plötzlich ein Wert, der in Verbindung mit
Pünktlichkeit, Gehorsam, (unbesehenem) Pflichtbewusstsein
gebracht wird. Im Rahmen des analysierten Wertewandels in
unserer Gesellschaft werden diese Werte abgelehnt bzw.,
zurückhaltender gesagt, wird ihnen nicht mehr der Rang eingeräumt wie früher. Demgegenüber sind Werte wie Selbstverwirklichung, Autonomie, Kreativität in den Vordergrund
gerückt.

Damit, und hier hat man dann doch Schwierigkeiten, wird die
Ordnung innerhalb der Organisation deutlich abgewertet,
und zwar zugunsten von Eigeninitiative, von Chancen zum
Überschreiten hierarchischer Grenzen. Das hört sich alles
recht sympathisch an, und als „Vision" ist das ja auch in der
Tat bestechend. Aber wenn man Firmen, die PETERS und
WATERMAN zu denjenigen zählen, die Spitzenleistungen erbracht haben[30], etwas näher von innen kennt, dann muss einem das dialektische Modell schnell vor Augen treten. Es gibt
das alles, die schnell entstehenden Problemlösungsgruppen,
die unabhängig von der Machtstruktur agieren. Es gibt den
freien Zugang eines jeden Mitarbeiters zu den Chefs in der
oberen Etage. Es gibt die Chance – ja es wird von der Ge-
schäftsführung als Verpflichtung bezeichnet – dass jeder, der
eine aufbauende Idee hat, diese auch umsetzen soll. Dafür
kann er ein Team suchen, dafür kann er werben, dafür kann
er in die interne Konzeptions-Konkurrenz gehen. Das ist aber
nur die eine Seite; es ist die Antithese zur Ordnung und Stabilität, die ihrerseits wie eh und je von der hierarchischen
Struktur bestimmt, aufgebaut und im Zweifel wiederherge-
stellt wird.

Deutlicher als der Anspruch auf Teamordnung tritt beim Einzelnen der Anspruch hervor, zu einer Gruppe gehören zu wollen, die Geltung besitzt. Diese Geltung bezieht sich zunächst auf das Management des Unternehmens; aber sie umfasst auch den Ruf, den eine Gruppe innerhalb der Beschäftigten generell genießt. Bei einer solchen Geltung verbinden sich meist mehrere Ursachen. Da ist einmal die Funktion, die bei manchen Gruppen als dominantes Moment hervortreten kann, etwa im Verkauf, in der Buchhaltung, in der Montage. Dann ist das der Ruf der Qualität in der Arbeit, die einer Gruppe vorausgeht. Geltung bringt auch, was nicht zu übersehen ist, wenn bekannt wird, dass ein Team im Wissen um die Bedeutung der Ordnung doch um eine Ordnung bemüht ist, die gleichsam eine eigene Handschrift trägt. Hierzu zählen vor allem die Prozesse der Selbstorganisation (beschrieben im Vierten Teil), aber auch das Sich-Herausbilden informeller Führer.

2.4 Führung heißt: Unterstützung des Anspruchs auf Teamerfolg und In-Anspruch-Nehmen

In Anspruch nehmen heißt, die Kräfte, Fähigkeiten und die Einsatzbereitschaft der Mitarbeiter ansprechen und mobilisieren, um sie auf die Erfüllung der Unternehmensziele zu richten. Wenn man das so ausdrückt, dann steht dahinter das Menschenbild, dass der Mitarbeiter in dieser Weise in Anspruch genommen werden will. Freilich will er das nur in Verbindung mit seinem Bestreben, die eigenen Ansprüche, die er dem Beruf gegenüber hat, gleichfalls zur Erfüllung zu bringen. Diese Konstellation gilt nicht nur für das Verhältnis der Führungskraft zu dem einzelnen Mitarbeiter, sondern auch zur Gruppe als sozialer Einheit.

Es ist also auch hier wichtig, Ansprüche der Arbeitsgruppe – genauer gesagt: der einzelnen Beschäftigten als Glieder einer bestimmten Gruppe – zu erkennen, zu respektieren und (hier würde ich noch stärker als beim Führungskraft-Mitarbeiter-Verhältnis formulieren) in ihrer Entwicklung und Realisierung zu unterstützten.

Die wichtigste Motivation des Mitarbeiters liegt darin, einen Berufserfolg zu erreichen. Er will nach Hause gehen können mit dem Bewusstsein, an Kenntnissen, Einsichten und persönlicher Weiterentwicklung gewonnen zu haben. Und er weiß und erlebt, wenn die Zusammenarbeit wenigstens einigermaßen läuft, dass eine Teamarbeit ihm den Zuwachs an Können und Selbstbewusstsein noch viel intensiver vermittelt. Speziell in diesem Zusammenhang sind die Ansprüche auf Teamordnung und Teamgeltung zu verstehen. Nur durch Ordnung gelingt die Gruppenarbeit. Nur durch sie hat die Gruppe die Möglichkeit, sich als eigenes System zu profilieren. Und das Erlebnis der Teamgeltung hat eine positive Rückwirkung auf das Bewusstsein, als Person eine Bestätigung und Vertiefung der Anerkennung zu erhalten, und zwar bei der jeweiligen Führungskraft wie im Unternehmen generell.

Führung heißt also eine *Politik zu entwickeln, innerhalb der die Mitarbeiter mit einer gewissen Selbstverständlichkeit zu einer Befriedigung ihrer Ansprüche gelangen.* Die Ordnung (insbesondere in der Arbeits- und Ressortverteilung) ermöglicht eine zielgerichtete Kooperation dieser sozialen Einheit. Dabei bringt die heute von jedem Mitarbeiter geforderte partizipative Rationalisierung (siehe: vierter Teil) die nötige Chance zur Kreativität. Nicht zuletzt muss eine Führungskraft wissen, dass sowohl die Gefühle wie das Bewusstsein Träger der Werte sind und dies entsprechend beachten.

Gelingt diese Politik des Managements, bzw. gelingt es einer Führungskraft, über die Respektierung, Mobilisierung und Befriedigung der Ansprüche des Mitarbeiters ihn zu verpflichten, seine Energien, Kenntnisse und auch seine Begeisterungsfähigkeit im Sinne der Zielerfüllung des Unterneh-

mens einzusetzen – ihn insofern in Anspruch zu nehmen –
dann ist eine Synthese erreicht. Es ist eine Synthese in Gestalt
eines interaktionalen Gleichgewichts, das innerhalb einer
Gruppe und auch im Verhältnis der Gruppe zur Führungskraft entsteht. Synthese kann dabei nicht heißen, dass die
Konstellation und die Struktur der zwischenmenschlichen Beziehungen so bleiben, wie sie einmal waren oder gerade sind.
Auch diese Synthese kann schnell Ausgangspunkt (These) für
eine neue dialektische Entwicklung werden. Es kann jeweils
nur eine Synthese mit einem einigermaßen stabilen Charakter erstrebt werden, die tragfähig ist; und von der deshalb die
Leistungssteigerung ausgeht. Führung als Steuerung der Dialektik kann immer nur heißen, die Bewegungen des Teams so
zu formen, dass jede neue Synthese im Sinne der Orientierung
auf die ökonomische und soziale Effektivität optimaler gestaltet wird.

3. Führung als Schaffen und Pflegen einer Gesprächskultur

3.1 Das Gespräch als dialektischer Prozess

Wie in jeder Gemeinschaft, so ist in der sozialen Organisation von Wirtschaft und Verwaltung die Bedeutung des Miteinander-Sprechens kaum hoch genug einzuschätzen. Das Miteinander-Sprechen ist „Dialog". Seit PLATO wird im Dialog die Urform der Dialektik gesehen: Der Sprecher, der den Dialog beginnt, entwickelt eine These, auf die der Gesprächspartner mit einer Antithese reagiert. In Folge der Produktivität des Widerspruchs entstehen im Laufe des Dialogs neue Gesprächs-Positionen, die Klärung der unterschiedlichen Standpunkte und Annäherung der Inhalte bewirken. Über eine Reihe von Schritten, die stets kleinere oder größere Synthese-Elemente mit sich bringen, gelangt man dann zu einer Synthese, in der eine inhaltlich reichere Perspektive und tiefere Einsicht (in Bezug auf die behandelte und umstrittene Thematik) zustande kommt.

Freilich ist es nicht selbstverständlich, dass sich ein Dialog in dieser Form klarer („klassischer") Dialektik entwickelt. Es gibt Gespräche genug, die oberflächlich „dahinplätschern", in denen „um des Kaisers Bart" gestritten wird, in denen bestenfalls ein Unterhaltungswert zu finden wäre. In unserem Zusammenhang kann es nur um Dialoge gehen, in denen substantielle Inhalte mit zielorientierter Absicht besprochen werden. In den philosophischen Dialogen wird die Wahrheit gesucht; und SOKRATES ist es, der durch geschickte und überlegte Fragen Reaktionen provoziert, deren Besprechung dann ein Schritt zu mehr Wahrheit bewirkt. Das heißt, dass im *platonischen Dialog* mit seiner Dialektik ein ethisches Leitziel dem Gespräch den entscheidenden Impuls gibt. Es wäre sicher zu hoch gegriffen, wollte man dieses Leitziel als eigentliche Messlatte für die Gespräche in sozialen Organisationen

ansetzen. Und doch vermag uns die platonische Grundhaltung den wesentlichen Anstoß zu geben. Nach unserer Darstellung nämlich wird deutlich, dass die zweckorientierten
Gespräche in einem Unternehmen auf die beiden Leitziele –
eine ökonomische und eine soziale Effektivität zu erreichen –
konzentriert werden müssen. Und dabei ist hinzuzufügen,
dass diese Ziel-Kombination durchaus als ethische, nämlich
als wirtschaftsethische Ziel-Synthese zu gelten hat.

Zwischen Führungskraft und Mitarbeitern vollziehen sich
die zentralen Kommunikations-Vorgänge in einem Unternehmen. Diese finden in allen betrieblichen Bereichen statt.
Sie zeigen sich bei Planung und Gestaltung der Arbeitsabläufe, bei Durchführung und Kontrolle derselben; und damit
auch bei allen Vorgängen, die der Rationalisierung dienen.
Desgleichen prägen sie die markt- und kundenbezogenen
Vorbereitungen und Aktionen (hier speziell: diejenigen zwischen dem Verkaufsleiter und dem Verkäufer). Anders formuliert: das Gespräch mit dem Mitarbeiter aufbauen, gestalten, pflegen, das hat als wichtige, ja ganz zentrale Führungsaufgabe (als zentrales „Führungsmittel") zu gelten. Wenn wir
beschrieben haben, dass die Arbeitsbeziehungen zwischen
Führungskraft und Mitarbeiter nach dem dialektischen Muster ablaufen, so ist hier zu akzentuieren, dass die Steuerung
der Dialektik durch Führungsgespräche zu erfolgen hat. Gewinnen des Mitarbeiters durch Respektierung seiner Ansprüche; die Aktivität, auf den Mitarbeiter zuzugehen, seine
Energie und Tatkraft auf die Unternehmensziele zu lenken,
das kann sich nur über Gespräche vollziehen. Und immer hat
man sich dabei den dialektischen Ablauf vor Augen zu
führen: die Führungskraft gibt zunächst jedenfalls den Anstoß. Je nach Art der Konstellation gibt sie einen engeren oder
weiteren Anerkennungsrahmen, sucht sie Information, fragt
sie nach der Auffassung und Denkweise des Mitarbeiters
(These). Damit wird gleichzeitig der Mitarbeiter angeregt,
sich zu äußern, seine Auffassung einzubringen, auch Kritik zu

üben (jedenfalls soll er dazu angeregt werden). Auf diese Antithese hin wird erneut die Situation besprochen und zu einem
Resultat geführt, bei dessen Formulierung die Führungskraft
entscheidend ist, in das aber auch die Ideen und Bedenken des
Mitarbeiters einbezogen werden (sollen). Und im partizipativen Führungsstil wird erwartet, dass der Mitarbeiter mit der
so getroffenen Entscheidung auch inhaltlich übereinstimmt.
Nur dann lässt sich von einer tragfähigen Synthese sprechen.

3.2   Die Gestaltung formaler Mitarbeitergespräche

3.2.1 Die partnerschaftliche Gesprächsführung

Es ist jetzt gleichsam die „bange" Frage zu stellen, ob und in-
wieweit die Führungskräfte überhaupt in der Lage sind, mit
den an sie berichtenden Beschäftigten Gespräche zu führen,
die leitzielbezogen und aufbauend sind. Man muss sich sicher
hier vor Pauschalurteilen hüten; ich denke allerdings, dass ein
Blick in die Praxis zeigt, welch erhebliches Defizit auf diesem
Felde besteht. Dies wird begreiflich, wenn man sich verdeutlicht, dass eine „Gesprächskultur" zwischen zwei Personen
geschaffen und gepflegt werden soll, bei der die eine über eine höhere Position und Macht verfügt als die andere. Wie
kann überhaupt, so heißt das doch, ein Dialog entstehen, der
diesen Namen verdient, wenn die Führungskraft aufgrund ihrer hierarchischen Stellung eindeutig zu dominieren und an-
zuordnen vermag? Und was die jeweiligen rangniederen Mitarbeiter betrifft: Werden sie sich auf Gespräche einlassen, in
denen der Ranghöhere jederzeit alle Argumente vom Tisch
wischen und seine Konzeption diktieren kann? Und ferner:
werden die Mitarbeiter nicht dann, wenn es um ihre Interessen geht, im Gespräch ausweichend antworten, sich abkap-
seln, sich tarnen? Die hierarchische Schranke, so wird man
hinzufügen können, ist es auch, die eine Führungskraft verunsichert. Es wird ihr eine institutionale Autorität zuerkannt.

Wie soll sie denn Gespräche führen, in denen die Mitarbeiter
ihr Wissen und ihre Auffassungen zur Geltung bringen wollen; schadet das nicht ihrer festgelegten und geforderten Autorität?

Die Möglichkeit, hierarchische Barrieren vom Gespräch her
zu überwinden, gibt es, und sie lässt sich auch hier von der
soziologischen Rollen-Theorie veranschaulichen. Die Position einer Führungskraft, die kann man als Struktur mehrerer
integrierter sozialer Rollen darstellen, bei der je nach Umständen, nach den jeweiligen Anforderungen eine Rolle dominant ist bzw. speziell angesprochen wird. Ändert sich eine
bestehende Situation, so kann oft recht schnell auch eine andere Rolle in den Vordergrund treten. Im Zusammenhang mit
den Mitarbeitergesprächen fällt insbesondere die Gliederung
in „Vorgesetzten-Rolle" und „Partner-Rolle" ins Gewicht.
Von der institutionalen Autorität her, da ist die Führungskraft
„Vorgesetzter". Eine Gesprächsführung kann aber nur Erfolg
haben, wenn die Führungskraft sich in die Rolle des Partners
begibt und damit dem Anspruch des Mitarbeiters entspricht,
als Partner und als Könner in seinem Fach betrachtet und anerkannt zu werden.

Man steht in Industrie und Verwaltung also vor der Aufgabe, die Gestaltung der Führungskraft-Mitarbeitergespräche
durch eine partnerschaftliche Gesprächsführung inhaltlich zu
optimieren und dadurch deutlich besser auf die beiden Leitziele hin auszurichten. Und das grundlegende Anliegen des
Unternehmens muss darin bestehen, die Mitarbeiter darauf
einzustimmen; und zwar speziell durch Trainingsmaßnah-
men und Workshops. Was das Führungskräfte-Training betrifft, so gibt es hierzu eine reichhaltige und praxisnahe Literatur. Wir wollen uns hier darauf konzentrieren, die dialektischen Vorgänge, Zusammenhänge und Entwicklungslinien
herauszuarbeiten. Man gelangt damit auch zu tiefergehenden
Analysen.

Wenn der partizipative Führungsstil als das unserer demokratischen Gesellschaft angemessene Führungsverhalten betrachtet wird[31], dann ist die partnerschaftliche Gesprächsführung das hier einzuordnende Kernelement. Schwerpunkt-
mäßig bedeutet das:

1. Die Führungskraft muss sich der Bedeutung des Gesprächs
   mit dem Mitarbeiter zur Schaffung und Erhaltung einer
   guten sozialen Atmosphäre (eines guten „Betriebsklimas")
   bewusst sein. In und durch das Gespräch besteht die Chance, „das Miteinander" von hierarchisch verschiedenen
   Ebenen zu verbessern. Prinzipiell sind dabei alle Arten von
   Besprechungen gemeint. Die Führungskraft hat einmal auf
   die Pflege der im Alltag sich ergebenden bzw. erforderlich
   werdenden Gespräche zu achten. Insbesondere sind die im
   Funktionskreis von Zielsetzung, Planung, Durchführung
   und Kontrolle entstehenden Absprachen hier zu nennen.
   Und dazu zählen diejenigen Gespräche, die notwendig
   werden, wenn etwas nicht so läuft, wie es vorgesehen war,
   also Kritik- und Konflikt-Gespräche. Es besteht immer die
   Gefahr, dass die Führungskraft dann, wenn Kontakte und
   Kooperation schwierig werden, aus der Partner-Rolle
   „aussteigt" und die Vorgesetzten-Rolle einnimmt. Das besagt, dass die „Anordnung" wieder den zu erarbeitenden
   Konsens ersetzt. Realistisch betrachtet wird das nie ganz
   zu vermeiden sein; in jedem Falle aber ist die Führungskraft gehalten, so schnell wie die jeweilige Situation es erlaubt, erneut in die Partner-Rolle zurückzugehen.

2. Im Führungskraft-Mitarbeiter-Verhältnis hat die Führungskraft die überlegene Position. Die Mitarbeiter sind
   und fühlen sich schwächer; sie sind teils gehemmt, können
   zu dem Vorurteil neigen, dass nie ein wirkliches Gespräch
   zustande kommen kann (eventuell haben sie derartige Erfahrungen mit einem Kritik- oder Konflikt-Gespräch gemacht). Jedenfalls ist in dieser Lage von der Führungskraft

die Initiative zu verlangen, auf den Mitarbeiter einzugehen und das Gespräch zu beginnen. Dies wird nicht immer leicht sein; die Führungskraft muss dies wissen, und damit auch von vornherein davon ausgehen, sich mit Geduld zu wappnen und eine Gesprächs-Reihe einzuplanen.

3. Grundlegend für die partnerschaftliche Gesprächsführung ist die *Empathie*, das heißt das Sich-Hineinversetzen in die Denkweise und Gefühle, in die Strebungen und Sorgen des Mitarbeiters sowie in dessen Kernkompetenz. Damit vermag die Führungskraft den jeweils bestehenden Aufgaben-Katalog auch aus der Sicht des Mitarbeiters, der diesen oder Teile desselben übernehmen soll, zu betrachten.

4. Insbesondere von dem Rollen-Segment „Partner sein" stößt man auf die bekannte Forderung an die Führungskraft, *gut zuhören* zu können und zu wollen bzw. diese Qualifikation zu verbessern. Partnerschaftliche Gesprächsführung, das umgreift ganz bewusst, die Argumente des Mitarbeiters mit einzubeziehen. Man kann sagen, dass sich das dialektische Modell hier an dem Erreichen einer übereinstimmenden Auffassung durch gegenseitige Beratungsprozesse orientiert. Die Führungskraft berät die Mitarbeiter; sie erwartet aber auch die Beratung seitens des Mitarbeiters; und zwar aus dessen partnerschaftlichem Denken sowie aus dessen Kenntnissen und Einsichten als Experte. Aus diesen jeweils als These und Antithese zu sehenden Interaktionen soll eine Einigkeit (Synthese) in der Perspektive und für die zu treffenden Entscheidungen entstehen.

5. Nun ist freilich nicht zu übersehen, dass es sich bei dieser partnerschaftlichen Gesprächsführung zunächst einmal um ein von demokratisch-ethischen Werten bestimmtes „Soll" handelt. Wie weit und wie intensiv es in die betriebliche Realität umgesetzt wird, das steht dahin. Auf der anderen Seite kann man auch nicht einfach sagen, diese

Partner-Orientierung sei lediglich ein Soll. Man findet in
der Praxis durchaus Kooperations-Verhältnisse, in denen
die Partner-Idee mit der gegenseitigen Beratung in er-
staunlicher Weise wirksam geworden ist. Dem gegenüber
stehen andere Erfahrungen, in denen man darauf stößt,
dass die Mitarbeiter mit undurchsichtiger Miene vor sich
hinschaffen und die Führungskraft ihre Bemühungen
längst aufgegeben hat, zu substantiellen Gesprächen über
eine sinnvolle Gestaltung der Arbeit zu gelangen. Es kann
in der Tat für eine Führungskraft recht schwierig sein, den
Impuls zum Anstoß von Gesprächen immer wieder aufzu-
bringen. Im Übrigen ist noch einmal zu betonen: Es ist
nicht zu vermeiden, dass eine Führungskraft von dem
Zwang zur Erfüllung ihrer Aufgaben und zum Treffen von
Entscheidungen aus der Partner- in die Vorgesetzten-Rolle wechseln muss. Man hat sich nur darüber im Klaren zu
sein, dass in einem solchen Fall das Gespräch zu Ende ist.
Und schon deswegen ist jede Führungskraft anzuhalten,
nach Beruhigung einer Situation wieder in die Partner-Rolle überzugehen und das Gespräch neu aufzubauen. Ganz
wesentlich in diesem Zusammenhang ist es, dass die Mitarbeiter einen Rollen-Wechsel ihrer Führungskraft als eine berufliche Zwangssituation sehen, der sie nicht ausweichen kann. Wenn die Mitarbeiter das nicht verstehen,
dann nehmen sie gerade diesen Umschlag von der Empathie zur harten oder hart erscheinenden Anordnung als
Grund, einer Führungskraft „Unglaubwürdigkeit" vorzu-
werfen.

6. Diese Konstellation, dass eine Führungskraft sich (oft
   mehrfach) gezwungen sieht, aus der Partner- in die Vorgesetzten-Rolle zu wechseln, entsteht leicht in Verbindung
   mit technisch-organisatorischen Wandlungen, die (mehr
   als man es sehen will) soziale Wandlungen im Gefolge haben. Man denke an Veränderungen der Stellung und Position, an neue Arbeitsbewertung oder an Funktionsverla-
   gerungen. Und gerade hier, wo ein „Change Manage-

ment" verlangt wird, werden betreuende und motivierende Gespräche wichtig, in denen die Mitarbeiter ihre Bedenken und Wünsche zu äußern vermögen. Gerade hier
bildet die gegenseitige Beratung die Basis, von der aus Be-
schlüsse gefasst werden können und sollen, hinter denen
die Mitarbeiter stehen.

7. Es versteht sich, dass die partnerschaftliche Gesprächsführung insbesondere in Verbindung mit der Gruppenarbeit von Belang ist. Man weiß, dass die Arbeitsgruppe
   möglichst selbständig agieren und intern ein tragfähiges
   Interaktions-System aufbauen soll. Die Partner-Rolle zeigt
   sich hier vor allem als Moderatoren-Rolle; und diese umfasst speziell das Bemühen, dass innerhalb der Gruppe das
   Gespräch als wichtigster Erfolgsfaktor betrachtet und realisiert wird. Steuerung der Dialektik soll nicht durch Kom-
   mando geschehen, sondern durch Mobilisierung und teils
   auch durch Strukturierung der Gespräche der Gruppenmitglieder. Die je nach Situation mögliche Optimierung
   der Arbeitsstruktur (wer welche Arbeit am besten leisten
   kann), Ausbügelung eventuell anstehender Fehler, überhaupt das Funktionieren der Gruppe, das soll über interne Gespräche geleistet werden. Und erst wo hier Dissens
   entsteht, wäre es die Aufgabe der Führungskraft, durch re-
   gulierende Gespräche ordnend einzugreifen. Und dabei
   muss auch hier hinzugefügt werden: Wenn sich dies als
   nicht durchführbar erweist, ist für die Führungskraft der
   Rollenwechsel zum „Vorgesetzten" und zur „Anordnung"
   unvermeidbar.

8. Was auch immer die Themen der Gespräche sind, ob Konflikte dominant waren oder nicht, es kommt darauf an,
   dass der Mitarbeiter nicht das Gefühl hat, verloren zu haben. Es ist von der Führungskraft ein Schluss zu finden, in
   dem beide das Bewusstsein haben, Gewinner zu sein; und
   dass mit positivem Denken in die Zukunft geschaut werden kann.

Innerhalb der Verpflichtung zur Gestaltung der formalen
Führungskraft-Mitarbeiter-Gespräche müssen wir jetzt noch
auf den betrieblichen Sektor zu sprechen kommen, der herkömmlicherweise als „Personalarbeit" oder auch als „Personalprogramme" erfasst wurde. Inzwischen wird er meist als
„Personalwirtschaft" oder „Personalwesen" bezeichnet. Vom
wissenschaftlichen Standpunkt kann man mit W. A. OECHS-
LER formulieren, dass „das Tätigkeitsfeld der Personalarbeit
in der Praxis immer mehr an Bedeutung gewonnen hat, dass
es aber bisher nur ansatzweise, keineswegs systematisch er-
schlossen"[32] ist. Immerhin hat sich das Personalwesen (bzw.
die Personalwirtschaft) als betriebswirtschaftliche Disziplin
fest etabliert.

Uns interessiert diese Disziplin insofern, als ihre Anliegen die
Führungskraft-Mitarbeiter-Beziehung zunehmend stärker
berührt. Da man sich gleichsam noch auf der Suche nach einer systematischen Ordnung dieses Sektors befindet, fällt es
mir leicht, von unserer Thematik aus die beiden Personalbe-
reiche „Personalentwicklung" sowie „Zielfestlegung und
Leistungsbeurteilung" als relevante Strukturen herauszustellen. Dass hier gewisse Überschneidungen deutlich werden
können, ist nicht von Belang. Wesentlich ist für uns, dass es
sich hier um (teilweise recht schwierige) Probleme handelt,
die im Sinne der Prosperität des Unternehmens und der Motivation der Mitarbeiter nur durch überlegte und intensive
Gespräche gelöst werden können. Es wird zu zeigen sein, dass
es in diesen speziellen Gesprächsformen erst recht schwierig
ist, die „Partner-Rolle" zu pflegen und das Umschalten in die
Vorgesetzten-Rolle möglichst zu vermeiden. Und auch hier
gilt, dass von einer Führungskraft, wenn sie doch gezwungen
war (oder sich so fühlte), als Vorgesetzter zu handeln, erwartet wird, rasch wieder in der „partnerschaftlichen Gesprächsführung" Fuß zu fassen.

3.2.2 Zur Gesprächsführung im Rahmen der Personalentwicklung

In den Unternehmen wächst die Einsicht, dass sich infolge der Globalisierung der Weltwirtschaft die Qualifikation der Beschäftigten als entscheidender Erfolgsfaktor herausschälen muss. Deshalb wird der *Personalentwicklung* eine hohe Bedeutung zuerkannt. Unter diesem Begriff sind alle Pläne und Maßnahmen zu verstehen, die dem Personal eine Verbesserung seiner Kenntnisse und Fähigkeiten vermitteln können. Dabei ist zu betonen, dass die Initiative von dem Leitenden Management ausgeht. Das gesamte Management wird dann zur Mitwirkung verpflichtet. Die eigentliche Idee (das „Soll") besteht darin, für jeden Mitarbeiter einen „individuellen Entwicklungspfad"[33] zu entwerfen und umzusetzen. Eine solche sukzessive Qualitätsverbesserung, die im Interesse des Unternehmens liegt und gleichzeitig einen individuellen Zuschnitt verlangt, ist eine Aufgabe, die nicht allein von dem direkten Vorgesetzten allein geleistet werden kann. Es ist vielmehr ein Personalentwicklungs-Team unter Federführung eines Referenten der Personalabteilung zu bilden, das mit Hilfe einigermaßen objektiver Maßstäbe individuelle Pfade für die einzelnen Mitarbeiter zu finden hat. Von diesem Team ist dann auch zu erwarten, dass es über offene Stellen sowie über Stellen, die in naher Zukunft neu einzurichten sind, Bescheid weiß.

Freilich ist es unmittelbar einsichtig, dass die Führungskraft für Festlegung und Realisierung des Entwicklungspfades der direkt an sie berichtenden Mitarbeiter die Schlüsselperson darstellt. Schließlich darf angenommen werden, dass der jeweils zuständige Manager seine Mitarbeiter so gut kennt, dass er wesentliche Aussagen über deren Kenntnisse, vorhandene Leistungspotenz und -bereitschaft machen kann.

Unter dialektischem Aspekt begreift man nun eine Problematik, die in der Praxis kaum als solche gesehen wird. Es sollte kein Zweifel an der Ernsthaftigkeit des Angebotes an Per-

sonalentwicklung seitens des verantwortlichen Managements
aufkommen. Aber es ist eben ein Angebot, und als solches
These. Demgegenüber hat man die Reaktion der Beschäftigten als Antithese zu betrachten. Diese Reaktion ist nun nicht
etwa so, dass die Mitarbeiter kein Interesse an Weiterkommen und Weiterbildung hätten; die Atmosphäre zum Thema
Personalentwicklung wird vielmehr durch folgende Haltung
bestimmt: Das Streben nach Sinn und Erfolg in der Arbeit ist
– mit nur einer leichten Übertreibung gesagt – in jedem Mitarbeiter ganz elementar und stark vorhanden. Aber dieses
Streben wird bis zu einem gewissen Grade oder sogar voll
blockiert von der Resignation, es könne gar keine Personalentwicklung geben. Wenn man hier nachfragt, dann erkennt
man, dass Personalentwicklung mit Karriere, Aufstieg in
höhere Positionen identifiziert wird. Man erlebt ja die Hierarchie, den Vorgesetzten mit seiner größeren Macht und
Kompetenz, die er aufgrund seiner Stellung hat. Einen solchen
Status will man auch erreichen. Aber diese Möglichkeit sieht
man nicht; oder es wird als sehr unwahrscheinlich angesehen,
so weit zu kommen. Damit erlahmt jede Aktivität, sich weiter entwickeln zu wollen. Und so entsteht oft eine Haltung zur
Personalentwicklung, die sich etwa in Sätzen ausdrückt wie:
„Was soll ich mich krumm legen, ich komme doch nicht vor-
an"; „Hier kommt man nur über Vitamin B weiter, die habe
ich nicht"; „Wenn ich mich schon anstrengen soll, dann will
ich auch wissen, was für mich dabei herauskommt".

Schon weil die Anzahl der Mitarbeiter, die so denkt, groß ist
und die gesamte Stimmung zur Personalentwicklung beein-
flussen kann, ist es für den jeweiligen Manager wichtig, hier
durch aufklärende Gespräche einzuhaken. Dabei müssen die
Argumente auf ganz bestimmte Fakten gerichtet sein:

– Ansatzpunkt ist, dem Mitarbeiter zu zeigen, dass ein individueller Entwicklungspfad auch in seinem Interesse festgelegt werden soll und dass es Prinzip des Unternehmens
  ist, den Mitarbeiter hierüber zu Worte kommen zu lassen.

- Wenn Personalentwicklung mit Aufstieg in höhere Position gleichgesetzt wird, dann wird man schon unter Bezug auf die Gesamtheit der Beschäftigten von einer geringen Chance sprechen können. Diese Identifikation von Personalentwicklung und Aufstieg in das Management ist aber falsch. Es hat sich deutlich herausgestellt, dass es zwei Entwicklungslinien gibt, nämlich einmal in das Management und zum anderen in die Rolle eines Fachexperten.

- Und in die Experten-Rolle zu kommen, da ist jeder gefragt. Bei Licht betrachtet ist jeder längst ein Experte, er weiß das nur noch nicht oder nicht klar genug. Es gilt für jeden die Aufgabe, seinen Experten-Status auszubauen, d. h. sein Wissen und Können als Fachmann zu verbessern und damit vorhandene Fachaufgaben besser anpacken und durchführen zu können.

- Sich zu einem anerkannten und angesehenen Fachmann zu entwickeln; und diese Position auszuüben, sein Wissen im Team zu nutzen und über die Arbeitssituation im Team seine Qualifikation weiter auszubauen, das bringt Erfolgsgefühl und Motivation durch Selbstverwirklichung.

Akzeptiert man in einem Unternehmen eine Personalentwicklung, die für die Gesamtheit des Personals ausgelegt ist, dann kann gar nicht anders vorgegangen werden als die Mitarbeiter einzustimmen und zum Umdenken zu veranlassen. Kern der Mitarbeiter-Gespräche wird hier immer sein müssen, jeden zu überzeugen, dass sein individueller Entwicklungspfad so gestaltet werden sollte, dass die für das Unternehmen in der Zukunft zu leistenden Aufgaben marktorientiert optimal gelöst werden können und jeder Mitarbeiter dadurch einen Gewinn an Arbeitsfreude durch einen Gewinn an qualifizierter Arbeit erleben kann. Im Übrigen ist ein Unternehmen gut beraten, den von der Firma IBM schon vor Jahrzehnten eingeführten zweigleisigen Entwicklungspfad, also den für das Management und den für Experten einzuführen.

Auch die Experten haben dann einen Aufstieg vor sich. Sie bekommen bestimmte Titel wie z. B. Erster Berater, Leitender Berater, Chef-Berater. Man kann in einem Unternehmen zwar damit rechnen, dass eine solche Einführung zunächst belächelt wird. Dieses Lächeln geht aber in zustimmendes Kopf-Nicken über, wenn die Konsequenzen sichtbar werden: Zunahme an Verantwortung, größere Freiheiten, Erreichen einer höheren Gehaltsreihe.

Mit der Akzentuierung einer Experten-Laufbahn kann natürlich keine Vernachlässigung der Entwicklung des Management-Nachwuchses verbunden sein. Es ist sogar zu betonen, dass die Heranbildung der Management-Aspiranten einen noch größeren Rang im Rahmen der Personalentwicklung erhält. Dies ergibt sich schlicht und einfach daraus, dass das Management für Planung und Realisierung der Unternehmensziele die entscheidenden Weichen zu stellen hat.

Allerdings ist Organisation und Durchführung des individuellen Entwicklungspfades bei diesen Management-Kandidaten erheblich komplizierter und aufwändiger. Es sind Verfahren wie Rotation und Assessment-Center zu planen; und das beurteilende Team hat gegenüber dem jeweiligen direkten Vorgesetzten eine erheblich stärkere Stellung. Dies gilt für die Auswahl und die Einschätzung der Eignung sowie für die Festlegung des individuellen Entwicklungspfades. Immerhin bleibt der jeweilige Vorgesetzte im Beratungs- und Entscheidungsteam ein wichtiger Gesprächspartner. Auch hier ist er ja derjenige, der den Kandidaten über einige Zeit gut beobachten konnte.

Wenn man sich mit der Personalentwicklung beschäftigt, dann fällt einem nicht nur der Unterschied von Management- und Experten-Aufgabe ins Auge; es wird einem gleichzeitig nachdrücklich verdeutlicht, wie wenig die speziellen Anforderungen und Qualifikationen einer Führungskraft im Bewusstsein der Beschäftigten verankert sind. Der Manager wird als eine Art „Ober-Experte" gesehen, der Glück gehabt hat, weitergekommen zu sein. Dabei ist es für die Einstellung eines jeden zur Arbeit, zur Sinnfindung in der Arbeit sowie zur Gestaltung der Unternehmenskultur wichtig, dass die Unterschiede zwischen dem *Fachmann* und dem *Manager* klar gesehen werden: Der Manager hat kleinere oder größere Leistungssysteme (organisatorische Einheiten), die gleichzeitig soziale Systems sind, zu führen und sie damit auch miteinander zu verbinden und in größere Systeme zu integrieren. Er hat umfassende Pläne zu entwickeln und für eine Erfüllung zu sorgen, wozu Kosten- und Termin-Verantwortung gehören. Ferner sind allen Erfordernissen, die unter der Bezeichnung Controlling und Mitarbeitermotivation gefasst werden, nachzukommen.

Es versteht sich, dass eine Führungskraft, die mit dem Mitarbeiter ein Gespräch über den für ihn angemessenen individuellen Entwicklungspfad führt, zweckmäßigerweise diese Unterscheidung hervorhebt. Es ist dann dem Mitarbeiter überlassen, ob er seine Interessen mehr auf die Manager- oder auf die Experten-Laufbahn gerichtet sieht. Strebt er nach Abwägung des Für und Wider in die Manager-Laufbahn, dann muss er einsehen, dass dieser Weg schwieriger ist, dass er schnell in Wettbewerb um spezielle Weiterbildungsgänge gerät und dass er enttäuscht werden kann. Die Gespräche mit seiner Führungskraft sollen ihm aber auch helfen, die Vorteile einer Expertentätigkeit tatsächlich in sich aufzunehmen. Diese Vorteile liegen darin, sich voll auf sein fachliches Können und auf den Ausbau desselben voll konzentrieren zu können. Und was ein richtiger Fachexperte ist, der wird es durchaus als Freiheit erleben, nicht zur Budget-, Organisations- und Personalverantwortung herangezogen zu werden.

Je offizieller, strukturierter, anerkannter die Personalentwicklung in diese doppelte Richtung ausgebaut ist, desto leichter und glaubwürdiger kann den Mitarbeitern in Gesprächen vermittelt werden, dass auch ein Karriere-Wechsel vom Experten-Pfad in den Management-Pfad und umgekehrt möglich ist. Nicht nur das Unternehmen ist stets in Bewegung; auch die Schwerpunkte der Fähigkeiten und Interessen der Mitarbeiter sind in Bewegung und können von der einen auf die andere Seite umschlagen.

3.2.3 Zur Gesprächsführung im Rahmen der Zielvereinbarung und Leistungsbeurteilung

Zielvereinbarung innerhalb des Personalwesens ist als personalpolitisches Mittel zur Leistungsmotivation sowie zur Steuerung der Arbeitsinhalte und Arbeitsvollzüge zu sehen. Man spricht eben heute nicht mehr gerne von Anweisung und Zielsetzung, sondern von Zielvereinbarung; was bedeutet, dass die Mitarbeiter nicht einfach Tätigkeiten übertragen bekommen, sondern dass sie über Gespräche bei der Planung und Gestaltung ihrer Aufgaben mitwirken können.

Es wird hier unterstellt, dass die jeweilige Führungskraft und ihre Mitarbeiter das gemeinsame Grundanliegen haben, diese im Sinne des Unternehmens optimal zu erfüllen.

Gerade unter dem Gesichtspunkt der Dialektik darf man aber nicht übersehen, dass es Interessengegensätze gibt! Die Führungskraft hat das Interesse, ihren Vorgesetzten gegenüber als leistungsfähig zu gelten, und das lässt sich am besten von der nachweisbaren Leistung der Abteilung her beweisen. Der Mitarbeiter dagegen hat das Bestreben, nicht zu viele Ziele und Aufgaben zu bekommen. Er weiß (wenn er nicht zum ersten Mal zu einem solchen Gespräch gebeten wird), dass nach einiger Zeit von ihm Rechenschaft gefordert wird, ob und wie er die Ziele bewältigt hat. Und er weiß darüber hinaus, dass, entgegen der im Zielgespräch festgelegten Planung, in seinem Arbeitsalltag weitere Aufgaben von ihm verlangt werden. Ohne dass seine Führungskraft das will, fallen zusätzliche Tätigkeiten an, muss er hier und da improvisieren, muss er für andere einspringen. Diese wiederum kann er nur „einschieben", wenn er einen unaufgedeckten Dispositionsspielraum behält oder ihn sich schaffen kann.

Vom dialektischen Modell her ist es deshalb gerade hier einprägsam, die Kunst der Führung als *Steuerung eines Gesprächsverlaufs* zu sehen, der von entgegengesetzten Positionen über Prozesse der Annäherung zu einer wirklichen Übereinstimmung verläuft. Als erstes muss die Führungskraft selbstkritisch begreifen, dass sie die beste Zielrealisierung über die Motivation der Mitarbeiter und nicht durch einseitige Arbeitsverteilung bekommt. In diesem Zusammenhang ist es erforderlich, über ein offenes Gespräch mit Prüfung der Argumente eines Mitarbeiters zu erkennen, wann und wo dieser tatsächlich unter Disstress steht und Hilfe braucht. Es ist ferner angezeigt, mit Verständnis auf eine angemessene Einbringung der Kernkompetenz des Einzelnen einzugehen und die soziale Kompetenz (positive Eingliederung in die gemeinsame Arbeit eines Teams) positiv zu bewerten und zu fördern. Innerhalb dieser Gesprächsprozesse wird dann der Mitarbeiter seinerseits zu einer echten Integration in die Strategie des Unternehmens gelangen. Meist geht es darum, von einer (eventuell harten) Konfrontation loszukommen. Führungskräfte denken über das Verhalten der Mitarbeiter nicht selten: „Interesse an der Arbeit haben die nicht; die wollen nur Geld verdienen und pünktlich nach Hause gehen".

Demgegenüber neigen Mitarbeiter zu einer anderen pauschalen Sichtweise: Den Führungskräften geht es nur darum, zu beweisen, dass alle Ziele möglichst übererfüllt werden; ob wir dabei überfordert werden und darunter leiden, das interessiert nicht. Ziel der Gespräche kann es nur sein, zu einer echten Gemeinschaft zu kommen, in der jeder von der Angemessenheit (und Gerechtigkeit) der Ziel-Differenzierung überzeugt ist und der Impuls entsteht, zur bestmöglichen Qualität in Fertigung, Dienstleistung und Verkauf zu gelangen.

Erforderlich ist es dann, auf die in der Praxis zunehmende Verschränkung von Zielvereinbarung und Leistungsbeurteilung hinzuweisen. Zu dieser Thematik sowie zur Lösung der damit entstehenden Probleme gibt es eine Reihe von Konzepten. In unserem Zusammenhang sind zwei Momente wesentlich:

1. Der Vergleich zwischen den Bewerbern oder potenziellen Aspiranten wird zwar gern übergangen, darf aber nicht unterschätzt werden. Wenn von Leistungsbeurteilung die Rede ist, dann werden die Mitarbeiter in ihrem Können und in ihren Möglichkeiten verglichen; und sie vergleichen sich selbst untereinander.

2. Die Leistungsbeurteilung ist kein Gespräch. Sie wird von der Führungskraft vorgenommen. Es kann auch nicht beabsichtigt sein, dass eine Beurteilung durch den Mitarbeiter in Frage gestellt wird. Aber der Akt der Leistungsbeurteilung ist in ein System von vor- und nachbereitenden Maßnahmen eingebunden und hier haben die Gespräche eine enorme Bedeutung. Dabei gibt es formalisierte, aber auch spontan entstehende Gespräche. Wichtig ist es hier speziell, auf die Notwendigkeit, Unabänderlichkeit und auf den Sinn des Leistungsvergleichs einzugehen; und zwar so, dass die Mitarbeiter konfligierende und konkurrierende Prozesse positiv bewältigen können. Man darf sagen, dass das keine leichte Aufgabe sein kann.

Zielvereinbarung und Leistungsbeurteilung sind also in ein System von Maßnahmen verflochten, in dem die *Prinzipien der partnerschaftlichen Gesprächsführung und des individuellen Entwicklungspfades* wieder die Basis bilden. Die Hauptpunkte dieses Systems lassen sich etwa so beschreiben:

– Am Anfang eines Jahres erfolgt die Zielvereinbarung. Die Führungskraft soll dabei im Einvernehmen mit dem Mitarbeiter eine nach Prioritäten gegliederte Liste von Zielen erstellen.

– Diese Liste bestimmt gleichzeitig den Arbeitsinhalt, der
dem Mitarbeiter in diesem Jahr delegiert wird. Innerhalb
des Personalwesens wird übrigens betont, dass Gespräche
sich nicht nur auf Ziele und Beurteilung beschränken dürfen; es sind vielmehr laufend Arbeitsgespräche zwischen
Führungskraft und Mitarbeiter dringend erwünscht.

– Insbesondere aber ist am Ende eines Jahres oder am Anfang
des folgenden ein „Ziel-Abschlussgespräch" erforderlich.
In diesem ist dann zu klären, ob bzw. wie weit die Ziele erreicht worden sind; und zwar indem die einzelnen Ziel-
punkte „abgefragt" werden. Dieses Gespräch dient
zunächst der sachlichen Klärung, was denn in diesem Jahr
„alles los gewesen" sei, ob alles „planmäßig gelaufen" sei,
oder ob unvorhergesehene Einflüsse die Planung und Ziel-
Fixierung „durcheinander gebracht" haben.

– Sodann soll so etwas wie eine Übereinstimmung zwischen
Führungskraft und Mitarbeiter über das Leistungsverhal-
ten des Mitarbeiters erreicht werden; etwa nach dem Motto: Wo sind Fehler gemacht worden, wo haben sich beim
Mitarbeiter Schwächen gezeigt?

– Als Konsequenz soll die Führungskraft dann, ebenfalls im
Gespräch mit dem Mitarbeiter, überlegen, was man im
nächsten Jahr besser machen kann, was man gelernt hat –
und: welche Förderungsmaßnahmen für den Mitarbeiter
angezeigt sind, damit er (noch) wirkungsvoller tätig werden kann. Es wird also eine Art Mini-Personalentwicklung
eingebaut.

Nicht umsonst wird diese ganze Gesprächsfolge gerne *Bera-
tungs- und Förderungsgespräch* genannt. Und damit ist der
in der Wirtschaft und Industrie so notwendige positive Impuls
gesetzt.

So wichtig die positive Sicht des Gesamtzusammenhangs von Personalentwicklung und Zielvereinbarung mit seinen Konsequenzen für die ökonomische und soziale Effektivität ist, in Verbindung mit dem Entgelt bleibt die Mitarbeiter-Beurteilung als solche problematisch. Ist es doch schon grundsätzlich nicht angenehm, andere beurteilen zu müssen; so wird dies erst recht misslich und beschwerlich, wenn damit bewusst ein Leistungsvergleich verbunden werden soll. Wie übrigens auch in der Schule, so sieht man sich in Wirtschaft und Industrie gezwungen, eine Differenzierung nach der GAUSSschen Verteilungskurve vorzunehmen (wenn das auch nicht gerne zugegeben wird). Das besagt: Wenn zum Beispiel bei 100 zu beurteilenden Personen 15 Prozent als „sehr gut" oder „hervorragend" bewertet werden, dann sind weitere 15 Prozent als „gerade ausreichend" oder „mangelhaft" einzustufen. Die in der Mitte liegenden 70 Prozent bekämen dann die Note „gut" oder „befriedigend". Nun trifft man in der Praxis immer wieder auf Verschiebungen zwischen diesen Prozentsätzen, hervorgerufen durch eine permanente (wenn auch schleichende) Opposition der Beschäftigten. So findet man etwa, dass die Anzahl der mit „sehr gut" beurteilten auf 20 Prozent erhöht worden ist, während nur 10 Prozent als „nicht ausreichend" bestimmt werden. Es lassen sich auch die 70 Prozent in zwei Gruppen („gut" und „befriedigend") gliedern. Das Prinzip aber bleibt; eben mit der Quintessenz, dass eine Führungskraft einigen ihrer Mitarbeiter Noten geben muss, über die diese enttäuscht sein werden!

Den Führungskräften fällt es nicht leicht, dieses Prinzip im Gespräch denjenigen Mitarbeitern zu vermitteln, die nicht so gut beurteilt werden können. Nicht selten lehnen Führungskräfte auch die Anwendung dieses Prinzips überhaupt ab. Man denke sich eine tüchtige Führungskraft (etwa im Verkauf oder in der Entwicklung), die überzeugt ist, eine „ganz hervorragende Truppe" zu haben. Nehmen wir an, sie sage den für die Realisierung der Leistungsbeurteilung im Unternehmen verantwortlichen Personalexperten, in ihrer Abteilung sei die differenzierte Bewertung nicht umsetzbar, da es nur „ausgezeichnete" Mitarbeiter gebe. Diese Führungskraft bekäme dann etwa zu hören, es wäre schon phantastisch, dass das Unternehmen einen Vorgesetzten habe, der es verstanden hätte, eine so exzellente Abteilung aufzubauen – aber wenn er ein bisschen genauer hinsehen würde, dann werde er feststellen, dass der eine Mitarbeiter noch ausgezeichneter sei als der andere.

Wie man es auch „verpacken" will, eine Führungskraft kommt nicht um die schwierige Aufgabe herum, die Mitarbeiter unterschiedlich zu beurteilen; und diese Aufgabe ist nicht zuletzt deshalb heikel, weil ja auch die weniger gut beurteilten Mitarbeiter weiterhin motiviert zur Arbeit kommen sollen! Wie mühevoll und verwickelt das sein kann, das ergibt sich aus der häufig anzutreffenden Problematik, die man als Gegenüberstellung von „Selbstbild" und „Fremdbild" erfasst: Es gibt genug Mitarbeiter, die von ihren Leistungen überzeugt sind. Sie denken, sie würden an der Spitze der Abteilung „marschieren", während die Führungskraft aufgrund ihrer Vergleichsmöglichkeit zu einer ganz anderen Gewichtung gelangt.

Wichtig in diesem Zusammenhang ist noch, zu betonen, dass jeder Mitarbeiter, dessen Leistung beurteilt wird, das Bewusstsein haben soll, fair behandelt zu werden. Der Mitarbeiter erhält deshalb seine Beurteilung ausgehändigt und hat durch seine Unterschrift die Kenntnis derselben zu bestätigen. Leistet er diese Unterschrift nicht, dann entsteht eine Konflikt-Situation und es wird der jeweilige „Obervorgesetzte" auf den Plan gerufen. Der Mitarbeiter kann auch zum Betriebsrat gehen, sich dort über ungerechte Behandlung beschweren und ihn zu einem Dreier-Gespräch mit der Führungskraft bitten. In beiden Konstellationen werden dann

Konflikt-Gespräche erforderlich. Damit entstehen Verzögerungen und Belastungen. Schon deshalb wird von jeder
Führungskraft erwartet, die Mitarbeiter-Gespräche so zu gestalten, dass die Mitarbeiter sich nicht zu solchen Schritten
veranlasst sehen.

Mit bewusster Eingliederung der Leistungsbeurteilung in die
Personalentwicklung sind jedem Mitarbeiter Perspektiven für
die Zukunft aufzuzeigen. Es gibt in dieser Situation immer
zwei Momente, die „rüber gebracht" werden müssten. Einmal sollte dem Mitarbeiter aufgezeigt werden, was ihm überhaupt, unabhängig von der Leistungsbeurteilung, in diesem
Unternehmen an Gegenleistungen und Vorteilen geboten
werden; und zum anderen sollte er wissen, dass er durch Leistungssteigerung (wenn möglich bei Tätigkeiten, in denen seine Kernkompetenz besser zur Geltung kommt) „beim nächsten Mal" eine höhere Einstufung zu erreichen vermag. Bei
IBM z. B. versuchte das Management inoffiziell die zu beurteilenden Mitarbeiter zu beruhigen, indem ihnen verdeutlicht
wurde, diese ganzen Verfahren nicht so „bierernst" zu nehmen, sondern sie unter sportlichem Aspekt zu betrachten. Im
Sport würde man einmal verlieren und ein anderes Mal gewinnen, das sei hier auch so. Jeder Mitarbeiter sei unabhängig von seiner Einstufung ein wichtiges Glied der Gemeinschaft.

Erfahrungsgemäß werden Gespräche immer dann schwierig,
wenn es um die Frage der „objektiven Kriterien" geht, von
denen aus die Vergleiche vorgenommen werden. Für die jeweilige Führungskraft, von der die Beurteilung durchgeführt
werden muss, hat es keinen Zweck, auf diesen heiklen Punkt,
der von den Personalexperten vorgegeben wird, einzugehen.
Die beste Reaktion, die auch begründet werden kann, ist hier,
dass die Beurteilung sich nur auf die in dem vorgegebenen Arbeitsbereich erbrachte Leistung bezieht, keineswegs auf die
Individualität und die Persönlichkeit des Mitarbeiters.

3.3 Die Gesprächskultur als Grundlage der Unternehmenskultur

Die Verpflichtung zur Gesprächspflege bezieht sich in erster Linie auf die Gestaltung der Interaktionen zwischen Führungskraft und Mitarbeiter; und zwar deshalb, weil es sich hier um das wichtigste Strukturelement einer sozialen Organisation handelt. Darüber hinaus aber haben Gespräch und Gesprächsführung für das Unternehmen als Gesamtsystem eine große Bedeutung. Hervorzuheben sind die Kommunikationsfelder, die eindeutig dem Verkauf und der Rationalisierung dienen; also die direkte Kundenbeziehung in Verbindung mit der innerbetrieblichen Kooperation zur Fertigungsvorbereitung, sowie die Kooperation zwischen Fertigungsvorbereitung, Fertigung, Materialwesen, Qualitätskontrolle, Konstruktionsbüro.

Einen besonderen Akzent muss man in diesem Zusammenhang auf die Aufgaben der Personalabteilung legen. Ihr als Stabsabteilung obliegt die Vorbereitung aller Personalmaßnahmen sowie die Steuerung (Aufsicht) ihrer Abwicklung. Von ihr wird in Absprache mit dem Vorstand der Ausbau der Personalprogramme (insbesondere Personalentwicklung, Zielvereinbarung, Leistungsbeurteilung) erwartet. Sie wird auch verpflichtet, die Umsetzung dieser Programme in die Praxis zu begleiten und für eine stete Verbesserung und Aktualisierung derselben zu sorgen. Die Personalabteilung erfährt somit die von uns geschilderte Problematik mehr oder weniger drastisch. Sie erfährt damit auch, ob und wie die einzelnen Führungskräfte die Angebote der Personalentwicklung für die Mitarbeiter nutzen; ob und wie (sorgfältig) die Unterlagen für die Beratung und Förderung der Mitarbeiter einschließlich deren Leistungsbeurteilung erstellt, ausgefüllt und ausgewertet werden.

Nun ist schon festzustellen, dass alle Dialoge, die nicht innerhalb des direkten Führungskraft-Mitarbeiter-Verhältnisses stattfinden, im Vergleich dazu leichter zu gestalten sind. In diesen Fällen ist bei den Gesprächspartnern kein oder kein entscheidender Rollenwechsel erforderlich. Das kollegiale Moment hat von vornherein einen höheren Stellenwert. Allerdings ist das Bewusstsein, dass in den Stab-Linie-Beziehungen und in den organisatorisch bedingten Quer-Verbindungen Gespräche nahezu so wichtig sind wie innerhalb der Hierarchie, weitgehend unterentwickelt. Es fehlt eben der hierarchische Druck; und man hat die Möglichkeit, durch E-Mails und Faxbriefe dem verbalen Kontakt auszuweichen. Es würde unseren Rahmen sprengen, wollte man auf diese vielfältigen Gesprächsstrukturen eingehen. Es gilt, festzuhalten, dass es die Gespräche sind, von denen aus entschieden wird, ob die vertikalen, horizontalen und diagonalen Arbeitsprozesse weitgehend problemlos ablaufen oder nicht. Und ferner: Es ist das Vertrauen in die Kraft und in die energiespendenden Impulse der Gespräche, die hoffen lässt, dass die Anordnung (als Zeichen der Macht) zurückgedrängt und relativiert wird von der partizipativen Zielfindung und Zielumsetzung.

So erweist sich der hohe Stellenwert einer *Gesprächskultur*, die unter sozial-ethischem Gesichtspunkt (nach dem HEGELschen Modell der Integration des subjektiven und des objektiven Geistes) zu einem stets qualitativer werdenden Niveau entwickelt werden soll und kann.

Ebenfalls erkennt man die herausragende Bedeutung der Gesprächskultur für die Unternehmenskultur. Die Gespräche finden im Jetzt statt, sie können und werden sich jedoch meistens auf die Zukunft beziehen. In den Gesprächen kann das Jetzt so geschildert werden, wie es ist. Gleichzeitig kann man die Schwächen besprechen, die bestehen und die planbar eliminiert werden können; das heißt auch: In Gesprächen lässt sich vermitteln, wo Defizite (speziell unter ethischem Gesichtspunkt) bestehen und wie man für eine Verbesserung der Verhältnisse eintreten kann. Von der Gesprächskultur her wird man auch mit der Doppelbödigkeit des Kulturbegriffs besser fertig. Es lässt sich darüber Einigkeit erzielen, dass das „Morgen" immer besser sein kann als das „Heute", wenn man das wirklich will und die entsprechenden Aktivitäten einbringt. Gespräche wirken somit als Auslöser und als vertiefender Faktor des Aufbaus einer Unternehmenskultur.

Gespräche sind es auch, über die Veränderungsprozesse initiiert und gestaltet werden, in denen das Für und Wider derselben erörtert wird. Wenn in der Unternehmensphilosophie die Sozialethik eine immer wichtigere Rolle spielt, so gilt es, sich zu verdeutlichen, dass es insbesondere die Gespräche sind, über die in der Realität die Werte vermittelt werden! Kultur ist ein Zustand. Aber dieser Zustand fordert gleichzeitig den Menschen in seiner Wertorientierung auf, diesen von ethischen Werten (etwa Fairness, Gerechtigkeit, Verantwortung) her zu messen. Und die Gespräche sind es dann, die Bewegung hineinbringen, in denen nach den ethischen Maßstäben gefragt wird, in denen über die Überwindung defizitärer Zustände gesprochen und nach Konsens gesucht wird. Diese Prozesse vollziehen sich nach dialektischem Muster, das heißt immer über Auseinandersetzungen mit mehr oder weniger starken Widersprüchen, die gleichzeitig als Impulsgeber wirken. Und über mittelfristig anzusetzende Gesprächsphasen betrachtet besteht so die echte Chance, dass das ethische und soziale Niveau der Gespräche einen deutlichen Gewinn an Qualität aufweisen wird und damit die Unternehmenskultur zu einer wirklich angesehenen und als „hochwertig" betrachteten Kultur bringen kann.

Einen solchen Gewinn an menschlicher und ethischer „Substanz", der wird in der Gesprächskultur über eine Vertiefung der Gespräche erreicht. Veranschaulichen wir uns das wieder an dem Beispiel des Führungskraft-Mitarbeiter-Verhältnisses. Steuerung der Dialektik als Führungsaufgabe, das beginnt unter sozialethischer Perspektive damit, dass der Mitarbeiter sich als Persönlichkeit geachtet und verstanden erlebt (seitens der Führungskraft, das versteht sich, kann dies er-

reicht werden durch offene Fragen und verständnisvolles aktives Zuhören). Dieses „Erleben" schafft die Voraussetzung,
dass der Mitarbeiter sich vorbehaltlos öffnet, und dass damit die Führungskraft die Arbeitsmotive sowie überhaupt die
Sorgen und Probleme der Mitarbeiter näher kennen lernt. Eine solche Intensivierung der partnerschaftlichen Gesprächsführung wird dann eine wichtige Rückkopplung für die
Führungskraft zeitigen. Die Gespräche sollen und werden
auch für die Führungskraft Anlass sein, nachzudenken und
hinzuzulernen. Sie wird so angeregt, ihr Verhalten zur Art der
Rationalisierung, zu den Reaktionen der Mitarbeiter auf den
organisatorischen Wandel, zur kombinierten Zielerreichung
der ökonomischen und der sozialen Effektivität selbstkritisch
zu überprüfen; und zwar mit dem Bewusstsein, ihr Denken
zweckorientierter und in geeigneter ethischer Verantwortung
kreativ umzustrukturieren. Je deutlicher der partnerschaftliche Dialog die menschlich-seelische Tiefen-Dimension beim
Mitarbeiter aufleuchten lässt, desto stärker wirkt sich die
Rückmeldung auf das ethische Bewusstsein der Führungskraft aus. Entsprechend substantieller werden die Gespräche,
und das gegenseitige Vertrauen wächst. Damit entsteht eine
Gesprächskultur, die Irritationen standhält. Sicher wird es in
den fortschreitenden Prozessen des Werdens und der Entfaltung stets Unstimmigkeiten, Konflikte, Interessengegensätze
geben. Diese werden aber von vornherein dialektisch interpretiert, das heißt als Widersprüche betrachtet, die zu bewältigen sind; wobei gerade dadurch ein höheres Niveau der Kultur erreicht werden soll und kann.

Anmerkungen

1) In diesem dritten Teil wird Zielvereinbarung in der personalpolitischen Be-
griffsbestimmung verwendet, wie das in der Betriebswirtschaftslehre, Sektion
Personalwesen bzw. Personalwirtschaft, üblich ist. Der Akzent liegt hier auf Personalentwicklung und Leistungsmotivation sowie in ihrer Kombination mit der
Leistungsbeurteilung. In den letzten Jahren hat dieser Begriff teilweise eine andere Schwerpunktbedeutung bekommen. Man kann hier am besten von „Strategischer Zielvereinbarung" sprechen. Unter dieser Überschrift werden die
Bemühungen subsumiert, eine klar nachvollziehbare Integration der Mitarbei-

terziele in die übergreifenden Bereichs- und Unternehmensziele zu erreichen. Darauf wird im vierten Teil eingegangen. Die Übereinstimmung in der Verwendung dieses Begriffs liegt darin, dass Ziele nicht wie bisher „von oben" gesetzt, sondern in Gesprächen als Vereinbarung gefunden werden sollen.

2) H. WIEDEMANN, Mitarbeiter richtig führen, 4. Auflage Ludwigshafen, 1996, S. 113 ff.

3) Detailliert mit Bezug auf den Arbeiter ausgeführt von H. WIEDEMANN, Die Rationalisierung aus der Sicht des Arbeiters, 2. Auflage Köln und Opladen 1967; Mit Bezug auf die Angestellten in U. JAEGGI und H. WIEDEMANN, Der Angestellte im automatisierten Büro, 2. Aufl., Stuttgart, Berlin, Köln, Mainz 1966, S. 224 ff; unter der Perspektive der Motivation betrachtet in H. WIEDEMANN, Mitarbeiter richtig führen, a.a.O. S. 128 bis 134.

4) M. CROZIER und E. FRIEDBERG, Macht und Organisation, Königstein/ Ts 1979, S. 27.

5) M. CROZIER und E. FRIEDBERG, a.a.O., insbesondere S.39 ff, S. 56.

6) Siehe Anmerkung 3, insbesondere: Die Rationalisierung ..., S.12.

7) Begriff der neueren Industriesoziologie, insbesondere des SOFI, (des Soziologischen Forschungsinstitutes Göttingen).

8) L. v. WIESE, System der Allgemeinen Soziologie, München und Leipzig 1924, 3. Auflage Berlin, 1954.

9) GABOR KISS, Einführung in die soziologischen Theorien, Teil.II, 1977, Opladen, S. 74.

10) L. v. WIESE, a.a.O.; zitiert nach der Zweiten Auflage (1933), München und Leipzig, S. 449.

11) KURT LEWIN, Feldtheorie in der Sozialwissenschaft, Bern und Stuttgart 1963 ders. Grundzüge der topologischen Psychologie, Bern und Stuttgart 1969.

12) W. H. STAEHLE, Management, 4. Auflage München 1990, zitiert nach der 3. Auflage 1987, S. 665.

13) W. H. STAEHLE, a.a.O., S. 666 f.

14) G. C. HOMANS, Theorie der sozialen Gruppe, Köln und Opladen 1989, S. 89.

15) G. C. HOMANS, a.a.O., Speziell S. 111 bis 113.

16) W. H. STAEHLE, a.a.O., S. 295. Er weist dabei auf die Seiten 111, 113, 135, 141, 145 und 180 f. bei HOMANS hin.

17) G. C. HOMANS, a.a.O., S. 180.

18) L. v. WIESE, a.a.O., S. 336 f.

19) W. H. STAEHLE, a.a.O. Ch. Lattmann, Die verhaltenswissenschaftlichen Grundlagen der Führung des Mitarbeiters, Bern und Stuttgart 1982. H. W. HOEFERT, Psychologische und soziologische Grundlagen der Organisation, 2. Auflage Gießen 1972.

20) H. W. HOEFERT, a.a.O., S. 218.

21) CH. LATTMANN, a.a.O., S. 373.

22) B. W. TUCKMAN, Developmental Sequence in Small Groups, Psychologisches Bulletin Nr 63, 1965; zitiert bei H. W. HOEFERT, a.a.O., S. 219; auch bei W. H. STAEHLE, a.a.O., S. 288.

23) POPITZ, BAHRDT, JÜRES, KESTING, Technik und Industriearbeit, Tübingen 1957. Diese Studie bezieht sich auf die Hüttenindustrie. Die gefügeartige Kooperation ist die Gruppierung, die durch die Technik bestimmt wird. Die teamartige Kooperation ist die Gruppe, die den Freiheitsspielraum hat, wer welche Arbeit leisten soll.

24) POPITZ u. a., a.a.O., S. 47 ff; insbesondere S. 66.

25) H. KERN, M. SCHUMANN, Industriearbeit und Arbeiterbewußtsein, Frankfurt 1970.

26) POPITZ u. a.; S. 61.

27) POPITZ u. a., a.a.O., S. 188 f.

28) L. V. WIESE, System a.a.O., S. 178, S. 302 ff; ders.: Wettbewerb, soziologische Einordnung in: Handwörterbuch der Sozialwissenschaften, 12. Band, 1965, S. 26.

29) H. A. SIMON, Das Verwaltungshandeln, Stuttgart 1955, S. 56 ff; J. G. MARCH und H. A. SIMON, Organisations, New York und London 1958, S. 36 ff.

30) T. J. PETERS und R. H. WATERMAN, Auf der Suche nach Spitzenleistungen, Landsberg am Lech 1983.

31) H. WIEDEMANN, Mitarbeiter richtig führen, a.a.O.

32) W. A. OECHSLER, Personal und Arbeit, Einführung in die Personalwirtschaft, 3. Auflage München,Wien 1988, S. 5.

33) G. SCHANZ, Verhaltenswissenschaftliche Aspekte der Personalentwicklung, in: H. CHR. RIEKHOFF (Hrsg); Strategien der Personalentwicklung, Wiesbaden 1986, S. 15 ff.

Vierter Teil

Die Führung der sozialen Organisation

1. Die Hierarchie
unter dialektischer Perspektive

1.1 Kapital und Arbeit – oder:
Leitendes Management und Beschäftigte

Im erstem Teil habe ich verdeutlicht, wie sehr die HEGELsche Gesellschaftsphilosophie als Basis der Soziologie des Unternehmens genutzt werden kann. Schon dort wurde darauf verwiesen, dass es zweckmäßig ist, bei der Umsetzung des HEGELschen Denkens auf die soziale Organisation eine Makro- und eine Mikro-Sicht zu unterscheiden.

Die Darstellung der Mikroprozesse, d. h. des Führungskraft-Mitarbeiter-Verhältnisses erfolgte als Konsequenz des Faktums, dass sich die Vielzahl der Kooperations- und Kommunikationsvorgänge in diesem Beziehungsfeld, und zwar auf allen hierarchischen Ebenen, vollzieht.

Die Makro-Analyse umfasst demgegenüber die Betrachtung der Dialektik des Unternehmens als Gesamtsystem. Im zweiten Teil haben wir die hier bestehende Grundproblematik besprochen und auf die beiden Spannungsverhältnisse ökonomische und soziale Effektivität sowie Stabilität und Dynamik verwiesen.

Jetzt ist die Führung des Unternehmens als soziales System zu analysieren. Dabei stößt man mit Selbstverständlichkeit auf brisante historische und gesellschaftspolitische Momente wie: gesellschaftliche Unterschiede, Macht und Herrschaft, Selbstständigkeit und Abhängigkeit im wirtschaftlichen Leben.

Bezieht man diese durchaus heikle und schwierige Thematik auf die Verhältnisse in einem Unternehmen, so geraten ganz

zwangsläufig Macht und Einfluss der Hierarchie, aber auch
die Aufgaben und Pflichten derselben, ins Blickfeld. Und hier
haben sich in den letzten Jahrzehnten neue Entwicklungen ergeben; nämlich Einflüsse auf die hierarchische Struktur, die
durch die dialektischen Bewegungen verursacht werden und
zu verdeutlichen sind.

Die Thematik „Macht und Einfluss der Hierarchie" ist meist
unter der Überschrift „Kapital und Arbeit" abgehandelt worden, und zwar nach dem Muster: Das Management hat die
Verfügungsmacht über das Geld; die Beschäftigten dagegen
sind abhängig, müssen halt ihr Geld verdienen und tun, was
ihnen gesagt wird.

Es ist aufschlussreich, dass von Braczyk und Schienstock
(1996) aufgrund einer empirischen Studie bestätigt wird, wie
in Unternehmen, die sich als fortschrittlich verstehen, eine
Kultur aufgebaut werden soll, durch die alle Mitarbeiter zu
einem unternehmerischen Denken gebracht werden können.
Daraus folgern die Autoren, dass diese Sichtweise mit der
klassischen Vorstellung eines antagonistischen Widerspruchs
zwischen Kapital und Arbeit unvereinbar sei.[1]

Hierzu sind zwei Anmerkungen zu machen: Dass die Gesellschaft durch antagonistischen Widerspruch bestimmt wird ist
eine Vorstellung, die auf Karl Marx zurückgeht. Ein Blick
in die Sozialgeschichte macht es ja auch verständlich, dass
dieses Denken dominant werden konnte. Es ist aber dennoch
die Frage, ob die historische Situation Mitte des neunzehnten
Jahrhunderts nicht angemessener von der Hegelschen Sicht
der Dinge, nämlich als auf Ausgleich angelegte Bewegung, zu
begreifen ist. Die Entwicklung jedenfalls hat der Hegelschen
Version Recht gegeben. Man denke vor allem hier an das
große Verdienst der Gewerkschaften, wie sie seit ihrem Entstehen auf den Ausgleich, ja auf eine gewisse Zusammenarbeit von Kapital und Arbeit hingewirkt haben.

Zum Zweiten: Es besteht zwischen Kapital und Arbeit kein antagonistischer Widerspruch, aber durchaus ein Widerspruch – ein dialektischer. Wenn BRACZYK und SCHIENSTOCK von der Chance einer „einheitsstiftenden Unternehmenskultur"[2] sprechen, so ist damit ein Zielkonzept formuliert, das die angestrebte Synthese zwischen sich widersprechenden Größen vorweg nimmt.

Der Widerspruch zwischen Kapital und Arbeit stellt primär ein gesamtgesellschaftliches und -wirtschaftliches Phänomen dar; es wird von BRACZYK und SCHIENSTOCK aber mit Recht auch auf das System „Unternehmen" bezogen. Hier entsteht es konkret als Widerspruch zwischen dem Top-Management und der Belegschaft. Es wurde von uns in Verbindung mit dem HEGELschen Denken verdeutlicht, dass es die Unternehmensphilosophie ist, in der die Leitlinie einer Synthese entwickelt wird; und dass es die qualitative Unternehmenskultur ist, in der sich die jeweils erreichte Synthese zwischen dem Top-Management und den Beschäftigten herausbildet.

Da inzwischen die Neigung besteht, jeden Zustand betrieblicher Verhältnisse als „Unternehmenskultur" zu bezeichnen – mögen die Zustände auch noch so unbefriedigend sein und demnach von Kultur (wie man sie generell versteht) nichts zu sehen ist – so möchte ich hier unter „qualitativer Unternehmenskultur" eine betriebliche Atmosphäre der Kooperation und des Zusammenlebens verstehen, die von der HEGELschen Gesellschafts- und Unternehmensphilosophie geprägt ist.

Ob diese erreicht wird, hängt weitgehend davon ab, wie das Leitende Management seine hierarchische Macht interpretiert; wie es die Hierarchie als Stütze der Strategie einsetzt, aber auch Raum für Kreativität gibt. Insbesondere hat das Leitende Management die Grenzen hierarchischer Macht zu beachten, wie sie in letzter Zeit deutlich gemacht worden sind; Grenzen, die dann speziell sichtbar werden, wenn nicht

die Macht, sondern der Unternehmenserfolg in den Vordergrund der Betrachtung tritt.

1.2   Hierarchie und Ablauforganisation

Organisation will menschliche Arbeit koordinieren. Es erweist sich dabei als erforderlich, eine Gliederung nach *Fach-
abteilungen* aufzubauen, so etwa Fertigung, Verkauf, Buchhaltung u. a. Gleichzeitig wird bei dem Aufbau der Abteilungen festgelegt, wer was zu sagen hat. Es wird eine *Hierarchie*,
d. h. eine Gliederung von oben nach unten errichtet, mit Positionen (für Führungskräfte) und Stellen (für die übrigen Beschäftigten) und jedem werden Pflichten und Rechte zuge-
wiesen. Kennzeichnend ist, dass derjenige, der „oben" ist,
zunächst und im Allgemeinen jedenfalls bestimmt, welche
Ziele wie erreicht werden sollen; das heißt auch, was die
„weiter unten" in der Hierarchie Stehenden zu tun haben.

Nun weiß man, dass die Aufbauorganisation oder Hierarchie
von der Ablauforganisation ergänzt werden muss. Diese ist
immer mehr in den Vordergrund des Interesses getreten, weil
die Abläufe horizontal die vertikal angeordneten Abteilungs-
gliederungen durchschneiden; und ob dies reibungslos funktioniert, das entscheidet ganz wesentlich über Zeit und Qualität der Wertschöpfung.

Kooperationsprozesse dieser Art finden meist zwischen
gleichrangigen Partnern (innerhalb einer „Peer–Group")
statt, etwa zwischen Abteilungsleitern, zwischen Meistern,
zwischen Sachbearbeitern und zwischen Werkern. Hier geht
es also um *horizontale Arbeitskontakte*. Solche Kooperati-
onsvorgänge können sich aber auch zwischen Inhabern unterschiedlicher Positionen und Stellen entwickeln. So ist es
sehr gut möglich, dass z. B. vom Leiter-Konstruktionsbüro
zu einem Arbeiter, vom Sachbearbeiter Materialdisposition

zu einem Meister Arbeitskontakte entstehen. Auch von Positionsinhabern, die schon von ihrer Aufgabe her auf intensive funktionale Beziehungen zu allen anderen Bereichen angelegt sind, wie Personal und Finanzwesen, werden diejenigen Arbeitskontakte immer häufiger, die eine Verbindung zu unterschiedlichen hierarchisch plazierten Rängen herstellen. Neben die horizontale tritt damit die *diagonale Kooperation*.

Man geht wohl nicht fehl, wenn man annimmt, dass gleichsam im Hinterkopf die Denkweise mitschwingt, die eigentliche Arbeit werde eben nicht im vertikal orientierten Zuschnitt der Hierarchie („da wird kommandiert, debattiert, um Macht und Einfluss gekämpft"), sondern innerhalb der querschnittsbezogenen Abläufe geleistet. Gearbeitet wird eben da, wo Arbeitsprozesse mit sichtbarer Wertschöpfung stattfinden. Wohl deshalb spricht man heute gerne von Prozessen. Von hier aus, vom Hinweis auf die Notwendigkeit der Arbeit, kann man offenbar besser eine Distanz vom hierarchischen Denken gewinnen.

Vergegenwärtigt man sich diese Situation, so stößt man – gleichsam unversehens – wiederum auf die dialektische Sichtweise. Es ist nämlich leicht einsehbar und zweckmäßig, die Hierarchie mit ihrer vertikalen Abstufung als These, die Ablauforganisation dagegen als Antithese aufzufassen. Wir haben auf der einen Seite die Hierarchie, die vor allem dann von sich reden macht, wenn Machtverhältnisse, Entscheidungen und Kompetenzen gefragt sind. Demgegenüber steht die Ablauforganisation, in der darauf gepocht wird, dass sie zur Erreichung der Unternehmensziele ungleich wichtiger ist.

Diese Spannung zwischen Hierarchie und Prozessorganisation wird – zunächst jedenfalls – zum Problem bei allen Strukturtypen, in denen nach neuen Überlegungen eine Restrukturierung durchgeführt wird. Das heißt aber schlicht: Diese Probleme werden mehr oder weniger überall in den Betrieben anzutreffen sein. Auch in dieser Konstellation wird man wie-

der beobachten können, dass dieser Widerspruch zu einem
Ausgleich hin tendiert; dass ein solcher Ausgleich in produktiver Weise nur dann erzielt werden kann, wenn die dialektischen Vorgänge durch die Führung beobachtet und gesteuert
werden.

Diese Spannung zwischen Hierarchie und Prozessorganisation wird leicht da zum Problem, wo durch Restrukturierung
eine höhere Einschätzung der horizontalen Prozesse erfolgt.
Für das Management vor allem der höheren hierarchischen
Ebenen ergibt sich damit eine schwierige, aber lohnende Aufgabe: Steuerung des Gesamtsystems und der Subsysteme nach
dem *Modell einer hierarchiegestützten Netzwerkorganisa-
tion.* Die Hierarchie bleibt als Ordnungsfunktion unverzichtbar. Sie wird sich aber als solche und nicht als Machtstruktur zu erweisen haben. Die Ablauforganisation befindet
sich teilweise schon im „Werden" auf ein Netzwerk hin (etwa in gut funktionierenden Arbeitsgruppen). Speziell ist das
zu sehen, wenn man die Zunahme der diagonalen Koopera-
tionsvorgänge mit einbezieht. Man kann also ein intensiver
ineinander verknüpftes System von Hierarchie und Ablauforganisation mit Aufwertung der letzteren erwarten.

1.3   Hierarchie und potenzielle Offenheit
der Organisation

Bekanntlich wird die Hierarchie in einem „Organigramm"
genannten Tableau abgebildet. Diese Abbildung erfolgt meist
in Form von Kästchen. In ihnen ist zu sehen, wer welche Position einnimmt. Der Aufbau zeigt sich dabei darin, dass die
wichtigsten Positionen, also diejenigen, die „oben" stehen,
durch größere Kästchen kenntlich gemacht sind. Weiter nach
unten gehend erscheinen diese dann kleiner und enger anein-
ander gerückt. Eine Folge davon ist, dass derjenige, der „unten" eingestuft ist, schon suchen muss, bis er sich findet. Da-

bei wird dieser in der Regel zufrieden sein, dass seine Position und damit er selbst überhaupt berücksichtigt worden ist. Für die meisten „weiter unten" angesiedelten Positionen, die dann Stellen genannt werden, sind nämlich keine Kästchen mehr vorgesehen. Gerade dieser Aufbau, der „von oben nach unten" die Unterschiede von Pflichten und Rechten beschreibt, charakterisiert die Hierarchie. Außenstehende Beobachter solcher Abbilder hierarchischer Unterschiede sind leicht geneigt, darüber zu schmunzeln. Aber die Insider lernen schnell, dies ernst zu nehmen; ist doch hier festgehalten, welche Kompetenzen, Rechte und Vorzüge mit einem erreichten Rang verbunden sind, wer welche Macht über welche andere Positionen und Stellen hat und welche Gehaltsstufen und Unterschiede auszumachen sind.

Vergegenwärtigt man sich diese Konstellation und die Stimmung (die soziale Atmosphäre), die hier entsteht, so ist es unmittelbar einsichtig, dass in der Hierarchie und durch sie soziale Zwänge entstehen, die auch so empfunden werden. Dies alles tritt noch deutlicher hervor, wenn man berücksichtigt, dass Hierarchie eine Bürokratie schafft und auch einer solchen bedarf.

In Verbindung mit dem Demokratisierungsprozess unserer Gesellschaft hat es in den letzten Jahren immer wieder teils heftige Kritik an der Hierarchie gegeben; und zwar unter der Fragestellung: Brauchen wir sie denn noch? Man begreift auch, dass es immer wieder Versuche von Beschäftigten gegeben hat und noch gibt, sich den Zwängen zu entziehen. Hierzu gehören u. a. Leistungszurückhaltung und Abwesenheit. Die Industrie hat dann versucht, durch schärfere Kontrollen gegenzuhalten.

Sicher auch unter dem Einfluss der Kritik in der Öffentlichkeit hat das Leitende Management der Unternehmen seinerseits den Zwangscharakter der Hierarchie kritisch durchleuchtet. Das Resultat dieser Selbstkritik ist etwa so zu formulieren: Der Sinn der Arbeit des Unternehmens und der Beschäftigten ist es, wirtschaftliche Erfolge zu erzielen, die allen zugute kommen. Dazu ist die Hierarchie erforderlich. Wenn diese Hierarchie allerdings erstarrt ist und eine optimale Zielerreichung verhindert, dann muss man aus ihr heraustreten und eigenverantwortliche Aktivitäten entwickeln können. Anders gesagt: Die Unternehmensleitung weiß sehr wohl, dass die Zwänge der Hierarchie sich auch gegen die geplanten Markterfolge richten können. In diesem Fall ist die Leitlinie, wirkungsvoll zum Markterfolg zu gelangen, wichtiger als die Norm, sich nach den Gesetzen der Hierarchie zu verhalten.

Dieser Hintergrund ist für das obere Management bestimmend, dafür dem Mitarbeiter mehr eigene Verantwortung, mehr Entscheidungsbefugnis und überhaupt mehr Freiheiten zu geben. Die Mitarbeiter sollen nicht mehr in die resignative Haltung kommen, „Dienst nach Vorschrift" leisten zu müssen, sondern sich als *Mitunternehmer* fühlen und sich als solche bewähren. Damit entsteht eine partielle Öffnung hierarchischer Bindungen. Ein Mitarbeiter, der im Bewusstsein, besser, schneller, rationeller zu arbeiten, hierarchische Schranken übergeht, kann sein Verhalten gegenüber der Unternehmensleitung rechtfertigen.

Nahezu unbemerkt, gleichsam schleichend entsteht damit eine Dialektik zwischen den Rechten und Normen der Hierarchie und den auf den Unternehmenserfolg bezogenen Verhaltensweisen der Mitarbeiter, die sich über die hierarchischen Grenzen hinwegsetzen.

Diese Situation tritt einem noch deutlicher vor Augen, wenn man sich klar macht, dass die schon einige Male behandelte Konzeptions- Konkurrenz dadurch aufblüht. Tüchtige Mitarbeiter, die überzeugt sind oder doch die berechtigte Hoffnung haben, produktive Ideen entwickeln und verwirklichen zu können, vermögen damit sofort das Bestehende in Frage zu stellen. Daraus resultiert ein dialektischer Gegensatz zwischen der festgelegten hierarchischen Ordnung und dem realen Verhalten einzelner Mitarbeiter, die sich eine partielle Offenheit innerhalb der bestehenden Hierarchie erkämpft haben oder erkämpfen wollen.

Dazu ein Beispiel: Ein Unternehmen führt im Zuge einer Spartengliederung eine Dezentralisierung durch. In einer anderen Stadt wird ein Zweigwerk errichtet. Dem dortigen Leiter wird ein Assistent zugeordnet, der über ein Assessment-Verfahren eingestellt wurde. Dieser Assistent erklärt dem Chef, er halte es für dringend erforderlich, eine eigene „Abteilung Einkauf und Materialwesen" aufzubauen. In dieser Sparte brauche man ganz anderes Material und auch andere hierauf spezialisierte Lieferanten. Sieht der Spartenleiter das ein, kann er beim zentralen Einkauf entsprechend vorstellig werden oder er gibt dem Assistenten sofort grünes Licht, ihm geeignet erscheinende Lieferanten zu sichern. Man kann sich vorstellen, wie der Leiter „Zentraler Einkauf" reagieren wird. Mit großer Wahrscheinlichkeit wird er sagen, man habe einen Gesamtüberblick über die Firmen, die als Lieferanten in Frage kämen. Man habe gute Kontakte zu den wichtigsten Lieferanten. Es sei jedenfalls viel besser und kostengünstiger, wenn diese Aufgaben zentral gelöst würden. Dieses Beispiel zeigt, wie eine offene Situation entstehen kann. Beide Seiten argumentieren unter Hinweis auf Rationalisierungs- und Wettbewerbsvorteile. Und natürlich spielen bei den Verfechtern beider Seiten die Hoffnung auf Positionsgewinn für sich persönlich eine wichtige Rolle.

Diese Dialektik zwischen der Hierarchie und der partiellen Offenheit bringt Bewegung. Und das soll ja auch sein („Wir brauchen Leute, die etwas bewegen" oder „Der bewegt nichts" sind in der Praxis etwas so wie Werturteile). Allerdings produziert und provoziert diese Spannung auch Unruhe, Unklarheit, Unübersichtlichkeit. Jedenfalls ist es so, dass jedes Ausscheren aus der hierarchischen Ordnung, so harm-

los es auch sein kann und so begründbar es auch ist, sich als
Widerspruch gegenüber der bestehenden Ordnung auswirkt.

Wie stets in der Dialektik, tendiert auch diese Spannung auf
einen Ausgleich hin. Nun muss gerade hier betont werden,
dass eine echte und tragfähige Synthese nur entstehen kann,
wenn sich die *innere Einstellung* der jeweils in ihrer Position
betroffenen Mitarbeiter ändert. Die Führung ist hier gefragt.
Und Führung als Steuerung des dialektischen Prozesses hat
sich in erster Linie in dem Bemühen zu äußern, über eine Gesprächskultur in der Denkweise der direkt berichtenden Mitarbeiter (die auch Führungskräfte sein können) eine Wandlung zu erreichen. Es muss sich sozusagen im Einzelnen in-
ternalisieren und habitualisieren, dass die Hierarchie zwar als
Ordnung wichtig ist, dass es aber auf das unternehmerische
Denken ankommt. Der Einzelne soll (muss) sich zu Bewusstsein bringen, dass es nicht um Positionen und Titel gehen
kann; dass jeder vielmehr eine Berufsrolle bekommen soll, in
der er seine Kreativität und Kompetenz zu entfalten vermag.
Er wird sich damit auch in der leicht spontan entstehenden
Konkurrenz mit Kollegen bewähren können. Führung als
Motivation bedeutet, einen Ausgleich und ein interaktionales Gleichgewicht zu schaffen, so dass der Mitarbeiter in Bereitschaft zur Flexibilität produktive Arbeit für das Unternehmen leistet und damit gleichzeitig zur Selbstverwirklichung gelangt.

1.4   Zentrale Steuerung und Dezentralisierung

Dass das Unternehmen ein dialektisches System darstellt,
zeigt sich recht nachdrücklich in dem *Spannungsverhältnis
von Zentralisierung und Dezentralisierung.* Diese Feststellung muss zunächst überraschen. Tritt doch die Hierarchie
gleichsam mit sich selbst in einen Widerspruch. Dialektische

Vorgänge pflegen sich eben nicht selten gerade da zu entwickeln, wo man sie nicht sehen will. Die Hierarchie wird
hier als zentrale bürokratische Planungs- und Steuerungsin-
stitution aktuell. Dabei hat man zu beachten, dass im Laufe
der Zeit speziell die organisatorische Gestaltung sowie das Fi-
nanz-Controlling immer drastischer und autokratischer „von
oben", von den zentralen Stäben fixiert und durchgeführt
wurde. Im Zuge der Kritik am Taylorismus setzte sich dann
die Auffassung durch, die zentrale Bürokratie sei weit über-
zogen, ineffektiv und dazu auch demotivierend für alle, die
damit zu tun bekämen. Und R. SPRINGER zieht das Resümee,
dass nach übereinstimmender Auffassung in Wissenschaft
und Praxis die extreme Zentralisierung eine wesentliche
Schranke der Entwicklung von Produktivität darstelle. Als
Folge dieser zentralisierten Planung, so SPRINGER, habe sich
ergeben, dass die dezentralen Subeinheiten eines Unternehmens mehr oder weniger zu bloßen Befehlsempfängern der
Unternehmenszentrale degradiert worden seien. Dadurch sei
dort jede Initiative weitgehend zum Erliegen gekommen.[3] Je
mehr man sich in der Praxis dieser Lage bewusst wurde, desto mehr setzten Gegenströmungen seitens der dezentralen
Systeme ein, die darauf pochen konnten, dass sie letztlich die
eigentliche Wertschöpfung bringen würden. Insbesondere in
Verbindung mit der Lean-Problematik gewannen Bemühungen die Oberhand, die dezentralen Einheiten aufzuwerten.

Die entscheidenden dialektischen Geschehnisse, von denen
diese Konstellation geprägt wird, sind folgende: Das Leitende Management hat erkannt, dass eine Dezentralisierung für
die Optimierung der Produktivität, für den Verkaufserfolg,
für die Verbesserung der ökonomischen und sozialen Effektivität von deutlichem Vorteil ist. Die von diesem Gedanken
her verstärkt vorgenommene Übertragung der Kompetenz
und Verantwortung hat als These zu gelten. Sie wird dabei,
und das ist das Wesentliche, mit spezifischen Verpflichtungen
verbunden. In der Hauptsache geht es darum, dass die de-

zentralen Einheiten das Budget und die Termine einhalten, die
vorgegebene Qualität bringen und sich für weitere Rationa-
lisierungserfolge einsetzen.

Als Antithese oder als Widerspruch ist dann zu konstatieren,
dass die Beschäftigten in den dezentralen Abteilungen mit dieser Situation erst einmal fertig werden bzw. darauf reagieren
müssen. Bisher („früher") griffen zwar zentrale Stäbe bis in
Einzelheiten operativer Gestaltung ein, aber die im dezentralen Felde Arbeitenden waren deshalb auch nicht mit Verantwortung belastet. Sie brauchten nicht über den Tellerrand ihrer Beschäftigung hinauszuschauen und sich anzustrengen,
Zusammenhänge zu überblicken. Das Problem der Kosten
und der Rentabilität konnten sie den zentralen Stäben überlassen. Das ist jetzt ganz anders. Sie haben einen Gewinn an
Selbständigkeit und Prestige, aber es wird von ihnen ein un-
ternehmerisches Denken, ein striktes Einhalten von einge-
gangenen Verpflichtungen verlangt. Und sie werden mittels
Kontrolleingriffen geprüft, ob und wieweit sie diesen Anforderungen entsprechen.[4] Man muss also sehen, dass es für die
dezentralen Einheiten eine Herausforderung zu bestehen gibt,
sich in diesen neuen Pflichten zurechtzufinden. Und natürlich,
das soll ja auch so sein, entstehen Lernprozesse, in deren Verlauf der Zentrale auch harte Fragen über Sinn oder Optimierung der Pläne und Maßnahmen gestellt werden können. Jedenfalls besteht die Antithese als zweiter Schritt der dialektischen Vorgänge darin, zu einer individuellen Einschätzung
und Beherrschbarkeit der neuen Anforderungen zu gelangen.
Das schließt Opposition gegen die jeweils betrachteten Zielvorstellungen der Zentrale und einen erheblichen Bedarf an
Diskussion mit ein. Es entsteht bei vielen ein Bestreben, das
man unter das Motto fassen kann: Wenn von mir schon un-
ternehmerisches Denken verlangt wird, dann will ich auch
ernst genommen werden in meinen Begründungen, dass und
wie man etwas zu verbessern vermag.

Bei diesem Spannungsverhältnis muss man beachten, dass die
beiden anderen aufgeführten dialektischen Momente, die ja
auch von der Hierarchie ausgehen, nämlich im Verhältnis zu
den horizontalen Prozessen sowie zur partiellen Offenheit
der Organisation, die Widersprüche verbreitern und vertiefen. Dies kann insbesondere dann von Belang werden, wenn
man die Chance zu einer relativ kurzfristig erreichbaren Synthese nutzen will. Und so lässt sich sagen: Führung als Steuerung der Dialektik umfasst das Verständnis dafür, dass die jeweiligen dezentralen Positions- und Stelleninhaber ihre eigene Kreativität, ihre Art der Motiverfüllung, ihre Sicht des Erreichens von Erfolgen einbringen wollen. Führung als
Steuerung der Dialektik, das heißt nicht zuletzt ein Klima zu
schaffen, in dem keine Verteidigungsmaßnahmen gegen in-
novative Anregung „von oben" entsteht. Führung als Steuerung der Dialektik in dezentralen Einheiten, das besagt vor
allem, die Aufgaben von einer überlegenen Ganzheitsper-
spektive her sehen und gerade dadurch die Anliegen und die
Arbeitsinteressen der jeweils Berichtenden (Untergebenen)
berücksichtigen.

2. Die Unternehmensentwicklung unter der Lean–Thematik

2.1 Lean-Produktion und Lean-Management: Herausforderung und Antwort

Die Betrachtung der Praxis, wenn man sie nach einiger Zeit wiederholt, pflegt dem Beobachter die Bewegungen und Veränderungen des Unternehmens deutlich vor Augen zu führen. Diese Bewegungen können sich mehr unterschwellig vollziehen, sie können auch von drastischen Umbrüchen gekennzeichnet sein. Unter dialektischer Perspektive weiß man diese Vorgänge als in sich widersprüchliche zu verstehen, die wieder in aufbauende und weiterführende Schritte einmünden.

Wenn man sich heute mit Unternehmensstrategien beschäftigt, so muss man von dem Einschnitt aus ansetzen, der mit dem Begriff „Lean" gekennzeichnet ist. Lean heißt Verschlankung, und zwar Verschlankung der Organisation, um die Unternehmensziele günstiger erreichen zu können. Der Einschnitt wird durch die wirtschaftliche Krise Ende der achtziger und Anfang der neunziger Jahre gekennzeichnet. Es war die Zeit, in der die USA und Europa nach einigem Zögern die Überlegenheit der japanischen Wirtschaft anerkennen mussten. Man kann sagen, dass vor allem das Buch von WOMACK u. a. „Die zweite Revolution in der Autoindustrie" (in den USA 1990, in deutscher Übersetzung 1991 erschienen),[5] großes Aufsehen erregte und speziell dem Top-Management in der Wirtschaft klar machte, was die Stunde geschlagen hatte. In diesem Buch wird dargestellt, wie die japanische Autoindustrie aus der Not der Nachkriegsjahre heraus das FORD-TAYLORsche Muster der Arbeitsorganisation verlässt und statt dessen eine „schlanke Produktion" aufbaut. Im Laufe der Zeit zeigte es sich dann, dass diese schlanke Produktion erheblich wirtschaftlicher und für die Beschäftigten zufriedenstellender war. Die Verfasser zeigen das an vielen Beispielen und führen die Gründe dieses Umbruches detailliert auf.

Bei Unternehmen, die mehrere hundert Autos pro Jahr herstellen, ist das Pressen von Stahlblech ein recht wichtiger Vorgang. Dabei sind viele Pressen erforderlich. Zunächst wird aus einer großen Rolle Stahlblech ein Stapel flacher Platten hergestellt. Diese Rohteile werden mit einem Druck von mehreren Tonnen zusammengepresst. „Sie nehmen dann nach Durchlaufen weiterer Pressen dreidimensionale Formen eines Autokotflügels oder einer Lastwagentür an".

Die Japaner stellten nun fest, dass dieser Produktionsprozess sehr fehleranfällig war und dass man dazu einen großen Lagerbestand an Material brauchte. Insbesondere fiel ihnen auf, dass die Presswerkzeuge zwar ausgewechselt werden konnten (so dass eine Serie von Pressen viele verschiedene Teile herstellen konnten). „Aber dies war nicht so einfach, denn die Formen wogen viele Tonnen und die Arbeiter mussten sie in der Presse mit absoluter Präzision einrichten." Jeder Wechsel musste also sehr sorgfältig durchgeführt werden. Dafür waren Spezialisten erforderlich.

Was das Pressen der Karosserie anbetrifft, so gelang es den Japanern, Methoden des Werkzeugwechsels zu erfinden, die einfach zu handhaben waren und mit denen man deshalb die Werkzeuge viel schneller wechseln konnte. Bei der Durchführung eines solchen Normenwechsels brauchte man deshalb keine Spezialisten mehr. Die Produktionsarbeiter, die bisher während dieses Umrüstens untätig waren, konnten jetzt diese Tätigkeit übernehmen.

Bei der Umstellung der Pressen auf die schlanke Produktion machten die Japaner zwei bestimmende Erfahrungen.

Erstens: Die Stückkosten pro Auto sinken. Bei der Produktion in kleineren Mengen fallen die Kosten für riesige Lagerbestände gleichartiger Teile weg. Und als noch wichtiger wird eingeschätzt, dass bei nur kleinem Teilevorlauf bis zur Montage in der Karosserie Pressfehler fast sofort entdeckt werden. Damit konnte die bisher übliche kostspielige Nacharbeit entfallen. Dies war insbesondere deshalb wichtig, weil bis dahin die Mängel erst nach der Fertigstellung des Autos festgestellt und behoben werden konnten.

Zweitens: Bei den Beschäftigten entfaltet die schlanke Produktion geradezu eine Motivationswelle. Die Einsatzbereitschaft, qualifizierte Arbeit leisten zu wollen, wuchs stark an. In der Arbeitsgruppe entstand ein großer Eifer, den Prozess einer kontinuierlichen Verbesserung (KVP) voranzutreiben. Und bei der ohnehin bestehenden starken Bindung an das Unternehmen konnte man von einer Vertiefung derselben sprechen, die sich auch als Rückkoppelung auf das Verantwortungsbewusstsein und die Arbeitsfreude auswirkte.[6]

Die aufregenden Ergebnisse dieses Buches werden von W. WASSERLOOS wie folgt beschrieben: „Bestechend klar sind die Aussagen zum Lean-Produktion-System. Auf den Nenner gebracht sagen sie: Mit der Hälfte des Aufwandes an Personen und Zeit werden in Japan gleichwertige Ergebnisse erzielt wie in Europa. Überraschend ist dabei die Erkenntnis, dass diese Produktivitätsvorteile nicht durch höchste Automatisierung, sondern durch intelligente Organisation der Prozesse erreicht werden".[7] Und F. NASCHOLD, der die wirtschaftliche Situation in Baden-Württemberg untersucht, kann sagen: „Ende 1991 trat die Wirtschaft Baden-Württembergs wie die Wirtschaft ganz Westdeutschlands in die schwerste Krise ihrer Geschichte ein".[8]

Verständlich war die Betroffenheit des Leitenden Managements der deutschen Unternehmen angesichts dieser Analyse; einer Analyse, die in den meisten Fällen für jedes Unternehmen durch einschneidende Markt- und Renditeverluste bestätigt wurde.

Als Reaktion blieb zunächst nur eine spürbare bzw. sogar eine krasse Kostenreduzierung. Und davon war das ganze Unternehmen betroffen. Lean-Produktion galt ursprünglich der Fertigung und dem Arbeiter. Aber um Kosten echt abzubauen, dazu musste man an die sogenannten Overhead-Belastungen (Gemeinkosten) herangehen. Und so wurden alle Bereiche und Abteilungen, und innerhalb derselben wieder die Positionen und Stellen kritisch betrachtet, ob sie denn für das, worauf es wirklich ankommt, eben die Wertschöpfung, nötig seien. Die Lean-Produktion wurde so Lean-Management. In manchen Unternehmen gab es Entlassungen; und die Frühpensionierung wurde auf einmal zu einem aufregenden Thema. Kennzeichnend war dabei, dass auch das mittlere und operative Management sowie die Stäbe von dieser Maßnahme betroffen waren. Man sprach vom Abbau hierarchischer Ebenen. Kein Wunder, dass sich innerhalb der Belegschaft Ängste und Zeichen von Demotivation einstellten. In Verbindung mit vielen Kongressen und Veranstaltungen zur Lean-Problematik stellte sich eine Beruhigung der Atmosphäre ein und das Leitende Management konnte der Lean-Herausforderung mit durchdachten Antworten begegnen. Die Antworten können etwa so charakterisiert werden: Was die Japaner zustande gebracht haben, das ist in hohem Maße erstaunlich. Wir können auch viel von ihnen lernen. Aber sie haben eine andere Kultur. Deshalb können wir deren Gesichtspunkte und Methoden nicht einfach übernehmen. Wir müssen uns auf unsere eigene Kultur besinnen – und gerade wenn wir das tun, wird uns bewusst, dass wir ja ähnliche und möglicherweise sogar bessere Systeme entwickelt haben, um eine Lean-Produktion aufzubauen. Diese sind jedoch nicht konsequent umgesetzt worden. Wenn wir also wieder aus unserer Misere herauskommen wollen, wenn wir unsere Stellung auf den Märkten wiedergewinnen wollen, dann müssen wir unsere Aufmerksamkeit und Kraft, unsere Fähigkeiten und unseren Willen auf die Realisierung dieser Ideen richten.

Mit gewisser Selbstverständlichkeit treten dabei Rationalisierung und Verkaufsorientierung in den Mittelpunkt. Zu akzentuieren ist, dass im Sinne der Lean-Thematik mit einer Vehemenz auf die *Kundenbetreuung* eingegangen wird, wie das bisher nicht der Fall war. Mit großem Nachdruck wird auf die Köpfe und Herzen der Mitarbeiter eingehämmert, wie wichtig der Kunde sei, da er das Geld bringe. Zu seiner Zufriedenheit müsse qualitativ und unter Einhaltung des Zeitlimits gearbeitet werden.

Und natürlich ist die Rationalisierung so wichtig, weil durch sie die Güter und Dienste schneller und preisgünstiger angeboten werden können. Auffallend ist der Stellenwert, der nunmehr der Integration der Zulieferanten eingeräumt wird.

Die Lieferanten sollen möglichst mitplanen und mitkonzi-
pieren. Im Übrigen soll *just in time* geliefert werden und es
gilt eben, die Lagerhaltung zu verringern. Gleichsam vor diesem Hintergrund setzten dann die Versuche ein, die schlanke
Produktion zu realisieren. Dabei war und ist es bis heute offensichtlich so, dass jedes Unternehmen eine eigene Vorstellung davon hat, was unter Lean-Produktion verstanden werden kann oder sollte. Sicher haben alle Bemühungen das Ziel,
durch Umstrukturierung der Organisation die Kosten zu sen-
ken und mehr Produkte und Dienstleistungen pro Zeiteinheit
zu liefern. Um dies zu erreichen – so ist letztlich die wichtigste Antwort auf die Lean-Herausforderung, wird eine breite
Dezentralisierung eingeführt und die Arbeitsmotivation darauf abgestellt.

2.2   Restrukturierung und partizipative
Rationalisierung

Es ist generell festzustellen, dass der Lean-Prozess von einer
Doppelstrategie vorgenommen worden ist, die mit den Begriffen Restrukturierung und partizipative Rationalisierung
bezeichnet werden soll. *Restrukturierung* bedeutet Umbau
der Organisation unter dem Gesichtspunkt der Verschlankung, deren struktureller Kern oder auch deren Rahmen die
Dezentralisierung darstellt. *Partizipative Rationalisierung* bezeichnet den dringenden Aufruf an die Beschäftigten, sich mit
ihren Willen und ihren Fähigkeiten für die Kostensenkung
und Produktivität einzusetzen; und zwar speziell da, wo sie
tätig sind und eine Übersicht haben.[9] Man kann sagen, dass
die partizipative Rationalisierung die Konkretisierung der
Idee sein soll, dass jeder Mitarbeiter sich als Mitunternehmer
zu fühlen und zu verhalten habe. Es ist hier noch einmal auf
die zur Basis des Lean-Managements gehörende Erkenntnis
zurückzukommen, dass eine weitreichende Umstrukturierung
in Produktion und Verwaltung nur durch die aktive Teilnah-

me der Beschäftigten erreicht werden kann. Man ist sich
durch die Lean-Thematik vor allem stärker bewusst geworden, dass es eigentlich und letztlich die operative Ebene des
Arbeiters und Sachbearbeiters ist, von der aus die wert-
schöpfende Arbeit geleistet wird. Folglich gilt es, die Qualifikation und Motivation der Mitarbeiter dieser Ebene zu stärken; und das wiederum ist identisch damit, dass der breiten
Schicht der Arbeiter und Angestellten das Vertrauen zu Fleiß
und Einsatz entgegengebracht wird.

Von hier aus versteht man, dass der Lean-Begriff gleichsam
zum Anlass genommen wurde, den Arbeitsinhalt der Beschäftigten auszuweiten. Partizipative Rationalisierung, das
besagt Mitdenken, Ideen zur Verbesserung der Arbeitsver-
hältnisse einbringen; das heißt auch Befreiung von dem
Druck, stets von außen zur Rationalisierung angetrieben zu
werden. Der Arbeiter, der bisher nach dem FORD-TAYLOR-
schen Produktionsmodell nur begrenzt und einseitig seine
Fähigkeit einsetzen konnte, der soll jetzt seine umfassende
Qualifikation zur Geltung bringen. Das ermöglicht, ja das
verlangt die Integration der Arbeitsschritte, die Flexibilität
der Automatisierung, die Nutzung des PC, die intelligente Organisation.

In diesem Zusammenhang ist auch das Konzept zu sehen, die
Arbeitsgruppe als in sich geschlossene und selbständig agierende Produktionseinheit aufzubauen. Es wird erwartet, dass
die Mitarbeiter sich als Teammitglieder sehen, kollegial denken und auch unter gewissem Verzicht auf egozentrische Aktivität sich auf die optimale Zielerreichung des Teams einsetzen. Es wäre falsch, die Leistung eines Teams durch Rationalisierungsdruck erzwingen zu wollen. Die Teammitglieder sollen sich als Gruppe nach eigener Einsicht und nach eigenen
Möglichkeiten einen Rationalisierungsgewinn erarbeiten.
Dafür will man sie speziell schulen; so z. B. dahingehend, dass
alle Mitglieder eine einigermaßen gleiche Qualifikationsebe-
ne bekommen, um die Chance zu einer internen Rotation zu

haben. Die Gruppe soll dann auch speziell (während der Arbeit und als bezahlte Zeit) die Möglichkeit zu internen Diskussionen bekommen. Es wird ja erwartet, dass sich die Teammitglieder Überlegungen zur fortschreitenden Rationalisierung machen. Und damit ist gleichzeitig Zeit gegeben, den kontinuierlichen Verbesserungsprozess (KVP) voranzubringen.

Da es sich bei der konkreten Umsetzung der Lean-Konzeption immer um eine Doppelstrategie handelt, erweitert sich die Schwierigkeit, generelle Aussagen über Gestalt und Ausmaß der Lean-Produktion zu machen. Man wird hier einmal mehr auf die Tatsache verwiesen, dass jede individuelle Ausprägung der Lean-Produktion und des Lean-Managements eine eigene Note aufweist.

An dieser Stelle hat man sich zu vergegenwärtigen, dass Lean-Produktion nicht nur eine Aufwertung der Arbeitsschritte umfasst, sondern eine erhebliche *Aufwertung der Ablauforganisation* bewirkt; und zwar speziell der abteilungsübergreifenden Arbeitsbeziehungen. Damit stößt man auch von hier aus wieder auf die dialektische Spannung zwischen Hierarchie und horizontalem Prozess sowie der Offenheit der Organisation: Entscheidend kann nicht die Macht der Hierarchie sein, sondern der Rationalisierungserfolg innerhalb der Wertschöpfung. Die dialektischen Spannungen nehmen deshalb an Schärfe zu, weil alle Lean-Aktivitäten letztlich Experimente sind. Bei jeder Restrukturierung prüft man nach einiger Zeit, wie es gelaufen ist, oder wie es läuft. Dann wird neu entschieden, ob und wie man weiter macht. Meist werden die Karten dann neu gemischt. Natürlich gibt es auch Experimente, die scheitern. Dann versucht man es eben ganz anders.

Es versteht sich, dass man mit jeder Frage nach Gelingen oder Misslingen eines Experimentes in eine offene Konzeptions-Konkurrenz hineingeraten kann; und man muss sehen, dass eine potenzielle Konkurrenz dieser Art ohnehin stets vorhanden ist. Dem Lean-Management stellt sich jedenfalls die besondere Verpflichtung, die dialektischen Spannungen zu bewältigen, die in Verbindung mit der Restrukturierung entstehen und die durch die Konzeptions-Konkurrenz leicht intensiviert werden können.

2.3 Führung durch strategiebezogene Zielvereinbarung

Restrukturierung und partizipative Rationalisierung, diese Doppelstrategie ist auf Steigerung der Produktivität sowie auf eine höhere Selbstverwirklichung des Einzelnen in seiner Tätigkeit angelegt. Gleichzeitig muss festgestellt werden, dass mit diesen Lean-Aktivitäten eine Intensivierung der dialektischen Spannungen einhergeht. Diese Widersprüche zu einer Synthese zu bringen und damit die Doppelstrategie zum Erfolg zu führen, das ist Aufgabe des Managements. Die angemessene Führungsmethode soll als „Führung durch strategiebezogene Zielvereinbarung" bezeichnet werden. Es ist ein Führungsmodell, in dem von oben nach unten, vom Vorstand angefangen und sich über die einzelnen Hierarchieebenen nach unten fortsetzend, nicht mehr nach herkömmlichem Muster angeordnet werden soll. Vielmehr wird es als Aufgabe eines jeden jeweils höheren Vorgesetzten angesehen, die Ziele nach vorhergehenden methodisch strukturierten Gesprächen festzulegen. *Vereinbarung*, das besagt ganz klar, dass der hierarchisch nachgeordnete Positions- oder Stelleninhaber seine Auffassung über die Erreichbarkeit der Ziele sowie über die Art der einzuschlagenden Maßnahmen zur Zielerfüllung mit in die Waagschale werfen soll. Mit dem Begriff der Zielvereinbarung wird streng und konsequent auf den ökonomischen Erfolg, also auf den Gewinn an Rationalisierung und an Markteffizienz, Bezug genommen. Es liegt also ein anderer Ansatz vor als bei der Verwendung dieses Aus-

drucks im personalpolitischen Kontext. Die Zielvereinbarung
im Lean-Zusammenhang ist denn auch mehr auf mittel- und
langfristige als auf kurzfristige Ziele orientiert. Dabei dominiert das strategische Moment. Es sind die Ziele im Großen,
in ihren Verknüpfungen, mit den Folgen und Nebenwirkun-
gen, die bei der Zielfindung beachtet werden sollen. Es sind
weiter die Alternativen, die Chancen zur flexiblen Anpassung
an mögliche ökonomische Entwicklungen miteinzubeziehen.
Vor allem wird eben der Konsequenz in den Führungskräfte-
Mitarbeiter-Beziehungen eine wesentliche Bedeutung gegeben. Man kann von einem Vertragsverhältnis sprechen, das
zwischen der Führungskraft und dem jeweils rangniederen
Mitarbeiter aufgebaut wird. Das Führungsmodell basiert auf
zwei Grundgedanken. Auf der einen Seite soll ernsthaft die
Vereinbarung gesucht und dem Mitarbeiter die Möglichkeit
gegeben werden, seine Kreativität und Qualifikation bei der
Zielfindung und Zielausgestaltung einzubringen. Daraufhin
ist eine Vereinbarung festzulegen, die von dem Mitarbeiter innerlich akzeptiert werden kann. Dann soll dieser aber auch
die Einsicht haben oder entwickeln, dass das Ineinanderwir-
ken der Arbeitsprozesse in Produktion, Verwaltung und
Dienstleistung sowie zwischen ihnen nur dann reibungslos
sich vollziehen kann, wenn jeder Mitarbeiter den Vertrag ein-
hält. Dieses Führungsmodell kann nur erhalten werden, wenn
die Vielzahl der vereinbarten Integrationsvorgänge in Aufbau
und Durchfluss von Material und Informationen stimmig
bleiben.

Eine Zielvereinbarung vollzieht sich über Gespräche. Diese
sind als Vorstufe zur Zielvereinbarung zu betrachten. Treffend ist deshalb der von H. J. BRACZYK stammende Begriff
„diskursive Koordinierung".[10] Man soll also in einem Dis-
kurs, d. h. in einem offenen, das Problem von allen Seiten be-
leuchtenden Gespräch zu einer Koordinierung der Auffassungen kommen. Hierbei wird bei beiden Partnern vorausgesetzt, dass der Wille zur Übereinstimmung der Gesichtspunkte vorhanden ist.

Nun ist hier eine grundlegende Feststellung erforderlich. Es kann sich in der Praxis die Situation ergeben, dass keine Koordinierung und damit keine Vereinbarung zustande kommt. In einem solchen Fall bleibt der verantwortlichen Führungskraft nichts anderes übrig, als ohne Vereinbarung zu entscheiden. Es muss dann allerdings gesagt werden, dass hier eine Lage entstanden ist, in welcher die Denk- und Verhaltensweise dieser Führungskraft daraufhin zu hinterfragen ist, warum sie die erklärte Leitidee nicht eingehalten hat. Die Leitidee dieses Führungsmodells ist doch, um das noch einmal zu betonen, von der Anordnung wegzukommen. Die Grundidee der Führung durch Zielvereinbarung ist eine ganz andere. Es wird in die Führungskraft, die eine Zielvereinbarung erarbeiten soll, das Vertrauen gesetzt, dass sie es als einen Akt der Vernunft ansehen soll, alles zu tun, um ein Verhalten im Sinne einer *business humanity* zu realisieren. Ist doch der motivierte Mitarbeiter gefragt, der mit unternehmerischer Verantwortung handeln soll.

Mit dem Leitbild der strategiebezogenen Zielvereinbarung, deren Realisierung als ein Akt der Vernunft anerkannt und so betrieben wird, kann die Dialektik in einem ruhigen Fahrwasser gehalten werden. Es wurde aufgezeigt, dass es sich hier um kombinierte und dadurch komplexe Widersprüche handelt, deren Ausgangspunkt jeweils die Hierarchie mit ihrer Forderung nach Ordnung, aber auch nach Macht und Einfluss ist. Ohne dass das beabsichtigt wäre, gelangt die Hierarchie in die dialektische Spannung mit den horizontalen Arbeitsprozessen, mit einer sich spontan bildenden Offenheit innerhalb bestehender hierarchischer Zwänge und mit der Dezentralisierung bzw. mit dem Erfordernis dezentraler Kompetenzverteilung nach unten. Nun ist es so, dass innerhalb dieser Bewegungen auch ohne Eingriffe seitens der Führungskräfte Ausgleichsvorgänge eintreten. Diese sind aber weitgehend instabil und können leicht in neue Widersprüche umkippen; und zwar ohne dass die aufbauenden Wirkungen einer Synthese eingetreten wären. Wenn es auch keine Stabi-

lität auf Dauer geben kann, so ist doch das Erreichen einer
Synthese mit spürbarer Stabilität – die zunächst, bis auf weiteres gilt – unerlässlich, um zur Ruhe im Sinne einer produktiven Arbeitsatmosphäre zu gelangen.

2.4 Positive Weiterentwicklung der Lean-Aktivitäten

Man kann nicht behaupten, die Wirtschaft generell befände
sich derzeit in gutem Zustand. Da haben schon die Ereignisse des 11. September 2001 zu viele Spuren hinterlassen. Auch
bei einer solchen Kennzeichnung darf aber die positive Bewältigung der Lean-Herausforderung nicht übersehen werden. Die Lean-Thematik entstand um 1990. Im Laufe des folgenden Jahrzehnts hat sich dann die Wirtschaft in einem er-
staunlichen Maße erholt. Der Aufschwung, der bis zur Jahr-
tausendwende festzustellen war, hat, wie jeder Erfolg, viele
Väter. Aber ohne Einflüsse wie Konjunkturzyklen, politische
Entwicklungen, technischer Fortschritt geringschätzen zu
wollen: Es sind doch in erster Linie die innerbetrieblichen
Bemühungen um die Doppelstrategie von Restrukturierung
und partizipativer Rationalisierung gewesen, die diesen Auf-
trieb bewirkt haben. Und es wird im Interesse des wirtschaftlichen und sozialen Voranschreitens darauf ankommen,
diese Lean-Qualitäten zu erhalten und weiter zu entwickeln.
Dabei ist zu berücksichtigen, dass die Zielvereinbarung in erster Linie ein strategisches, also ein auf mittel- und langfristige Planung und Zielerreichung angelegtes Programm darstellt. Es wird eben sehr stark auf die Zukunft hin gedacht
und gearbeitet. Und diese Synthese ist somit auch als in der
Zukunft sich ereignend aufgefasst. Diese Zielvereinbarung
mag gegenwärtig noch schwierig sein, mag Mängel aufweisen. Lean bedeutet ja auch ständige Umstellung, potenzielle
Sorge um Positions- und Machtverlust. Lean bedeutet Konkurrenz um die bessere Planung, um die wirksamere Maßnahme. Aber es gibt doch mehr Freiheiten als bisher; und die

Kooperation zwischen „oben" und „unten" ist wesentlich besser. Durch Lean ist jedenfalls der Trend entstanden, mit Optimismus und mit Hoffnung auf eine gleichsam sich fortschreitende Synthese der Interaktionen und des Gesamtsystems zu blicken; und es wird die Chance gesehen, über eine qualitative Gesprächskultur zu einer qualitativen Unternehmenskultur zu gelangen. Es dominiert die Hoffnung, man werde mit der immer wieder aufkommenden Dialektik fertig; man werde ihre Impulse als positiv aufgreifen und ihre negativen Einflüsse zu beherrschen lernen.

Das wichtigste Moment, warum die Lean-Aktivitäten es wert sind, weiter entwickelt zu werden, ergibt sich aus dem Appell an die partizipative Rationalisierung. Vor allem in der Industriesoziologie ist darauf hingewiesen worden, dass mit der Lean-Produktion eine ganz wesentliche Besinnung auf die Fähigkeiten und Fertigkeiten des Menschen erfolgt ist. Dies schlägt sich interessanterweise in einer Umwertung des Lean-Begriffs nieder. Unter „Lean" wird nicht nur „Verschlankung" verstanden, sondern „Verschlankung durch Entwicklung und Nutzung der innovativen Fähigkeiten des arbeitenden Menschen". Zielvorstellung ist: der Beschäftigte, insbesondere der Arbeiter, der nicht nur unter Rationalisierungsdruck von außen steht, sondern der aus eigener Einsicht sich im KVP-Prozess und an der Entwicklung der Rationalisierung beteiligt; und der durch seinen Beruf Sinn und Selbstverwirklichung findet – diese Konstellation wirklich zu erreichen, das ist Erwartung und Hoffnung für die Zukunft. Der Weg dahin wird sicher immer durch Widersprüche gekennzeichnet sein, aber er führt stets auf eine Synthese hin. Nach GERT SCHMIDT ist Lean-Produktion „als ein Stückchen Faszination und Hoffnung an der Schwelle zum 21. Jahrhundert" zu sehen. Es basiert auf dem Gedanken einer neuen Kombination von technischer und sozial-kultureller Organisation. Nach Schmidt liegt hier ein „gesellschaftliches Projekt für fortschrittliche kapitalistische Produktion und Marktrealisierung"[11] vor.

3. Die Dezentralisierung als Basis der Typen organisatorischer Umstrukturierung

In der Unternehmensentwicklung, die von den Lean-Aktivitäten geprägt wurde, hat sich die Dezentralisierung als die wesentliche Grundlage aller Restrukturierungsmaßnahmen erwiesen. Alle Modelle organisatorischer Veränderungen gehen davon aus, die Macht der Zentrale zugunsten dezentraler Bereiche, Abteilungen, Werke, Gruppen einzuschränken. Dabei hat man durchaus den Eindruck, dass auch Unternehmen, die von „lean" kaum oder noch nie etwas gehört haben, diesen Weg beschritten haben und weiter beschreiten. Ein Unternehmen ist ja kein isoliertes Gebilde; es steht mit anderen in Geschäftsverbindungen. Über diese Kommunikationslinien bilden sich dann Normen heraus, was zu tun ist, um wirtschaftlich produktiver zu werden und die Mitarbeiter stärker motivieren zu können.

Es erscheint mir wichtig, an dieser Stelle noch einmal zu betonen, dass inhaltliche Ausgestaltung der Dezentralisierung nicht bedeutet, die Zentrale werde sich aus allen dezentral strukturierten Arbeits- und Geschäftsvorgängen zurückziehen. Es wäre eine Illusion, dies so sehen zu wollen. Auch hier setzt man die richtige Brille auf, wenn man das Verhältnis von Zentralisierung und Dezentralisierung als dialektisches System begreift.

Den besten Zugang zu der Problematik, die hier entstehen kann, bekommt man, wenn man sich die Abhängigkeit der Verkaufsplanung vom Verkaufserfolg vor Augen hält: In Jahresplänen wird mit den Verkaufsbereichen (mehr oder weniger in Vereinbarungen) festgelegt, welche Verkaufsziele und welche Erlöse damit realistisch sind. Auf diesen Erwartungen basiert auch die Planung, was man sich leisten kann, an In-

vestitionen, an neuem Personal, an Gehaltszulagen. Geht diese Kalkulation auf bzw. wird das geplante Geld verdient,
dann bleibt dieses Muster der Dezentralisierung bis zur nächsten Jahresplanung bestehen. Wenn aber „etwas dazwischen
kommt", wenn nach den Monats- oder Dreimonatsabrech-
nungen ersichtlich wird, dass die Planzahlen des Verkaufs
nicht erreicht sind, dann pflegt die Zentrale meist recht
schmerzlich einzugreifen. Investitionen und Planstellen werden gestrichen, es wird kontrolliert und es kann sein, dass ein-
flussreiche Positionsinhaber im Verkauf auf einmal gefährdet
sind. Es ist dies im Vertrieb anerkannte und wohl auch be-
währte Muster, das auf die Unternehmensplanung generell
übertragen wird. Wie im Verkauf besteht also zwischen Dezentralisierung und Zentralisierung eine Art von gespannter
Abhängigkeit. Dies wird nicht oder jedenfalls nicht genau gesagt. Und das hat man in erster Linie daraus zu verstehen,
dass es ja nicht Absicht der Zentrale sein kann, die dezentralen Einheiten zu verunsichern. Man muss sich hier daran erinnern, dass der Optimismus in den Betrieben der Wirtschaft
eine große Rolle spielt. Im Verkauf ist das am stärksten zu beobachten. Und wenn das Dezentralisierungsmodell des Ver-
triebs generell zur Triebfeder gemacht wird, so ist das auch
als ein zusätzlicher Impuls für den Optimismus zu sehen. Probleme durch Nichterfüllung der Pläne können entstehen, aber
sie müssen nicht aufkommen. Und wenn diese tatsächlich da
sind, dann muss man eben mit ihnen fertig werden. Für alle
dezentralen Einheiten gilt also, dass sie potenziell in einem
dialektischen Widerspruch zur Zentrale stehen, der je nach Situation schnell aktualisiert werden kann. Und es ist zu wiederholen, dass diese Spannungen leicht größer und komplizierter werden können, wenn die Dialektik das Verhältnis der
Hierarchie zur Ablauforganisation sowie zur partiellen Offenheit der Organisation mit umfasst. Überwindung dieser
Schwierigkeiten, Fertig-Werden mit dieser Lage, das kann
durch strategiebezogene Zielvereinbarung und Mobilisierung
der partizipativen Rationalisierung geschehen. Damit lässt

sich das interaktionale Gleichgewicht als Synthese der Widersprüche bei gleichzeitigem Gewinn an kollegialem Verhalten erreichen.

Noch einige Bemerkungen zur Definition der Dezentralisierung. Sie kann in ihrer umfassenden Bedeutung als Verteilung von Entscheidungskompetenz und Verantwortung auf die jeweils nächste hierarchische Ebene beschrieben werden. Dabei wird die Gesamtmacht auf immer kleiner werdende Elemente aufgegliedert. Nun weisen FAUST, JAUCH, BRÜNNECKE und DEUTSCHMANN aber auch darauf hin, dass mit diesem Begriff in der Literatur und in der betrieblichen Praxis unterschiedliche Phänomene bezeichnet werden. Sie bieten eine Gliederung an, in der insbesondere der Unterschied von strategischer und operationaler Dezentralisierung hervorzuheben ist.[12] Bei „strategischer Dezentralisierung" ist an die Einrichtung von Zweigwerken und Geschäftsstellen gedacht; darüber hinaus sind alle Lokationen eines Unternehmens gemeint, die marktnah als Kontaktstelle für Kunden, Lieferanten und zur öffentlichen Hand fungieren. „Operationale Dezentralisierung" umfasst im Kern den Beziehungsbereich, der innerhalb eines Betriebes unter dem Begriff Delegation bekannt ist.

Von der Thematik der Lean-Produktion und des Lean-Managements gesehen steht dabei die operationale Dezentralisierung im Vordergrund. Dabei muss man freilich beachten, dass zur strategischen Dezentralisierung viele Übergänge vorhanden sind. Es kann auf diesem Feld ohnehin keine scharfe Abgrenzung möglich und sinnvoll sein. Uns geht es hier um eine Gliederung, deren Merkmale sich an der lean-bezogenen Umstrukturierung orientieren.

Im Folgenden versuchen wir, die von der Rationalisierung bestimmte Organisation nach Strukturtypen oder nach Modellen zu gliedern und näher zu beschreiben. Dabei ist gleichzeitig zu sagen, dass in der Praxis Mischformen nahezu die Regel sind. In der Empirie hat eben jedes Unternehmen seine eigene, auf seine Belange abgestimmte Art der Restrukutrierung, wobei meist in den einzelnen Bereichen und Abteilungen bereits unterschiedliche Akzente festzustellen sind. Will man sich aber eine Gesamtübersicht verschaffen, so kommt man ohne eine abstrahierte Typisierung nicht herum. Bei den ersten beiden Typen ist die Umstrukturierung eindeutig und direkt der Dezentralisierung eingegliedert. Es handelt sich einmal um die *Delegation von Kompetenz und Verantwortung*; zum anderen haben wir den Typus, in dem die herkömmliche *Arbeitsgruppe bei einer weitgehenden Selbständigkeit in Konzeption und Ausführung* zu einer zielbewussten Tätigkeit gebracht werden soll.

Der dritte Strukturtyp, die *prozessorientierte Organisation*, steht nicht so in unmittelbarem Zusammenhang mit der Dezentralisierung wie die beiden ersten Typen. Ihr mittelbarer Kontext dazu ist aber recht deutlich. Dieser Typ hätte sich nämlich nie ohne die inhaltliche Aufwertung der Dezentralisierung entwickeln können. Es ist die Konzeption, dass ein „Produktmanager" die horizontalen abteilungsübergreifenden Prozessketten optimal zusammenfasst und so die Abläufe qualitativ und kostenmäßig zu verbessern bestrebt ist. Das herrschende Management zeigt diesen Vorstellungen gegenüber nur eine geteilte Freude. Charakteristisch sind Versuche, die eindeutigen Vorteile dieser Konzeption zu nutzen, dabei aber nicht die gesamte Struktur verändern zu müssen.

Der vierte Strukturtyp, der mit *Abteilungsübergreifender Kooperation durch Sachbearbeiter-Aktivität* bezeichnet wird, kann sich ebenfalls nur durch die eminent gestiegene Bedeutung der Dezentralisierung ausbilden. Es wäre falsch, anzunehmen, dieser Typ würde sich als Folge eines „laissez-faire"-Führungsstils entwickeln. Es handelt sich hier vielmehr um die Bottom-up-Energien verantwortungsvoller und qualifizierter Mitarbeiter, die partizipative Rationalisierung durchzuführen. Auch hier steht das Bemühen um die abteilungsübergreifende Kooperation im Mittelpunkt. Da, wo dieser Strukturtyp zu finden ist, fragt man sich, ob das Management von der abteilungsübergreifenden Aktivität der Sachbearbeiter Kenntnis hat oder nicht. Wird ein Gelingen dieser Kooperation als selbstverständliche Folge der Dezentralisierung angesehen? Wird sie toleriert? – In jedem Falle sollte sie an-

erkannt und unterstützt werden! Man darf freilich bei dem
Aufweis neuer Impulse durch Lean-Produktion und Lean-
Management sowie bei der Charakterisierung der Strukturtypen nicht übersehen, dass gleichzeitig überkommene Verhaltensweisen weiter bestehen können. Wenn man detaillierter Unternehmensanalysen vornimmt, so kann man durchaus
auf negative Verhaltensmuster stoßen. So lässt sich zum Beispiel feststellen, dass in einem Unternehmen, das nach dem
„Intrapreneur"-Modell aufgebaut ist, in einem Bereich ein
autokratischer Führungsstil weiter besteht. Der Bereichsleiter
hält sich, weil er Erfolge nachweisen kann und überdies ge-
schickt taktiert. Die soziale Atmosphäre in seinem Bereich ist
sehr schlecht. Gute Kräfte kündigen. Der „Chef" erklärt dazu, diese Leute hätten „sowieso nichts gekonnt". Auch hier
liegt eine Dialektik mit ihren Widersprüchen vor. Man kann
nur hoffen, dass Fälle dieser Art bei zunehmender Geltung der
Doppelstrategie in ihrer Brüchigkeit entlarvt werden.

3.1 Strukturtyp I: Delegation der Kompetenz und Verantwortung (Das Intrapreneur-Modell)

Restrukturierung durch Delegation – das musste der Ansatz
sein, der am schnellsten aufgegriffen werden konnte. Davon
war in den Unternehmen ja stets die Rede gewesen. Delegation der Kompetenz und Verantwortung; darunter verstand
man doch immer die kaskadenartig gesplittete Macht- und
Einflussverteilung „nach unten". Also galt es jetzt, diese leicht
einsehbare, aber offensichtlich schwer umzusetzende Führungsmethode gründlicher, kontrollierter, ernsthafter durch-
zusetzen.

Delegation hat man als Unterfall der Dezentralisierung zu sehen. Deshalb gelten alle dort festgestellten Momente auch
hier. Führungskräfte und Mitarbeiter, denen Ziele und Auf-

gaben delegiert werden, sind auch für die aufgewendeten
Kosten, für die einzuhaltenden Termine, für die Qualität der
Leistungen „nach oben" verantwortlich.

Allerdings ist die Delegation als Führungsmethode im herkömmlichen Sinne noch keine Restrukturierung. Man wird
zwar sagen können, dass bei konsequenter Stabilisierung dieses Modells immer ein gewisser Erfolg an Rationalisierung
und Arbeitszufriedenheit eintreten wird. Vom Strukturtyp
„Delegation", da folgen wir der Forschungsgruppe FAUST,
JAUCH, BRÜNNECKE und DEUTSCHMANN, kann man aber nur
bei einer strukturverändernden Dezentralisierung[13] sprechen.
Und diese liegt nach FAUST u. a. dann vor, wenn der Linienvorgesetzte in seiner Position deutlich aufgewertet wird; und
zwar dadurch, dass die ihm zuarbeitenden und begleitenden
sowie seine Ergebnisse nacharbeitenden Stäbe und Fachexperten, die bisher parallel zu ihm positioniert waren, ihm
nunmehr unterstellt werden. Man kann auch sagen: Die bisher als „indirekter Bereich" geltenden Abteilungen werden in
den direkten Linienbereich integriert. Bei FAUST u. a. wird diese Führungskraft „Intrapreneur" genannt. Intrapreneur, das
ist der interne „entrepreneur"; man kann auch sagen, er sei
der „Unternehmer im Unternehmen": Ausdrücke dieser Art
sind aber gleichsam schon besetzt, weil heute der Trend besteht, jeden Mitarbeiter als Mit-Unternehmer anzusprechen.
Natürlich gibt es hier einen entscheidenden Unterschied.
Wenn der einzelne Mitarbeiter als Unternehmer im Unternehmen bezeichnet wird, so ist das als Appell an Art und Auffassung seiner Arbeitsverpflichtung zu sehen. Wenn aber eine Führungskraft als Unternehmer im Unternehmen, eben als
Intrapreneur tituliert wird, dann ist das ein offizieller Auftrag
zur Umsetzung von Zielen und Plänen.[14]

Der Intrapreneur ist ein herausgehobener Vorgesetzter. FAUST
u. a. weisen seine Position und die von ihm verlangten Pflichten am Beispiel der höheren Meister-Ebene nach.[15] Die sozialen Beziehungen in der Produktion sind am besten er-

forscht; und so lassen sich hier auch die eindrucksvollsten Beispiele aufzeigen. Der Intrapreneur-Typus ist aber genau so im Verwaltungsbereich zu finden, wo es um Abbau der Bürokratisierung und Senkung der Gemeinkosten geht.

Die Konzeption des Intrapreneurs hat sich deshalb etablieren können, weil sie in Verbindung mit der Verringerung hierarchischer Ebenen steht. Es lässt sich auch umgekehrt formulieren: Die Kritik (Selbstkritik) an der Zentralisierung hat bewirkt, dass man zu der Erkenntnis gekommen ist, die Wege von oben nach unten seien zu lang; es sei wirkungsvoller für den Durchfluss der Informationen, wenn es weniger Schaltstationen gebe. So können Planung und Durchführung schneller und effektiver gestaltet werden. Ein noch wichtigeres Argument, weshalb man die Restrukturierung zum „Intrapreneur-Modell" durchführt, ist der damit in Zusammenhang stehende Abbau von Schnittstellen, die leicht den Ablauf in Fertigung und fertigungsnaher Verwaltung blockieren können. Am Beispiel des Meisters veranschaulicht: An die Stelle mehrerer Meistereien tritt eine umfassende Einheit. Auch diese ist zwar gegliedert; und die einzelnen Gruppen werden von Vorarbeitern oder Gruppenleitern betreut. Die verantwortliche Führung liegt aber bei dem Intrapreneur. Und dann werden in dieser größeren Meisterei die bisher selbständigen Assistenzfunktionen der Linie mit einbezogen. Das sind einmal „Instandhaltung" und „Qualitätskontrolle"; sodann produkt- und fertigungsbezogene Konstruktionsabteilungen. Schließlich zählen dazu Experten der Materialwirtschaft, der Arbeitsplanung und Fertigungssteuerung. Innerhalb dieses größeren Bereichs bestimmt also der Intrapreneur; und damit gibt es hier in Bezug auf Informationsübertragung, Produktdurchlauf und Dienstleistungsprozesse keine Schnittstellen.[15)]

Was man von einer Führungskraft, die in die Position des Intrapreneurs berufen wurde, erwartet, das ist mit Realisierung der Restrukturierung und partizipativen Rationalisierung zu bezeichnen. Man beachte hierzu die eindeutige Tendenz, immer mehr von der Massenfertigung in eine Kleinserienfertigung sowie in eine komplexe Produkt- und Einzelfertigung überzugehen. Damit ergeben sich Aufgabe und Chance, von einer erstarrten Arbeitsteilung sowie von häufigen Stillstandszeiten loszukommen. In diesem Zusammenhang ergibt sich wie nie bisher die Möglichkeit, den Beschäftigten, speziell den Arbeiter von einer Fremdbestimmung zu lösen und ihm eine Tätigkeit anzubieten, die auf seine individuellen Qualifikationen zugeschnitten ist. Das heißt auch, dass der Intrapreneur eine umfassende Produktivitätserhöhung erarbeiten soll; und dass der Arbeiter, über seine Partizipation und Kreativität, einen wichtigen Beitrag dazu leistet.

Nun lässt sich das leicht sagen. Man muss aber beachten, dass diese Ausgangslage unter dialektischer Perspektive als These zu gelten hat. Wie im Mitarbeiter-Führungskraft-Verhältnis beschrieben, brauchen die Mitarbeiter Zeit, Kraft und Motivation, um sich auf den technischen und organisatorischen Wandel einzustellen. Man darf nicht vergessen, dass es dem Beschäftigten immer schwer gefallen ist, Anpassungsleistungen an eine neue Arbeitsstruktur und -organisation erbringen zu müssen. Ein objektiver Beobachter dieser Szenerie müsste eigentlich annehmen, der Arbeiter sei über die Veränderungen hocherfreut; bekomme er doch ganz andere Chancen zur Selbstverwirklichung. Aber man darf das tief sitzende Misstrauen nicht verkennen, das im Arbeiter oft aufsteigt, wenn von Veränderungen zu seinen Gunsten gesprochen wird. Hat man uns, so ist dann die Reaktion, das nicht immer schon gesagt und nachher ging doch alles zu unseren Lasten? Und da wird etwa verwiesen auf schnellere, hektischere Tätigkeiten, auf Verlust von Gewohnheiten (die leichten Zugang zur Arbeit bedeuten), auf Veränderung im sozialen Umfeld (mit neuen Gruppenbildungen).

Sicher gibt es auch das Bemühen, die Kennzeichen der neuen Arbeitsmethoden zu verstehen, sich darauf einzustellen und

das Positive zu erfassen. Aber nach der Startphase zur Restrukturierung entsteht doch zunächst die Phase der Opposition, des Sich-zurecht-Findens, des Aufbaus neuer Koopera-
tionsstränge, eben des Widerspruchs. Und es ist dann vom Intrapreneur ein *Change Management* gefragt, wobei es vor allem auf Überzeugungsarbeit im Rahmen von Gesprächen
ankommt.

Nehmen wir den Produktionsbetrieb als Beispiel, so hat der
Linienvorgesetzte, der zum Intrapreneur ernannt wird, zwei
Produktionsgruppen zu führen. Da sind einmal die Arbeiter
und Sachbearbeiter, die jetzt im größeren Zusammenhang ohne Schnittstellen und Hemmnisse kooperieren können. Schon
im Verhältnis zu ihnen ist auszumachen, dass in der vom Intrapreneur eingeläuteten Startphase (These) eine Phase folgt,
die bestimmt wird durch abwartendes, oppositionelles Verhalten und von einer Suche nach neuem Zugang zu der ge-
wandelten Produktionsstruktur (Antithese).

Die zweite Funktionsgruppe umgreift die Fachexperten der
bis dahin indirekten Abteilungen. Und man braucht kein
Hellseher zu sein, um einzusehen, dass der Intrapreneur ihnen gegenüber schnell in einen (dann meist tief sitzenden) Gegensatz geraten kann. Die zu dieser Gruppe zählenden Experten können ja auch nur mit Missbilligung auf eine Restrukturierung reagieren, die ihnen einen empfindlichen Verlust an Status und Einfluss beschert. Bisher hatten sie
sozusagen ein Interventionsrecht. So konnte der Experte des
Konstruktionsbüros darauf dringen, Maße an Maschinen
und Vorrichtungen zu ändern; andernfalls müsse er die Verantwortung für eine weitere Produktion ablehnen. Der Ar-
beitsplaner konnte auf eine zügige Veränderung arbeitsorientierter Abläufe hinwirken. Der Zeitstudienexperte (REFA-
Mann) pochte auf seine Kompetenz, die Produktionszeiten
optimieren zu können. Der Intrapreneur gerät also leicht in
die Lage, dass ihm von den Mitarbeitern der indirekten
Abteilungen eine Abwehrhaltung entgegengebracht wird.

Die Exerten-Gruppe hat erhebliche Schwierigkeiten, von ihrem höheren Status, den sie gegenüber den Arbeitern einnahm, herunterzukommen. Und sie neigt ferner dazu, dem Intrapreneur zu zeigen, sie wisse auf ihrem Gebiet alles besser.

Von dem Linienvorgesetzten muss die Realisierung der Doppelfunktion von Restrukturierung und Mobilisierung der partizipativen Rationalisierung verlangt werden. Darin eingeordnet ist seine Aufgabe, die Fachexperten der bisher indirekten Abteilungen zu integrieren. Unter dem Aspekt des Führungsverhaltens sind seine Verpflichtungen etwa so zu beschreiben:

1. Als Ausgangspunkt (These) ist es wichtig, den Fachexperten Verständnis über ihre Haltung zu zeigen. Er muss sich dabei bemühen, eine Gesprächskultur aufzubauen, innerhalb derer er ihnen mit Geduld und Nachweis des Zuhören-Wollens gegenübertritt. In diesem zu schaffenden Klima haben dann die Gespräche zur strategischen Zielvereinbarung stattzufinden. Dies bedeutet gleichzeitig, dass er nicht als „großer Macher" auftritt. Er soll ihnen durchaus zeigen, wie sehr er auf ihre Kreativität und ihren Einsatz angewiesen ist. Es gilt, ihnen Vertrauen entgegenzubringen und ihnen Freiheiten zu geben. Das ist das beste Mittel, sie aus ihrem Widerstand zu lösen und sie von der Bildung konträrer Positionen abzuhalten. Auf dieser Basis kann der Linienvorgesetzte auch an deren Verständnis appellieren. So etwa sollen sie begreifen, dass das Intrapreneur-Modell u. a. deshalb eingeführt worden ist, weil der bisherige Zustand unbefriedigend war. Gab es doch ständige Auseinandersetzungen zwischen der Linie und den indirekten Abteilungen, die zur Verzögerung und zur Lähmung der Produktion und Dienstleistungen geführt haben.

2. Zum Ausgangspunkt und damit zur These gehört dann noch der Umbau des Kooperationsgefüges, insbesondere der neu zu gestaltenden Verflechtung zwischen den Arbei-

tern und Fachexperten der Stäbe. Mit anderen Worten:
Zur Optimierung der Wertschöpfungsprozesse ist der Um-
bau der Organisation des Intrapreneurbereichs in neue
Subgruppen erforderlich.

3. Diese Umstrukturierung hat so zu geschehen, dass alle
Mitarbeiter des Intrapreneurbereichs ein neues Berufsbe-
wusstsein bekommen. Das ist vor allem für die früheren
Stabsexperten von Bedeutung. Es ist ein positives kolle-
giales Arbeitsdenken anzustreben, das sich sowohl auf die
Subgruppe als auch auf die größere Einheit bezieht.

4. Von diesem Ansatz ausgehend hat dann der Intrapreneur
die Verpflichtung, die Gruppen im Laufe des täglichem Arbeitshandelns so zu formen und eine solche Verzahnung
zwischen ihnen zu ermöglichen, dass das herauskommt,
was von ihm erwartet wird: Kosten- und termingünstige
Produktions- und Dienstleistung, optimal funktionieren-
der Informationsfluss, überhaupt ein Gewinn an Produktivität. Freilich ist unschwer zu erkennen, dass diese Prozesse Zeit brauchen; und zwar deshalb, weil in ihnen häufig Widersprüche aufbrechen werden. Für den Linienvorgesetzten kann es nur darum gehen, diesen Widerspruch
als Eustress und nicht als Disstress zu begreifen und beim
Mitarbeiter die gleiche Reaktion anzuregen.

5. Zur fruchtbaren Nutzung der antithetischen Spannung
und als Vorgriff auf eine stabile Synthese ist es wichtig,
dass die Fachexperten ein Aufgabenspektrum bekommen,
in dem ihre Qualifikationen wie ihre Ansprüche auf berufliches Prestige Berücksichtigung finden. Sie werden dadurch sowohl in ihrer Subgruppe als auch in dem Intra-
preneurbereich ein neues Berufsbewusstsein erhalten. Und
man kann davon ausgehen, dass sich dies als Impuls auswirkt, mit persönlichem Einsatz und mit Teamverantwor-
tung für die Produktivität und den Fortschritt des Unternehmens zu handeln.

6. Ganz wesentlich ist, dass alle Mitarbeiter begreifen: Der Linienvorgesetzte hat im Zuge der Restrukturierung bestimmte Zielgrößen zu erfüllen. Diese sind ihm vorgegeben. Und die Entwicklung der zwischenmenschlichen Beziehungen zur Synthese ist nur in unmittelbarem Zusammenhang mit der eingehaltenen Zielvorgabe interessant! Der Aufbau von Beziehungen alleine, ohne die teils harte Verpflichtung zum ökonomischen Erfolg ist schon lange als das Erreichen-Wollen „glücklicher Kühe" glossiert worden.

7. Es ist wichtig, dass der Linienvorgesetzte seine Aufgaben und Verpflichtungen als in die Zukunft gerichtet betrachtet. Die Vorstellung, wie eine Synthese aussehen soll, wie von ihr aus eine qualitative Unternehmenskultur aufgebaut werden kann, muss von dem Optimismus bestimmt sein, von einem Zielsystem-bezogenen Management her zu führen. Es ist an dieser Stelle wichtig, sich noch einmal mit dem Verhältnis von Zentralisierung und Dezentralisierung zu befassen. Wir sagten, dass potenziell hier ein – dialektischer – Gegensatz besteht. Noch exakter formuliert, könnte man von einem Gegensatz zwischen der Zentrale und den Folgen der Entscheidung dieser Zentrale zur Dezentralisierung sprechen. Es handelt sich um den potenziellen Gegensatz, d. h. um einen solchen, der nicht immer bemerkbar ist oder der lediglich in dem Gewand freundlicher Impulse daher kommt; der aber plötzlich emporschnellen kann. Der Kern dieses Gegensatzes liegt darin, dass die Zentrale Zielgrößen vorgibt, die von dem dezentralen Management zu erfüllen sind. Wenn dies nicht geschieht bzw. sobald ein Zustand entsteht, aus dem die Zentrale entnehmen kann oder zu entnehmen glaubt, dass die Ziele nicht erreicht werden können, dann tritt der Gegensatz offen hervor.

3.2 Strukturtyp II: Die sich selbst organisierende Arbeitsgruppe

Es fällt auf, wie hoch der Stellenwert ist, den die Gruppenarbeit in Industrie und Verwaltung bekommen hat. Es gibt kaum ein Unternehmen, das nicht erklären würde, es sei längst auf Gruppenarbeit übergegangen. Auch dieser Trend ist ganz wesentlich als Teil und Folge der Lean- Aktivitäten zu sehen.

Dabei gibt es, was Aufbau der Gruppe sowie die Kompetenz des Einzelnen in der Gruppe angeht, erhebliche Unterschiede. In unserem Zusammenhang lässt sich jedoch eine bestimmende, typische Zweiergliederung feststellen; und zwar nach Art und Stärke der Lean-Einflüsse. In der überwiegenden Zahl der Fälle hat man es mit einer Kultivierung der herkömmlichen Gruppenarbeit zu tun. Die Unternehmen haben die Bedeutung der Gruppenarbeit für den Gewinn an Produktivität erkannt und demonstrieren das u. a. durch Broschüren und Statements. Alle Maßnahmen bleiben aber insofern im überkommenen Rahmen, als die Aufbauorganisation nicht verändert wird und die Art der Gruppenorganisation der jeweiligen Führungskraft überlassen bleibt. Bezeichnend ist denn auch eine großzügige Auslegung, was unter einer „Gruppe" verstanden werden kann. In der Regel wird generell den Kooperations- und Interaktionsgeflechten der Gruppencharakter zuerkannt. Die Lean-Aktivitäten haben hier immerhin erreicht, dass im Führungskraft-Mitarbeiter Bereich die Chancen der Gruppenarbeit bewusster wahrgenommen werden. Allerdings verfolgen, wie wir sahen, die Konzepte der Lean-Produktion und des Lean-Managements die Absicht, eine Strukturveränderung zu erreichen. So ist der zweite Gruppentypus auch derjenige, in dem bewusst die Strukturveränderung herbeigeführt wird. Wichtig ist, zu erkennen, dass der Entscheid zum Aufbau dieses Strukturtyps von der Unternehmensleitung getroffen wird. Anders gesagt: Wo dieser Strukturtyp in der Praxis angetroffen wird, da weiß man, dass ihn das Leitende Management eingeführt hat und ihm innerhalb der Dezentralisierung eine weitgehende Autonomie zuerkennt oder jedenfalls zuerkennen will. Die Gruppe soll eine eigenständige Größe sein und soll sich auch so sehen. Sie wird als *selbstorganisierte Gruppe* oder als *Gruppe mit Selbstorganisation* bezeichnet. Selbstorganisation, so die Definition einer Forschungsgruppe unter der Leitung von M. SCHUMANN, ist die „eigenständige Organisation einer inhaltlich abgeschlossenen vollständigen Aufgabe durch eine Gruppe. Voraussetzung dafür sind Handlungs- und Entscheidungsspielräume sowie eine über die reine produktive Funktion hinausreichende Aufgabenstellung".[16] Ausschlaggebend ist eben, dass das Leitende Management Initiator dieser Konzeption ist oder doch voll dahintersteht. In der Praxis gibt es herausragende Beispiele in der Autoindustrie, wo in Vereinbarung mit dem Betriebsrat der Gruppe eine inhaltlich abgegrenzte neue Aufgabe übertragen und ihr ein Handlungs- und Entscheidungsspielraum garantiert wird.[17]

Eine hervorstechende Anwendung der Gruppe als Selbstorganisation findet man in der *Fertigungsinsel*. Dieses Modell wurde möglich durch den Wechsel der Massenfertigung zur flexiblen Fertigung. Man kann auch sagen: Unter dem Lean-Gesichtspunkt nutzte man den Zwang zur Umstrukturierung als Chance zum Aufbau einer sich selbst organisierenden Gruppe.

Die Massenfertigung basiert auf dem Werkstättenprinzip. Werkstätten wie Dreherei, Bohrerei, Kleinteilefertigung, Vormontage, Hauptmontage u. a. sind hintereinander geschaltet. Dabei besteht strikte Trennung von planender, steuernder, ausführender und kontrollierender Arbeit. Es ist dann deutlich geworden, dass der Markt eine Umstrukturierung der Ablauforganisation auf eine flexible Fertigung erforderlich macht. Damit kann bei geringen Zusatzkosten eine Produktvielfalt erstellt werden. Es sind kleinere Losgrößen rentabel und man kann einen hohen Anteil an Sonderfertigung bewältigen. Speziell unter den Anforderungen, die heute an die Produktion gestellt werden, erweist sich die Organisation der flexiblen Fertigung als kostengünstiger und anpassungsfähiger.

Anstelle der langen Durchlaufzeiten und der ausgedehnten innerbetrieblichen Transportwege tritt jetzt eine Komplettbearbeitung
bzw. eine Fertigung und Montage kompletter Maschinenkompo-
nenten. Damit entfallen auch hohe Liegezeiten und vor allem um-
ständliche Kommunikationswege; und wesentliche planerische,
steuernde und kontrollierende Aktivitäten können in die jeweilige
Komplettverarbeitung integriert werden.

Wenn man will, lassen sich bei der flexiblen Fertigung kleinere Produktionszentren mit der Selbstorganisation als Basis
aufbauen. Es sind Produktionsstätten, in denen alle Schritte
bis zur Komplettierung von Teilgrößen einschließlich der
Montage vollzogen werden. Damit fallen Schnittstellen innerhalb der Arbeitsabläufe sowie zur Montage fort. Der Dis-
positions- und Wartungsaufwand wird dadurch erheblich ge-
ringer. Im Übrigen können die Mitarbeiter untereinander besser Blickkontakt herstellen.

Betrachten wir noch einmal den Ausgangspunkt, der zur Bildung von sich selbst organisierenden Gruppen führt. Unter
dem Zeichen des Lean-Managements kam man zu der Überzeugung, dass der Aufbau einer effektiven Arbeitsorganisation mit der Aufwertung der Arbeitsinhalte für die Beschäftigten verbunden werden muss. Speziell die Arbeiter sollen ihre
Qualifikation voll entfalten können und für den Ausbau der
Rationalisierung eintreten. Und da die Frage der Effektivität
integrativer Gruppenarbeit schon länger ein Thema war, lag
der Gedanke nicht fern, Gruppen zu bilden, in denen die Mitarbeiter mit größerer Selbständigkeit und Entscheidungsbefugnis ausgestattet werden. Wenn das Leitende Management
das Prinzip der Selbstorganisation realisiert, dann folgt es damit einer breiten gesellschaftlichen Strömung, die insbesondere von den Gewerkschaften, dem Betriebsrat und der Industriesoziologie artikuliert wird.

Unter dialektischem Gesichtspunkt ist die Tatsache, dass die
Unternehmensleitung den Start zur Selbstorganisation initiiert, das wichtigste Element der These. Man muss nur berück-

sichtigen, dass das Leitende Management sich dann zurückzieht und die weiteren Fragen der Konzeption und der Umsetzung auf die mittlere Führungsebene delegiert. Die Führungskraft, an die delegiert wird, kann ein Meister, ein Abteilungs- oder ein Bereichsleiter sein. Das ist je nach der Konstellation des Unternehmens verschieden. Wesentlich ist, dass über diese Führungskraft die sich selbst organisierende Einheit in die Hierarchie eingegliedert wird. Von diesem Manager, also z. B. von dem Inselleiter, wird dann erwartet, dass er die Gruppe aufbaut und steuert; aber dass er doch auch jeweils nur den ersten Anstoß zur Selbstorganisation gibt. Es ist also so, dass eine Führungskraft da ist, ihre Position und ihr Aufgabengebiet bleibt hier aber unklar und ist teilweise umstritten. In jedem Falle soll die Führung zurückhaltend gehandhabt werden. Es ist ja gerade das Ziel, zu erreichen, dass die Gruppe sich von sich aus strukturiert und wirken kann.

In Verbindung mit dieser Ausgangssituation, der These, ist dann noch ein weiteres Moment zu beachten: Bei der Einrichtung der Selbstorganisation handelt es sich um Neuland. Da fängt man mal an. Nach einiger Zeit wird man sehen, wohin die Reise gegangen ist. Es werden Erfahrungen gesammelt und eventuell schaltet man um und fängt wieder neu an. Das ist so. Auf diese Realität muss die Praxis sich einstellen. Schon beim Aufbau der Selbstorganisation muss man gewissermaßen auf ein ständiges Suchen nach dem besten Wege eingestellt sein.

Vom gruppeninternen Aspekt her wird die Grundkonstellation – die These – primär von der *Wahl des Gruppensprechers* bestimmt. Der Sprecher hat die Gruppe nach innen und nach außen zu vertreten. Er soll aber keine Führungsfunktion ausüben. Er gilt als erster unter gleichen. Er hat mit dem Manager, zum Beispiel mit dem Inselleiter, zu kooperieren. Und er hat vor allem eine Teamordnung aufzubauen, in der alle Gruppenmitglieder motiviert tätig werden. Diese Aufgabe wird hier deshalb schwierig, weil Planer, Instandhalter, Material- und Technikexperten (eventuell Ingenieure) angemessen einzugliedern sind.

Nun haben wir schon bei der Erörterung der Führungskraft-Mitarbeiter- Beziehungen darauf verwiesen, dass es eine Illusion wäre, wollte man annehmen, die formale Realisierung einer Gruppe bestimme bereits ihre Gestalt und ihre Effektivität. Die Einrichtung einer Gruppe bewirkt vielmehr sofort eine Reaktion in Form einer Entwicklung, in der Widersprüche hervortreten; und innerhalb der sich selbst organisierenden Gruppen gibt es zunächst einen latenten Widerspruch von Selbstorganisation und Führung. Er muss nicht aufbrechen, aber es ist doch deutlich, dass zwischen der Führungskraft und dem Gruppensprecher Arrangements über jeweils bestehende Aufgaben und Kompetenzen geschaffen werden müssen. Wie so oft in einem kooperativen Zusammenhang ist eine klare Trennung von Rechten und Pflichten nicht möglich.

Um auf die Aufgabe der zu findenden Teamordnung zurückzukommen: Es geht vor allem um die Integration der planenden und der ausführenden Berufe. Dabei stehen sich zwei Positionen gegenüber. Auf der einen Seite sollen die Arbeiter planerische Qualifikationen hinzu lernen und die Arbeitsvorbereiter wie die Ingenieure mindestens bei Bedarf im operativen Geschäft auch Hand anlegen. Es wird dafür plädiert, hier keinen Unterschied aufkommen zu lassen und die Flexibilität des Personaleinsatzes soll gewährleistet werden. Auf der anderen Seite steht das Argument im Raume, jeder müsse gerade seine Kernkompetenz entwickeln; dadurch könne die gegenseitige Ergänzung optimiert werden. Wie schwierig die Gestaltung einer Kooperation innerhalb einer Gruppe werden kann, das zeigt schon die nicht selten anzutreffende Unzufriedenheit von Instandhaltern (die wohlgemerkt Arbeiter sind), sich in die operative Gruppe einzugliedern. Sie sehen das dann als sozialen Abstieg an. Also die Art der Gruppenzusammensetzung, die bietet schon erheblichen Stoff zur Diskussion. Verlangt wird dann, dass jedes Gruppenmitglied für einen offenen und umfassenden Informationsfluss und -austausch sorgt. Und was die Rationalisierung anbetrifft, so soll jeder in Verbindung mit aktiver Teilnahme an KVP-Besprechungen über Verkürzung der Arbeitsabläufe, über frühzeitige Fehlerentdeckung und -beseitigung sowie über Produktivitätsverbesserung ganz generell seine Ideen und Vorstellungen vorbringen. Im Übrigen geht die Überlegung dahin, jedes Gruppenmitglied in die Verantwortung für die Planung und Kontrolle der Arbeitsvorgänge mit einzubeziehen.

Der Sprecher hat als gewählter Vertreter der Gruppe für den Zusammenhalt und die Zusammenarbeit der Selbstorganisation die entscheidenden Weichen zu stellen. Natürlich ist er dabei auf das Vertrauen und die Mitwirkung eines jeden Einzelnen angewiesen. Nach Erfahrungen in der Praxis darf man hier im Grunde optimistisch sein. Bei der Darstellung der Führungskraft-Mitarbeiter-Beziehungen konnte darauf hingewiesen werde, dass den Beschäftigten eine stark ausgeprägte intuitive Suche nach Konsens eigen ist. Auch haben sie die Einsicht, dass eine kooperative Abstimmung zum Aufbau eines Arbeitssystem erforderlich ist. Und das Bewusstsein, dass höherwertige Arbeit sinnvoll ist, wächst, wenn sie auf ihren kreativen Einsatz für die Gruppe hin angesprochen werden. Andererseits, und auch das wurde herausgestellt, muss sich die Gruppe zuerst einmal zusammenfinden, um nicht zu sagen: zusammenraufen. Es braucht Zeit, bis die Einzelnen erkannt haben, dass ihre persönlichen Arbeitsmotive nach Anerkennung und Freiheit erst in Verbindung mit den teamorientierten Motiven zur Erfüllung gebracht werden können. Es dauert seine Zeit, bis spontan aufbrechende Konkurrenzvorgänge um attraktivere oder als solche betrachtete Arbeitsplätze so ausgeglichen werden, dass der Wunsch nach Einheit und die Einsicht in den gemeinsam zu erreichenden Erfolg die Oberhand gewinnt.

Dialektisch betrachtet ist Widerspruch bzw. Gegensatz identisch mit Mobilisierung der Energie, Wege zu finden, diesen
Zustand zu überwinden und zu einer optimaleren, produkti-
veren Konstellation zu gelangen. Hier darf man erwarten,
dass es dem Gruppensprecher unter aktiver Mitwirkung der
Mitglieder der Gruppe gelingt, tatsächlich ein interaktionales Gleichgewicht herzustellen, innerhalb dessen mit Recht
von einer Selbstorganisation gesprochen werden kann: Einrichtung eines Beziehungsgeflechtes, in dem jeder persönlich
seine Teammotive erfüllt sieht und deshalb seinen vollen Einsatz leistet.

Dieses interaktionale Gleichgewicht in der Gruppe, das muss
freilich beachtet werden, ist noch nicht identisch mit der Synthese, die als stabiles Gleichgewicht des Gesamtsystems zu
gelten hat. Es muss gerade in Zusammenhang mit der Gruppe als Selbstorganisation noch einmal betont werden, dass
dieses Produktionsmodell aus den Lean-Überlegungen entwickelt oder jedenfalls sanktioniert worden ist. Es wird ein
deutlicher, klar berechenbarer Anstieg an Produktivität verlangt. Man hat sich eben vor Augen zu halten, dass auch der
Strukturtyp der Selbstorganisation ein Modell der Dezentralisierung darstellt, die sich ihrerseits in dialektischer Spannung mit der Zentrale befindet. Und das ist eine Spannung,
die nur durch Nachweis des Erfolges zu einer positiven Lösung, zur Übereinstimmung und damit zur Synthese gebracht
werden kann. Das bedeutet: es geht auch hier um die Erfüllung der strategischen Zielvereinbarung. Die Gruppe hat bereits nach kurzfristigen Phasen des operativen Handelns über
Berichte nachzuweisen, dass sie, was die Erreichung der Zielgrößen angeht, sich „in line" befindet. Anders gesagt: Die
Zentrale steuert auch hier, meist ohne dass dies so deutlich
herausgestellt würde, die dezentrale Einheit „Selbstorganisation" vom Grundsatz der zu erreichenden Zielvereinbarung
her. Damit kommt wieder das Führungsthema ins Spiel. Meistens liegt hier eine doppelte Delegation vor. Die Unterneh-
mens- oder Produktionsleitung delegiert an den Manager, der

als Gruppenkoordinator fungieren soll. Dieser wiederum hat die Aufgabe, mit dem Gruppensprecher die Ziele der Gruppe zu vereinbaren. Am Ende der geplanten Arbeitsvollzüge hat der Gruppensprecher Bericht zu erstellen und diesen dem Gruppenkoordinator zu übergeben. Letzterer hat diesen dann zu überprüfen, mit eigenem Kommentar zu versehen und „nach oben" weiterzuleiten.

Wenn die Führungskraft den Bericht des Gruppensprechers prüfen soll, dann versteht es sich, dass es zweckmäßig ist, alle anstehenden Fachfragen vorher mit dem Gruppensprecher zu erörtern. „Läuft" nun in der Gruppe alles nach Plan, lässt sich über den Bericht demonstrieren, dass die festgelegten Zielgrößen eingehalten werden, dann hat die Führungskraft allen Anlass, sich zurückzuhalten. Sie kann sich auf die Rolle des Beraters und Moderators einstellen. Es lässt sich auch sagen, sie könne sich auf den Führungsgrundsatz „Management by Exceptions" beschränken und brauche nur auf den Ruf nach Unterstützung zu reagieren. Unterstellen wir noch, dass innerhalb der selbstorganisierten Gruppe ein interaktionales Gleichgewicht besteht, dann ist hier eine Synthese zwischen der Zentrale und der dezentralen Einheit erreicht, die Stabilität verspricht; eine Stabilität, die sich als qualitative Unternehmenskultur konkretisiert. Damit ist gleichzeitig die Basis geschaffen, eine neue Planperiode nach dem gleichen Muster zu entwickeln.

Was geschieht aber, wenn die von der Gruppe eingegangene Zielverpflichtung nicht eingehalten werden kann? Es lassen sich dann folgende Konsequenzen beobachten: Das Leitende Management des Unternehmens geht nicht von der Konzeption der Selbstorganisation ab. Da ist schon die erarbeitete Gemeinsamkeit mit dem Betriebsrat zu gravierend. Dieser Strukturtyp, hat man ihn einmal entwickelt, ist dann aber auch zu interessant, vor allem im Sinne der Motivation der Mitarbeiter, als dass man nicht einen neuen Anfang machen würde; schließlich hat man ja hier Neuland beschritten. Deshalb fallen die Sanktionen wegen Nichterfüllung der Zielgrößen nicht so hart aus wie etwa bei dem Intrapreneur-Modell. Aber es wird doch gleichsam eine neue Politik konzipiert. Die Position der Führungskraft gegenüber der Gruppe wird gestärkt. Das eigenartige Pendeln zwischen Führung und Selbstorganisation wird beendet. Die Führungskraft, ob sie Teamleiter, Gruppenkoordinator, Inselleiter, Teambeauftragter heißt, wird gegenüber der Gruppe als Vorgesetzter und gegenüber der Zentrale als der Repräsentant der Selbstorganisation deklariert. Die doppelte Delegation wird schärfer, konsequenter, offizieller formuliert. Ich denke, der kritische Punkt ist nicht, ob die Selbstorganisation einer Führungskraft bedarf oder nicht. Richtig betrachtet überwiegen für die Gruppenmitglieder die Vorteile, wenn ganz klar eine Führungskraft als verantwortliche Position eingesetzt wird. Es fragt sich vielmehr, ob die Führungskraft die Chance der Selbstorganisation zur Gewinnung der ökonomischen und der sozialen Effektivität richtig erkennt! Eine Führungskraft kann nur mit der Gruppe Erfolg erreichen, wenn sie die positive Einstellung der Unternehmensleitung zur Selbstorganisation übernimmt. Nicht selten aber fühlt sich das mittlere Management von der Initiative der Unternehmensleitung zum Aufbau restrukturierter Arbeitsabläufe überrollt. Was den Typus der Selbstorganisation betrifft, so kann daraus ein unausgesprochener Frust gegenüber einem Verlust an Einfluss und Prestige entstehen. Es ist eine Frage der Einsicht und Selbstdisziplin, zu akzeptieren, dass diese Gruppe eine inhaltlich abgegrenzte vollständige Aufgabe lösen soll („darf"), und dass sie die dafür erforderliche Handlungs- und Entscheidungsfreiheit erhält. Zweifellos muss die Identifikation der Führungskraft mit diesem Organisationsmodell vorhanden sein oder entstehen. Nur dann wird sie die Aktivität entwickeln, die Gruppe so zu unterstützen und zu beraten, dass diese die ihr zugesagten Privilegien auch zu nutzen vermag.

Ein besonderes Beispiel dafür ist der Respekt vor der Zeit-
souveränität: Weil die Gespräche innerhalb der Gruppe als
recht wesentlich angesehen werden, gibt es den Auftrag des
oberen Managements, bezahlte Arbeitszeit pro Woche (etwa
eine Stunde für solche Gespräche) festzulegen. Die Gruppenmitglieder sollen Erfahrungen austauschen, sich näher ken-
nenlernen und kreative Entwicklungen im Sinne des KVP-
Prozesses vorantreiben. In der Praxis stellen dann die Mitarbeiter oft genug mit Bedauern fest, dass diese Gesprächszeit
nicht genutzt wird, weil eben „keine Zeit" mehr dafür da ist.
Unvorhergesehene Einflüsse haben Arbeit und Kooperation
verzögert. Hier ist eine Führungskraft mit Übersicht und Wissen um die Bedeutung längerfristigen Denkens gefragt. Für
die Führungskraft gehört es zum Ernst-Nehmen der Idee der
Selbstorganisation, hier Abhilfe zu schaffen. Ohne die Chance zu ruhigen Gesprächen kann eine Gruppe keinen Fortschritt in der Organisation der Arbeit erzielen.

Der Führungskraft kommt dann die Aufgabe zu, für die
zweckmäßige Integration der Gruppe in das umgreifende und
übergreifende Gesamtsystem zu sorgen. Dies gilt nachdrücklich dann, wenn mehrere Abteilungen nach dem Prinzip der
Selbstorganisation strukturiert sind und über dem Arbeits-
ablauf Verbindungen zwischen ihnen entstehen. Auch in diesem Zusammenhang bleiben dagegen gruppeninterne An-
passungsvorgänge in der Verantwortung der Gruppe bzw. des
Gruppensprechers.

Die Hauptaufgabe der Führungskraft besteht darin, die Beziehung zu dem Gruppensprecher als dem gewählten Vertreter der Gruppe zu kultivieren. Fragen der maschinellen Aus-
stattung, des Materials sowie der Personalrekrutierung und
der Weiterbildung stehen hier an. Auch alle Fragen des Ent-
geltes, der Prämienentlohnung, der Gehaltszulagen sind über
diese Kooperation zu klären. Gerade hier muss es sich auch
zeigen, ob die Partnerschaft zwischen der Führungskraft und
dem Gruppensprecher tragfähig ist. Verantwortlich für die

Lohn– und Gehaltsentwicklung kann nur die Führungskraft sein. Sie hat auch hier nach dem dargestellten Prinzip der personalpolitischen Zielvereinbarung vorzugehen. Sie kann dies aber nicht ohne echte Verbindung mit dem Gruppensprecher, sonst wird die Idee der Selbstorganisation ausgehöhlt. Im Übrigen ist es nicht verwunderlich, wenn speziell dieses Gebiet ein Experimentierfeld darstellt. Es gibt unterschiedliche Auffassungen darüber, wie weit individuell bezogen und wie weit gruppen- bzw. subgruppenorientiert vorgegangen werden soll. Schließlich ist noch einmal auf die Steuerungsfunktion einzugehen. Unabhängig von der formalen Festlegung kommt es auch hier auf eine echte Partnerschaft an. Es ist der Gruppe die Aufgabe gestellt, ihre Aktivität auf die verlangten und von ihr akzeptierten Zielgrößen einzustellen. Dabei ist wesentlich, dass darüber schriftliche Mitteilungen an die Zentrale gegeben werden. Dass dies geschieht, dafür ist die Führungskraft verantwortlich. Dabei liegt es in der Konzeption der Selbstorganisation, dass der Gruppensprecher von Anfang an in diese Verpflichtung und in die Art der Abfassung dieser Berichte mit einbezogen wird. Es ist zweckmäßig, wenn die Führungskraft den Gruppensprecher zum Vortrag in die Zentrale, zum Management oder zum zentralen Stab (zu demjenigen Gremium, dem der Bericht übergeben wird) mitnimmt. Es ist ungleich wirkungsvoller, wenn der Vertreter der selbstorganisierten Gruppe dort zu Worte kommt und über die Klagen „vor Ort" berichten kann. Auf beiden Seiten wird hier ein Lernprozess entstehen und das gegenseitige Verständnis vertiefen. In diesem Zusammenhang wird sich auch erweisen, ob in der Tat von einem stabilen interaktionalen Gleichgewicht gesprochen werden kann

3.3 Strukturtyp III: Die prozessorientierte Organisation

Lean-Produktion und Lean-Management, so wurde gezeigt, stehen insbesondere für eine konsequente Konzentration auf den Prozess der Wertschöpfung. Dieser Prozess vollzieht sich in mittleren und größeren Firmen in der Hauptsache innerhalb der Abteilungsgrenzen durchschneidenden Ablauforganisation. Und deshalb suchen auch die Konzeptionen der Restrukturierung die *Optimierung dieser horizontalen Kooperation* mit einzubeziehen. Dabei ist auf ein Struktur-Modell einzugehen, in dem diese Linie mit großem Nachdruck und kompromisslos verfolgt wird. Damit verbunden werden weitere deutliche Akzente gesetzt. Vor allem soll der Restrukturierungselan nicht vor einer nüchternen Prüfung der bestehenden Hierarchiestruktur Halt machen. Sie ist vielmehr danach abzufragen, was sie (bzw. ob sie überhaupt noch oder auch: was sie besser) zur Wertschöpfung beizutragen vermag. Sodann ist der Gedanke der betont horizontalen Vernetzung sowohl in Richtung auf *Lieferanten* als auch auf *Kunden* auszurichten. Und damit soll der Rationalisierungsprozess ausgebaut und verfeinert werden. Dieses Projekt will ich mit H. KUHNLE „Prozessorientierte Organisation" nennen. Andere Begriffe, deren Inhalte in Details differieren, die aber den Kern dieses Strukturtyps beschreiben, sind „business reengineering", „business reorganisation", „Geschäftsprozessoptimierung".[18]

Auch dieses Modell ist nicht in der Lean-Debatte neu entwickelt worden. Es steht in engem Zusammenhang mit den Überlegungen über den integrativen Material- und Warenfluss in Beschaffung, Fertigungsvorbereitung, Fertigung und Absatz; so wie er etwa im Logistik-Handbuch des RKW[19] zu verfolgen ist. Zu erinnern ist auch an die Führungskräfte-Seminare, die W. ECKERT bereits in den siebziger Jahren unter der Überschrift „Unternehmenslogistik" durchgeführt hat.[20] Neu ist allerdings, dass diese integrativen Vorgänge durch die

Nutzung der Informations- und Kommunikationssysteme erheblich effektiver gestaltet werden können. Und so ist denn die Konzeption der prozessorientierten Organisation streng nach den Maßstäben der Unternehmenslogistik aufgebaut.

Nehmen wir den Wertschöpfungsprozess in einer Fertigung. Da geht es um die Bearbeitung eines Kundenauftrages. Die Meldung, was der Kunde wünscht, wird vom Verkauf zunächst an die Fertigungsplanung gegeben. Es werden dann die weiteren Stellen eingeschaltet wie Materialdisposition und Einkauf, Konstruktionsbüro und eventuell die Entwicklung, sowie natürlich die Fertigung mit mehreren Stationen. Weiterhin ist der Finanz- und der Personalbereich mit einzubeziehen. Zwischen diesen Abteilungen und Gruppen findet ein ständiger PC-unterstützter Informationsaustausch statt. Es werden buchhalterische Aktivitäten erforderlich. Die Frage der Personalrekrutierung und -vernetzung ist potenziell immer gestellt. Und von hier aus ist der Produktionsprozess über die verschiedenen Stufen zu planen und zu realisieren. Die Abgabe der gefertigten Güter sowie das Zur-Verfügung-Stellen von Dienstleistungen an den Kunden setzt dann den Schlusspunkt.

Entscheidend bei dieser Prozesskonzeption ist nun, dass ein *Produktmanager* diese quer durch alle Bereiche der Aufbauorganisation sich vollziehenden Vorgänge verantwortlich steuern soll. Damit wären die lästigen Schnittstellen-Probleme gelöst. Die organisatorische Konsequenz: Die produktbezogenen Experten des Verkaufs, der Informations- und Kommunikationssysteme, der Konstruktions- und Entwicklungsabteilung, des Materialwesens und des Einkaufs, die Controlling- und Personalreferenten; sie alle werden dann nicht mehr wie bisher an ihre Abteilungsleiter, sondern an den Produktmanager berichten. Komplizierter gestaltet sich der Aufbau einer Prozessorganisation noch, wenn ein Unternehmen mehrere Produkte fertigt. Wenn z. B. drei Sparten entstehen, dann würden drei Produktmanager eingesetzt und entsprechend gäbe es drei Prozessstrukturen mit jeweiligen Material- und Fertigungslinen.

Zu dieser Organisationskonzeption sind einige grundsätzliche Bemerkungen zu machen. Diese Ideen stammen nicht aus dem Management, sondern sind von Wissenschaftlern und Unternehmensberatern erarbeitet[21]; und zwar sicher unter dem Aspekt, eine hohe Effektivität des Unternehmenserfolges zu erreichen. Das heißt speziell, dass diese Konzeption vom theoretischen Aufriss her durchschlagende Erfolge bei Rationalisierung und Verkauf prognostiziert. Allerdings handelt es sich auch hier um einen neuen Ansatz, über dessen Umsetzung in die Praxis keine oder nur bruchstückhafte Erfahrungen vorliegen.

Wenn diese Ideen dem Leitenden Management eines Unternehmens vorgetragen werden, so ist dieses zweifellos „entzückt" zu hören, dass bei einer solchen Prozessorganisation eine ganz natürliche Offenheit zu Kunden und Lieferanten entsteht, dass die Aufträge ohne Belastung durch Schnittstellen erheblich schneller durchlaufen, dass bei der Auftragssteuerung im Falle einer kundenbezogenen Prioritätenänderung ein deutlich höherer Grad an Flexibilität erreicht wird. Und dann die Motivation der Mitarbeiter. Nur in diesem Zusammenhang kann die Formel von einem innerbetrieblichen Kunden-Lieferanten-Verhalten aktuell werden: Jeder Mitarbeiter soll sich als Kunde des vor ihm arbeitenden und als Lieferant seines nachfolgenden sehen. Ein solches Selbstverständnis wird die Motivation zum integrativen Handeln und zu einem verantwortlichen Unternehmensdenken erheblich verbessern.

Gleichzeitig aber ist das Leitende Management doch recht betroffen, wenn es begreift, welche drastischen Veränderungen bei Übernahme dieser Konzeption ins Haus stehen. Da gibt es vor allem einen Punkt: Es stellt sich bei dieser Prozessorientierung die Frage, an wen der Produktmanager berichten

soll. Die erste Antwort lautet: an den Vorstand. Nun weiß
man, dass in einem Vorstand Persönlichkeiten mit unterschiedlicher Vorbildung und Zielpriorität sitzen. Dabei hat jedes Vorstandsmitglied seinen Bereich, seine Vertrauten und
seine Stützen; und vor allem darauf gründet sich seine Macht.
Es ist nicht zuviel gesagt, wenn man hinzufügt, dass das ganze
hierarchische Modell auf dieser Konstellation basiert. Natürlich wird sofort mit unterstellt, dass im Vorstand ein Ausgleich der Macht und der Prioritäten erreicht wird. Man
kommt dennoch nicht umhin, die genannte Frage zu präzi-
sieren: An welchen Vorstand soll der Produktmanager berichten? Betrachtet man die Gedanken zur Unternehmenslogistik als Vorform dieser Prozesskonzeption, so bleibt die
Wahl zwischen dem Vorstand für Einkauf, Materialwesen,
Warenwirtschaft und der Vorstand der Produktion. Berücksichtigt man, dass Kompetenzzuordnung immer auch Machtverteilung bedeutet, so begreift man die Brisanz dieser Frage.
Derjenige Vorstand, der als Vorgesetzter des Produktmanagers bestimmt wird, gewinnt ganz erheblich an Macht, und
zwar zu Lasten der anderen Vorstandskollegen.

Es ist charakteristisch, dass der Vorstand gegenüber diesem
Strukturtyp eine ausgesprochen zwiespältige Haltung einnimmt; man versteht, warum. Die bei Akzeptanz dieses Modells anstehende Frage, an wen der Produktmanager berichten soll, belastet die zwischenmenschlichen Beziehungen im
Vorstand.

Es gibt dann noch ein weiteres Moment, was eine distanzier-
te Haltung der Entscheidungsträger zu diesem Prozessmanagement bewirkt. Bei jeder Restrukturierung sieht die Ge-
schäftsleitung sich als Zentrale, von der aus sie Macht und
Kompetenz über eine Dezentralisierung verteilt. Wenn nun la-
pidar erklärt wird, dass die Grundidee der Business Reorganisation darin bestehe, Unternehmen nicht mehr vertikal
nach Funktionen, sondern horizontal nach Prozessen zu gliedern[22], lässt sich dann noch von Dezentralisierung sprechen?

Steckt dahinter nicht der Anspruch, der durchlaufende Prozess enthalte längst „das Zentrale"; bzw. habe die Zentrale
längst in sich hineingenommen oder okkupiert? Wenn man
als Inhalt der horizontalen Abläufe die Kernprozesse beschreibt; und wenn dann in der herkömmlichen vertikalen
Perspektive sozusagen nur noch Rumpfabteilungen übrig-
bleiben, die den nun einmal erforderlichen allgemeinen Service abdecken sollen, kann man da noch von Hierarchie und
einer von hier aus durchzuführenden Dezentralisierung sprechen? Man erkennt die Gründe, warum sich viele Unternehmen nicht auf diese prozessorientierte Organisation einlassen
wollen. Sie verweisen darauf, dass sie sich zwecks Durchführung von Restrukturierungsmaßnahmen für einen anderen Strukturtyp entschieden haben. Möglicherweise gibt es
auch in manchen Vorständen dieser Unternehmen Befürworter dieser prozessorientierten Organisation. Sie kommen aber
nicht zum Zuge.

Bei den Unternehmen, die dieser Konzeption näher treten,
kann man davon sprechen, dass sie gleichsam einen Kom-
promiss mit der eigenen Skepsis suchen. Sie sehen eben doch
den ihnen vorgetragenen erheblichen Rationalisierungsgewinn als Chance und wollen diesen testen. Unter dialektischer
Perspektive ist herauszustellen, dass hier die Unternehmensleitung ein „vorläufiges Ja" signalisiert. Man kann auch sagen: sie genehmigt die erste Phase. Man will dann mal sehen,
was herauskommt; dabei spüren alle Beteiligten eine Atmosphäre, die dann mit dem Satz gekennzeichnet werden kann:
„Wasch mir den Pelz, aber mach mich nicht nass."

Angesichts dieser Ausgangslage kann es auch die Projektgruppe nicht leicht haben, die gebildet wird, um die Umsetzung detaillierter zu planen und zu realisieren. Die wichtigsten Mitglieder einer solchen Projektgruppe werden in der
Regel von externen Beratern gestellt. Zu ihnen treten dann
Beschäftigte des Unternehmens hinzu. Im Laufe von einigen

Monaten ziehen sich die Berater dann immer mehr zurück und die Projektgruppe wird von den eigenen Leuten bestimmt.

Spätestens bei beginnender Aktivität der Projektgruppe stößt man auf ein weiteres Moment, was sich als Hemmnis für eine durchgehende horizontale Strukturierung auswirkt. Das mittlere und das operationale Management stehen mehrheitlich dieser Prozessorientierung mit erheblicher Aversion gegenüber. Diese Gruppen wittern Gefahr für ihre Position und Geltung. Und das versteht man, wenn man sich einen Satz zu Gemüte führt, mit dem A. W. SCHEER die grundlegende organisatorische Veränderung zur Prozessorganisation kennzeichnet. „Das Wichtigste an diesem Wandel ist, dass die gesamte Unternehmensstruktur zur Disposition steht, und zwar ständig".[23] Wenn tatsächlich die gesamte Unternehmensstruktur zur Disposition steht, dann, so fürchten die Inhaber der Managementpositionen, werden sie es doch sein, die am leichtesten verlieren und sie sollen an diesen Prozessen auch noch mitwirken? Mit Führungskräften, die diese Bedenken mit sich herumtragen, hat oder bekommt jede Projektgruppe zu tun.

Kein Wunder, dass in der Startphase der Umgestaltung (während der These) kein rechter Schwung aufkommt, dass es der Projektgruppe nicht gelingt, einen zielfördernden Optimismus, eine Zuversicht des Gelingens zu entwickeln. Die Folge ist, dass die Phase des Widerspruchs schnell zu einem echten Gegensatz werden kann. Und wenn ein entschiedener Befürworter dieses Modells, mit dem ich ein Gespräch darüber hatte, mir sagte, er kenne kein Unternehmen, in dem die prozessorientierte Organisation voll realisiert worden sei, so wird man das als weitgehend zu verallgemeinernde Aussage werten können. Charakteristisch ist wohl, dass in einem Unternehmen, in dem mehrere Produkte gefertigt werden, eine Produktlinie nach diesem Modell umgestellt wird; und dass dann entweder schon während der Projektarbeit oder nicht lange nach Beginn der Tätigkeit innerhalb der neuen Strukturorganisation eine erhebliche Unruhe entsteht. Und diese Unruhe wird als so gravierend empfunden, dass der gesamte Umstellungsprozess erst einmal zum Erliegen kommt.

Immerhin ist in solchen Fällen festzustellen, dass dann nicht einfach zu dem Anfangspunkt zurückgerudert wird. Man kann vielmehr sagen, dass die Widerspruchsphase sich wandelt und gleichzeitig der ursprüngliche Ansatz mit in die Wandlung hineingebracht wird. Die genannte Unruhe ist also nicht negativ zu sehen. Man kann das, was dann hier zu beobachten ist, unter dem behandelten Muster der Konzeptions-Konkurrenz beschreiben. Die Mehrzahl der Führungskräfte, die von einer prozessorientierten Organisation betroffen sind (oder betroffen sein würden), steht dazu in eindeutiger Opposition. Da diese Manager aber nicht negativ gegenüber dem Fortschritt sein wollen, überlegen sie, ob die in Verbindung mit dieser Umstrukturierung angesprochenen Erfolge nicht auch unter den gegebenen Umständen erreicht werden können. Bis zu einem gewissen Grade steht die Antithese unter dem Zeichen des Ringens des Managements um eine konstruktive Gegenkonzeption. Deshalb werden Wünsche und Überlegungen vorgetragen, die in deutlicher Anlehnung an die Ideen der prozessorientierten Organisation entwickelt sind. Und das eigentlich Positive ist, dass die Vertreter der Gegenkonzeption sich klar darüber sind, nur zum Erfolg zu kommen, wenn sie ihr Denken und Verhalten ändern! Folgende Konzeptionen werden insbesondere vertreten: Einmal der Produktmanager als Assistent des Vorstandes, dann die Bildung einer Auftragszentrale und schließlich der Ersatz des Produktmanagers durch einen Projektmanager.

In dem ersten Fall wird die Idee eines Produktmanagers aufgegriffen. Es ist – so die Gegenkonzeption – voll zu unterstützen, dass ein Produktmanager da ist, der die Verantwortung für Kosten, Qualität, Einhaltung der Termine übernimmt und seine Aufmerksamkeit auf Rationalisierungsgewinne richtet. Aber dafür braucht doch nicht die Organisationsstruktur umgeworfen zu werden! Der Produktmanager könnte Assistent eines Vorstandes sein. Es käme nur darauf an, dass dieser die Gespräche mit der Linie wie überhaupt mit allen Führungskräften, die in den Produktionsablauf integriert sind, mit sozialer Kompetenz angeht und gestaltet. Gleichzeitig muss auch erreicht werden, dass sich das Management generell auf ein Denken einstellt, von dem aus eine solche neue Institution – ein Produktmanager als relativ unabhängiger Coach – akzeptiert wird.

Bei der zweiten Alternative, der Auftragszentrale, setzt man auf den Gedanken der quasi-autonomen Arbeitsgruppe. Die Gruppe besteht aus Vertretern der wichtigsten Abteilungen, die für das Durchschleusen der Aufträge verantwortlich sind. Sie besteht insbesondere aus Fachexperten oder aus Fachvorgesetzten der Fertigung, der Arbeitsvorbereitung, der Materialdisposition, des Einkaufs und des Verkaufs. Eine solche Zentrale soll die Aufträge je Produkt steuern. Die Aufgabe liegt vor allem darin, eine kundenorientierte Prioritätenskala festzulegen und eventuell zu verändern. Daraufhin ist dann für die reibungslose Schnittstellenüberbrückung zu sorgen. Das Problem besteht darin, zwischen den Kompetenzen der Abteilungen einen Ausgleich zu finden, der im Interesse des gemeinsam zu erarbeitenden Unternehmenserfolges von allen akzeptiert wird. Gelingt das nicht, und das ist nicht selten der Fall, dann bricht diese Konstruktion zusammen und es muss ein neuer Anlauf gemacht werden.

Der dritte Weg, der am häufigsten begangen wird, besteht in einer *Aufwertung der Projektorganisation*. Man weiß, dass die Methode des Projektmanagements in den letzten Jahrzehnten insbesondere eingesetzt wurde, um Umstrukturierungen zu realisieren, so etwa die Einführung eines neuen EDV-Systems. Bei dieser Methode erhält der Projektmanager eine Position, die außerhalb der Hierarchie angeordnet ist.

Gleichzeitig ist er doch über eine Matrixorganistation wiederum in die Aufbauorganisation integriert. Er berichtet an einen Projektausschuss, der aus höheren Managern besteht, und in dem meist ein Vorstandsmitglied sitzt. Der Projektausschuss bewilligt dem Projektleiter die Ressourcen und übt nach dem Muster der Zentralisierung und Dezentralisierung eine Kontrolle aus. Nun lassen sich komplizierte Ablaufketten mit erfahrungsgemäß belastenden Schnittstellen als Projekt definieren; eben in der Hoffnung, dass ein Projektleiter die Nähe zum Prozess hat, die von dem Produktmanager erwartet wird. Und so hofft man auch, dass dieser Projektleiter alle Inflexibilität, Qualitätsmängel und Stillstandszeiten zu eliminieren vermag.

Das Hervorstechende des hier als Alternative zum Produktmanagement zu sehenden Projektmanagements ist die starke Förderung durch die leitenden Führungskräfte, die in letzter Zeit zu beobachten ist. Das Problem der Projektgruppe hat immer darin bestanden, dass ihre Arbeit infolge mangelnder Unterstützung durch die höheren Instanzen häufig genug ziemlich kläglich versandet ist. Jetzt wird das offenbar anders gesehen. Ist doch das Projekt leichter zu ertragen als eine Umstellung zum Business Reengineering. Man erlebt, dass auf einmal dem Projektleiter demonstrativ solche Mitarbeiter in die Projektgruppe delegiert werden, die als tüchtig bekannt sind; und es wird auch akzeptiert, dass der Projektleiter (und nicht der eigentliche Vorgesetzte) dieselben in ihrer Leistung beurteilt. Und – das Wichtigste – es lässt sich durchaus darüber reden, ob die Existenz einer Projektorganisation zeitlich begrenzt bleiben soll. Vielleicht bewährt sie sich und dann sieht man weiter. In einer Zeit, in der die Offenheit der Hierarchie auf einmal ins Visier kommt, muss man auch organisatorische Sonderrollen leichter ertragen.[24)]

Welche Art der Struktur sich innerhalb der prozessorientierten Organisation oder in enger Verbindung mit derselben etabliert, hängt von den jeweiligen Kräfteverhältnissen in einem Unternehmen ab. Diese wiederum werden von der Antwort auf folgende Fragen bestimmt: Wie intensiv und wie zielorientiert ist das Engagement des Vorstands, können sich progressive Minderheiten des Managements durchsetzen? In welche Richtung streben bewusst auf Fortschritt eingestellte Fachexperten?

Entscheidend ist auch hier, dass die Antithese mit ihren Wandlungsprozessen, die wesentlich durch die partielle Offenheit der inneren Aufbauorganisation, durch die Spannung von Zentralisierung und Dezentralisierung, sowie durch das problematische Verhältnis von Hierarchie und Prozess bestimmt wird, auf eine Synthese hindrängt. Bei all dem Ringen verschiedener und teilweise oppositioneller Restrukturierungsansätze schält sich doch das Streben nach einem interaktionalen Gleichgewicht heraus. Das heißt auch: Alle an den Interaktionen beteiligten Personen gelangen in Arbeitsbeziehungen, in denen sie mit ihren Aufgaben, mit ihrer beruflichen Rolle und mit ihrem damit bestehenden sozialen Status in einem deutlichen Grade zufrieden sind. Diese Dynamik kann sich allerdings nur dann in dieser Weise positiv entwickeln, wenn sie durch das obere Management mindestens begleitet, besser noch voll unterstützt wird. Dies muss durch Maßnahmen geschehen, die zielgerichtet auf die ökonomische und soziale Effektivität gerichtet sind und dementsprechend als Steuerung der Dialektik wirken.

Es wird immer ein einigermaßen stabiles Gleichgewicht gesucht. Bei den Ausprägungen dieses Strukturtyps ist es allerdings leicht möglich, dass aufgrund neuer und als besser angepriesener Konzeptionen der einmal erreichte Ausgleich erneut in eine dialektische Bewegung gerät. Dabei ist hier aber generell ein Gewinn an Aufgeschlossenheit und Flexibilität, an Problembewusstsein und Teamfähigkeit unverkennbar. Und insbesondere: Die Einsicht über den Stellenwert des

Kunden für die Existenz des Unternehmens in Gegenwart und Zukunft ist deutlicher geworden. Es ist deshalb auch nicht schwierig, jeweils zu einer neuen Synthese zu gelangen.

3.4 Strukturtyp IV: Die abteilungsübergreifende Kooperation durch Sachbearbeiter-Aktivität

Es wurde schon mehrfach die Bedeutung der schnittstellen-überwindenden Kooperation hervorgehoben. So ist die Politik der Dezentralisierung sowie der Delegation von Kompetenz und Verantwortung insbesondere von der Überlegung aus zu begreifen, die weiter unten platzierten Hierarchie-ebenen würden mit dieser Problematik leichter fertig.

Nun weiß man, dass abteilungsüberbrückende Kooperation primär oder letzten Endes (je nach dem, wie man das sieht) an der Basis der Geschäfts- und Fertigungsprozesse geschieht. Da, wo Handeln im Arbeitsalltag die Wertschöpfung bringt, muss die Überwindung der Abteilungsgrenzen erreicht werden; und das vollzieht sich auf der Sachbearbeiterebene. In diesem Zusammenhang hat man an das Leitende Management des Unternehmens ein Anliegen zu formulieren: Es gilt seit langem der Führungsgrundsatz der Delegation auf die unterstmögliche Ebene. In der Regel ist damit die erste Führungsebene gemeint (wie das die Amerikaner anstelle von „unterer" Ebene beispielgebend ausdrücken). Es wäre aber im Sinne des erreichbaren Unternehmenserfolges stets zu begrüßen, wenn die Basisebene, die nicht-graduierte Arbeiter- und Sachbearbeiterebene, mit einbegriffen würde. Das Konzept der Delegation sollte also ganz klar bis auf die *operativen Gruppen* ausgeweitet werden.

Man kann jetzt sagen, bei der Konzeption der Selbstorganisation sei doch ein solches Programm erfüllt. Das lässt sich insofern bejahen, als dieses Programm tatsächlich so aufgebaut ist. Das heißt aber auch, dass der Grundsatz, die Basis voll verantwortlich miteinzubeziehen, nur bei dem Struktur-typ „Selbstorganisation" mit einiger Konsequenz verfolgt wird. Und hier sind es in der Hauptsache die Arbeiter, bei de-nen man sagen kann, dass sie von Betroffenen zu Beteiligten werden (man denke an die Fertigungsinsel). Es gilt aber hier, die Angestellten nicht zu übersehen. Ihre Funktionen sind längst so wichtig geworden wie die der Arbeiter. Dabei ist es erforderlich, ihre Arbeitssituation und ihr Beziehungsgefüge erst einmal in den Vordergrund zu rücken. Man gewinnt dann eine tiefergreifende Perspektive.

Die Angestellten sind insbesondere die *Sachbearbeiter*, die in-nerhalb der abteilungsübergreifenden Geschäftsprozesse ste-hen. Blickt man genau hin, so stößt man nicht selten auf ein Kooperationsmodell, das – mindestens in Ansätzen – der Selbstorganisation ähnelt, dabei aber eine Weiterentwicklung derselben darstellt. Es kommt nämlich aufgrund der Initiati-ve selbstbewusster Mitarbeiter zustande, und zwar ohne Un-terstützung durch die Führungskraft, ja teilweise sogar gegen deren Widerstand. Es kann kein Zweifel sein, dass seitens der Sachbearbeiter die gewachsene Bedeutung der Prozesse ge-genüber der Hierarchie erkannt und mit Betonung auf den Aufbau einer reibungslosen Kooperation genützt wird.

Es handelt sich um eine komplizierte dialektische Struktur, die als solche nicht bekannt ist. Es zeigt sich eine freilich abge-wandelte Spannung zwischen Zentrale und Dezentralisie-rung. Dabei übernimmt zunächst der jeweilige Vorgesetzte (der First-Line-Manager) die Rolle der Zentrale. Die Sachbe-arbeiter gehen davon aus, dass ihnen die verantwortliche Tätigkeit delegiert ist. Die dialektischen Vorgänge lassen sich einmal mit denjenigen vergleichen, die in der Darstellung des Führungskraft-Mitarbeiter-Verhältnisses beschrieben wur-den. Da hier aber eine abteilungsübergreifende Interaktion das Thema ist, kommen die Führungskräfte eben dieser an-deren Abteilungen mit ins Spiel. Und damit wird der Weg zum

Erreichen einer Synthese in Gestalt eines einigermaßen stabilen interaktionalen Gleichgewichts kompliziert. Ein solcher Weg kann nur über das Zusammenfinden der Abteilungsleiter zu einem Team führen.

Diese Konstellation, die einer deutlichen oder auch einer stillen Dramatik nicht entbehrt, wird geradezu erregend, wenn man sich vergegenwärtigt, dass die durch Eigeninitiative charakterisierten schnittstellenüberwindenden Prozessfolgen ebenfalls dialektische Vorgänge darstellen. Es sind nämlich horizontale Bewegungsverläufe, die eine eigene Triade bilden, deren Ausgleichsergebnis aber wieder in die übergreifende Dialektik von Zentralisierung und Dezentralisierung eingeordnet werden muss.

Mit Bezug zur Kooperation der Sachbearbeiter innerhalb der abteilungsübergreifenden Prozesse ist die dialektische Ausgangslage (These) etwa so zu schildern: Der Sachbearbeiter sieht sich in seine Abteilung eingegliedert. Was die Zielvereinbarung und die Art der zu leistenden Tätigkeit betrifft, da ist die Führungskraft verantwortlich. Es besteht ein internes Ordnungsgefüge, in dem jeder (nach Zustandekommen eines interaktionalen Gleichgewichts) seinen Platz gefunden hat. Was die Querverbindungen angeht, so ist das die Angelegenheit der Führungskraft. Allerdings gibt es zu den Nachbarabteilungen (ab und zu, mehr oder weniger) Kontakte nach dem Muster des „kleinen Dienstweges". Diese stark informal gefärbte Kommunikation ist für den Sachbearbeiter interessant. Er bekommt einen Einblick in die Aufgaben und Schwerpunkte, aber auch in die Schwachstellen der anderen Abteilungen. Der Sachbearbeiter macht dabei die Erfahrung, dass seine Führungskraft einen Ausbau oder sogar eine Vertiefung dieser Kontakte, was ein „Dahintersehen" einschließt, wenig schätzt. Herstellung und Pflege der Arbeitsbeziehungen zu vor- und nachgelagerten Abteilungen wird vielmehr von der Führungskraft als ihre Aufgabe aufgefasst.

Es ist nicht so, dass der Sachbearbeiter mit dieser Situation
zufrieden wäre. Was ihn vor allem beschäftigt, ist die Fremdheit zu den Kollegen derjenigen Abteilungen, mit denen er
täglich zu tun hat. Damit nämlich besteht die Gefahr, dass untereinander Missverständnisse aufkommen. In diesem Zusammenhang fällt dem Sachbearbeiter dann auf, dass er auch
von seiner Führungskraft keine Informationen bekommt,
welche die interdisziplinären Arbeitsvorgänge erhellen würden. Und wie soll er, so denkt der Sachbearbeiter dann, mitdenken und mitdiskutieren? Die Folge ist oft genug, dass der
Sachbearbeiter seine Lage mit der Einstellung quittiert:
„Wenn der Vorgesetzte alle Kooperation dominieren will,
dann soll er das. Er verdient ja auch mehr Geld als ich." Die
Arbeitsmotivation des Sachbearbeiters ist allerdings damit in
den Keller gerutscht.

Dialektische Perspektive heißt stets, die Beziehungen als in
Bewegung befindend zu sehen. Und zumindest bei einem Teil
der Sachbearbeiter, die längere Zeit innerhalb dieser Vorgänge schaffen, entsteht langsam aber nachdrücklich eine Entwicklung des Denkens und des Handelns, die sich als Widerspruch zu dem Bestehenden, als Opposition, als Antithese
konstituiert. Die Sachbearbeiter machen die Erfahrung, dass
die Informations- und Kommunikationswege recht schwer-
fällig sind. Wenn die Führungskraft, so der Sachbearbeiter, alles okkupiert, dann müssen die Wege der Verständigung zu
lang sein. Und wenn fachliche Gespräche mit der Führungskraft stattfinden, so stellt der Sachbearbeiter mit Überraschung, aber auch mit Genugtuung fest, dass die Führungskraft die Fakten nicht übersieht. Der Sachbearbeiter begreift,
dass er in allen Fragen, die Einzelheiten des täglichen
Arbeitsablaufs betreffen, der Führungskraft überlegen ist.
Typische Reaktion des Sachbearbeiters: „Und dennoch be-
ansprucht die Führungskraft die Kompetenz für alle Entscheidungen und erwartet, dass der Sachbearbeiter ständig
nachfragt". Die Führungskraft, so die Auffassung des Sach-

bearbeiters, habe längst „abgehoben" und sich von der Basis entfernt. Es sind diese Erlebnisse und Gedanken, die ihn an der Kompetenz der Hierarchie zweifeln lässt. Gleichsam in Reinkultur lebt er in der Spannung zwischen Hierarchie und Prozess. Und die produktive Unruhe kommt nicht zuletzt durch die sich wiederholende Erfahrung auf, dass die Führungskraft in ihren Arbeitskontakten nicht die Weichen findet, über die der Zug ohne Umwege geleitet werden kann. Macht der Sachbearbeiter zum wiederholten Male Erfahrungen dieser Art, dann kann man kritische Äußerungen über die mangelnde Delegation hören, wie: „Bei uns ist schon viel Geld in den Sand gesetzt worden. Hätte man uns vorher gefragt, wäre das nicht passiert!"

Begreiflich, dass sich gerade hier die Motivationskampagne des Leitenden Managements, jeder Mitarbeiter solle sich verhalten, als ob er sein eigener Unternehmer wäre, positiv auswirkt. Und verständlich auch, dass tüchtige und progressiv denkende Sachbearbeiter die relative Offenheit der Hierarchie erkennen, als Chance sehen und zu ergreifen suchen.

Die den dialektischen Widerspruch kennzeichnende Stimmung offenbart sich noch in einem weiteren Moment: Selbst wenn man unterstellt, dass die Zielvereinbarung zwischen Führungskraft und Sachbearbeiter einigermaßen über die Bühne gegangen ist, so zeigt sich in der Realität oft genug, dass *Unklarheit über die Kompetenzverteilung* bleibt. Es kann dann leicht ein Kompetenzgerangel in der Art entstehen, dass der Sachbearbeiter eine Entscheidung trifft, woraufhin der Vorgesetzte ihn „zurückpfeift" mit der Begründung, diese Angelegenheit falle unter sein Ressort. Zu einem anderen Zeitpunkt kann eine solche Entscheidung des Sachbearbeiters „durchgehen", und zwar als selbstverständlich zum Ressort dieses Sachbearbeiters gehörend. Es kommt vielfach auf die gerade bestehende Konstellation des Arbeitsdurchlaufs sowie auf das persönliche Gestimmtsein der Führungskraft an, ob sie eingreift oder die Aufgaben als zur Delegation gehörend

betrachtet. Die Frage ist auch, ob der Sachbearbeiter fest auftritt, ob er sachlich argumentiert und nicht Entscheidungen
ausweicht, weil er keinen Ärger haben will.

Vieles an dieser Situation ist nicht neu. Die Sachbearbeiter haben immer um Informationen und um mehr Teilhabe an Entscheidungen kämpfen müssen. Der durch das Lean-Management entstandene Impuls schafft hier allerdings eine neue Lage, aus der eine interdisziplinäre Aktivität der Sachbearbeiter
entstehen kann und eigentlich auch entstehen soll. Und der
umfassende Einsatz elektronischer Informations- und Kommunikationssysteme stellt dafür das Instrumentarium zur
Verfügung.

Ob eine abteilungsübergreifende Kooperation sich zu einem
Strukturtyp entwickeln kann, hängt ab von der Qualifikation der Sachbearbeiter. Meine Erfahrung zeigt, dass dieser
Strukturtyp, wo er entstanden ist, durch eine Minderheit
tüchtiger, selbstbewusster und für den Fortschritt des Unternehmens engagierter Mitarbeiter geprägt wird. Es ist eine Situation, in der die genannte Stimmung die Sachbearbeiter-
Ebene aller untereinander verbundenen Abteilungen bestimmt. In allen Abteilungen knüpfen besonders aktive Mitarbeiter über die Schnittstellen hinweg die Fäden. Gestaltung
und Gestalt der Kooperation und Kommunikation ist im
Prinzip immer die gleiche. Der erste Schritt auf einander zu,
der die Fremdheit überwindet, geschieht über Gespräche in
Verbindung mit dem Arbeitsprozess. In diesem gemeinsamen
Bemühen um Effektivität, das muss man betonen, bildet sich
sozusagen eine Kreativität im Kleinen, von der her zwar detaillierte, aber zeitraubende Probleme erkannt und beseitigt
werden. Dies wiederum gibt Anlass zu der Überlegung, was
getan werden kann, damit solche Hemmnisse nicht mehr auftreten können. Bei dieser Konstellation zeigt sich gewöhnlich,
dass es „sehr gut läuft", dass „etwas herauskommt". Deshalb
wird auch von Seiten der Führungskräfte nicht eingegriffen,
was aber auch heißt: Die Sachbearbeiter erhalten keine Rück-

meldung und vor allem keine Anerkennung für ihren Einsatz. Und man fragt sich tatsächlich, ob die Führungskräfte diese positiven Bemühungen, die in der Erreichung einer „spontanen Ordnung"[25] gipfeln, nicht sehen oder nicht sehen wollen. Jedenfalls stabilisiert sich der horizontale Zusammenhang. Man kann von einer Intensivbeziehung zwischen den Abteilungen sprechen, in der die wesentlichen Vorteile wie Produktqualität, Schnelligkeit sowie Zeit- und Kostenreduzierung erreicht werden.

Es kann hier in der Tat ein sich selbst organisierendes System entstehen, das dann wie bei dem Strukturtyp II „selbstorganisierte Arbeitsgruppe" durch ein festes integratives Gefüge gekennzeichnet ist. Dabei vollziehen sich die schnittstellenüberwindenden Interaktionen um so geräuschloser, selbstverständlicher, effektiver.

Allerdings kann man sich mit diesem Resultat, so erfreulich es im Prinzip ist, nicht zufrieden geben. Das interaktionale Gleichgewicht, das hier die Synthese ausmacht, gilt nur für die abteilungsübergreifende Gemeinschaft der Sachbearbeiter. Für die Beziehung zu der Führungsebene vermag das ganz anders auszusehen. Hier ist eine Tendenz zu berücksichtigen, die (je nach konkreter Ausprägung) ein eminentes Störpotenzial hat. Es ist die häufig weitgehend unbewusste und von der Situation begünstigte „Emanzipation" der Sachbearbeiter von der Führungskraft. Es ist manchmal so, als ob die Sachbearbeiter sich rächen wollten. Bisher fühlten sie sich nicht angemessen beteiligt. Jetzt beteiligen sie die Führungskraft nicht mehr! Sie versuchen zu erreichen, dass die wesentlichen Weichenstellungen an der Führungskraft vorbei vollzogen werden. Kommen die Führungskräfte irgendwann dahinter, dann können sie natürlich den Sachbearbeitern viel Ärger bereiten. Die Gefahr ist nur, dass die Führungskräfte dann selbst Ärger bekommen. Bisher gut eingespielte Abläufe werden blockiert und die Führungskräfte müssen von neuem wieder besseren Schwung in die Prozesse bringen. Jede Führungskraft kommt hier leicht unter Druck, denn schließlich will sie als dezentrale Stelle der Zentrale das Erreichen der Produktionsziele, der Qualität mit einer angemessenen Rationalisierung melden.

In Verbindung mit der Zielvereinbarung ist auf ein aufregendes Moment hinzuweisen. Wir sahen, dass jede Führungskraft die mit ihr festgelegten Abteilungsziele unter Aufgliederung derselben an ihre Mitarbeiter weiterzugeben hat. Nun weiß man, dass sehr wohl durch Veränderungen des Marktes, der Technik, der Priorität in der Abarbeitung der Aufträge Veränderungen (auch kurzfristiger Art) eintreten können; und in der Praxis ist jetzt davon auszugehen, dass die in intensiven Beziehungen stehenden Sachbearbeiter diese Veränderungen im Ablauf der Produktions- und Dienstleistungsprozesse schneller erfahren und (in unternehmerischer Verantwortung) schneller reagieren wollen. Es ist dann noch zu erwähnen, dass gerade durch diese Wandlung innerhalb der schnittstellenüberbrückenden Kooperation Probleme entstehen, deren Lösung erforderlich wird und Zeit kostet. Jedenfalls, und das ist das entscheidende, ergeben sich aus der Sicht des Sachbearbeiters im Rahmen seiner grenzüberschreitenden Tätigkeit andere und für ihn wichtigere Aufgaben und Prioritäten als die mit seiner Führungskraft vereinbarten.

Hier kann eine Konfliktsituation ganz eigener Art entstehen. Die Führungskraft, die schon „irgendwie" spürt, dass ihre Kontaktfunktion längst hinter den Prozessen herhinkt, stellt den Sachbearbeiter zur Rede, warum der die vereinbarten Punkte nicht wie besprochen der Reihe nach abarbeite. Unterstellen wir, wie das leider nicht selten anzutreffen ist, eine mangelnde Gesprächskultur, so ist die Situation wie folgt zu charakterisieren: Der Sachbearbeiter setzt an, zu erklären, warum unter der Perspektive des Gesamtsystems andere Punkte wichtiger gewesen seien. Er wird aber sofort unterbrochen; die Führungskraft erklärt ihm, es sei die Sache des Vorgesetzten, die Prioritäten festzulegen. Er als Sachbearbeiter solle gefälligst die Vereinbarungen erfüllen, die er unterschrieben habe. Ein Sachbearbeiter, der sich so behandelt sieht, macht die Erfahrung, dass er schlecht beurteilt wird, wenn er seine Zielvereinbarung nicht erfüllt. Schon deshalb ist er erbost darüber, dass er keine Anerkennung erfährt; kann er doch nachweisen bzw. glaubt er, nachweisen zu können, dass er im Sinne der geforderten Dynamik für die optimale Prozessfolgen sein Bestes getan habe. Wenn dann noch hinzukommt, dass über die horizontale Beziehung mit den Sachbearbeitern der anderen Abteilungen eine Gemeinschaft entstanden ist, die für ihn einen Wert darstellt, dann lässt sich eine typische Verhaltensweise erkennen: Die in der Zielvereinbarung festgeschriebenen Aufgaben sucht er schlecht und recht zu erfüllen. Seine Hauptenergie aber konzentriert er weiterhin auf die abteilungsübergreifende Aktivität – das aber versucht er zu tarnen! Den Energieeinsatz, der hier geleistet wird, den möchte ich „verdeckte Aktivitäten" nennen. „Tätigkeiten, die ich als wichtig und sinnvoll für uns alle ansehe, die mache ich dann auch", sagte mir ein Sachbearbeiter. Er versuchte aber, diese Arbeiten möglichst an seinem Vorgesetzten vorbei auszuüben, da er ein Verbot derselben befürchtet. Und man darf nicht meinen, ein solches Verhalten sei ein Einzelfall. Um so wichtiger ist es, sich darüber Gedanken zu machen, wie eine solche unwürdige Situation beendet bzw. vermieden werden kann.

Natürlich bietet es sich an, das operative Management mittels Überzeugungsarbeit (z. B. über Workshops) auf seine Doppelrolle einzustimmen, die es als Manager und Kollege (speziell innerhalb der Gespräche) auszuüben hat. Es versteht sich ferner, dass es nicht genügt, dem Sachbearbeiter etwas von unternehmerischer Verantwortung zu erzählen und ihm dann keine Chance zu geben, diese zu zeigen und zu entfalten.

Dann geht es aber, und das ist genauso wichtig, darum, den Teamgedanken bei denjenigen Führungskräften zu stärken

oder erst einmal aufzubauen, zwischen deren Einheiten die
Geschäftsprozesse sich vollziehen und deren Grenzen die
Schnittstellen bilden. Offenheit statt Sich-Einmauern, das hat
der Grundsatz zu sein. Man kann auch sagen, der Manager
müsse von dem primitiven Gedanken abkommen, in seinem
Bereich herrschen zu wollen. Es wird so viel von Teamden-
ken geredet; hier, wo es gar nicht nach außen dringt, wird es
verlangt. Das operative Management als Team hat zu überlegen, wie die Abläufe optimal zu gestalten und zu steuern
sind; und zwar im Interesse des Unternehmens. Und es dient
dabei primär dem Unternehmen, wenn die Mitarbeiter von
sich aus interdisziplinäre Kooperation anstreben und umsetzen. In diesem Rahmen gilt es denn auch, sich als Führungs-
kräfteteam über die Erfordernisse der Förderung selbständigen Denkens und Handelns der Mitarbeiter innerhalb abteilungsübergreifender Aktivitäten klar zu werden.

Es bleibt die Frage, warum denn eine solche Diskrepanz zwischen der Zielvereinbarung und den verdeckten Aktivitäten
des Sachbearbeiters, die offensichtlich auf andere Ziele gerichtet sind, entsteht. Man denke an die Spannung zwischen
Stabilität und Dynamik; und es ist hier noch einmal zu erwähnen, dass in der Praxis aus verschiedenen Gründen auch
kurzfristig Unstimmigkeiten entstehen. Obgleich mit Eifer
um das „Null-Fehler-Ziel" geworben wird, sind Pannen und
Verzögerungen nicht auszuschließen. Im Interesse eines reibungslosen Ablaufs rückt dann die Bewältigung dieser Einbrüche an die erste Stelle der Prioritätenskala. Dann gibt es
die von Seiten des Kunden gewünschten Änderungen eines
Auftrages. Der Kunde hält seine Änderungswünsche für „mi-
nimal" und der Vertrieb möchte mit Rücksicht auf seine ge-
schäftlichen Verbindungen dem Kunden entgegenkommen.
Die Folge ist aber, dass die festgelegten Abläufe durcheinan-
dergeraten. Irgendwie muss dann wieder eine Ordnung hineingebracht werden. Auch hier ist ein Wechsel in der Ge-
schäftsabfolge nötig; eine Konstellation, die abteilungsübergreifende Wirkung hat. Nicht zuletzt ist anzumerken, dass für

das operative Management eine Problematik hochkommt,
die zwar sozusagen in der Luft liegt, der aber keine oder nicht
genügend Aufmerksamkeit entgegengebracht wird. Es ist das
Verhältnis von personalpolitischer und strategischer Zielvereinbarung. Innerhalb der Führungskraft-Mitarbeiter-Beziehungen wird zwar zunehmend auf die Zielvereinbarung abgestellt. Der strategische Bezug derselben ist aber kaum erkennbar. Es ist schon aufschlussreich, wenn ein Mann, der die
Praxis gut kennt, nämlich K. NAGEL in seinen Vorträgen und
Seminaren immer wieder seiner Enttäuschung darüber Ausdruck gibt, dass schon im mittleren Management über die
Strategie des Unternehmens kein Wissen vorhanden sei.[26]
Und was das operative (untere) Management betrifft, so hat
man den Eindruck, dass die „von oben" verlangte Zielvereinbarung von ihm als Mittel gesehen wird, die Mitarbeiter zu disziplinieren und sie unter Leistungs- und Erwar-
tungsdruck, eine gute Beurteilung erreichen zu wollen, zu stellen. Von Zielen im Sinne einer Verkettung mit anderen und
einer Integration in übergreifende Systemziele ist nicht die
Rede.

Möglicherweise sieht sowohl das mittlere als auch das operative Management eine solche Integration aller Ziele als eine selbstverständliche Folge der Zielvereinbarung an. Aber
das wird nicht problematisiert, wird nicht als eine zu lösende
Aufgabe internalisiert.

Nun muss man wohl sagen, dass die strategische Zielvereinbarung, wie sie in den Strukturtypen generell als Anforderung
an das Management gestellt wird, neueren Datums ist. Sie gewinnt ihre Geltung erst durch die Lean-Welle und der damit
verbundenen Rangerhöhung der Dezentralisierung und Delegation. Offenbar hat man zu registrieren, dass die Absicht
der Zentrale, die Führungskräfte generell über die Akzeptanz
des systembezogenen strategischen Denkens zu einem zu-
kunftsorientierten Unternehmensdenken zu bringen, noch
nicht genügend erkannt und aufgenommen ist.

Was die unternehmerische Verantwortung des operativen
Managements betrifft, so ist gerade im Kontext mit der abteilungsübergreifenden Kooperation noch auf die Eigeninitiative zu verweisen, die H. J. BRACZYK als Bottom-up-
Aktivität bezeichnet. Er stellt sie als eine unverzichtbare Ergänzung der Top-down-Anordnungen heraus.[27] Es ist die
konsequente Entwicklung der partizipativen Rationalisierung, wobei auch das KVP-Modell mit einbezogen wird. Der
First-Line-Manager steht mit den Sachbearbeitern in ständi-
gem Fachkontakt. Tritt er den schnittstellenüberwindenden
Abläufen mit Offenheit für mögliche Probleme und ihrer
schnellen Beseitigung gegenüber, dann werden sich durch die
Arbeitskontakte Ideen und Gedanken ergeben, die über Gespräche zu Konzeptionen gebündelt oder gebildet werden;
und die er dann als Teamleiter oder als Sprecher an seinen
(nächsten) Vorgesetzten weiterleiten kann. Dies wären mindestens Anregungen, um zu besseren Aufgaben- und Zielzu-
sammenhängen zu gelangen; und dies könnte auch eine Aus-
wirkung auf eine Optimierung der Strategie bedeuten.

Dabei ist unschwer zu erkennen, dass man das operative Management desto besser zu einem strategischen Denken zu motivieren vermag, je ernsthafter das höhere Management die
Bottom-up vorgetragenen Ideen nimmt und dies dem operativen Management durch Rückmeldungen zeigt. Von hier aus
lässt sich auch leicht die Vision einer umfassenden Synthese
und Kultur entwickeln. Auch bei diesem Strukturtyp gibt es
immer wieder Ansätze zu einem Ausgleich der Interessen, der
als Synthese wirkt. Die Schwierigkeit liegt hier für alle Beteiligten darin, zu einer grundsätzlichen Neubewertung der Situation zu gelangen. Für die Führungskraft ist es sicher
zunächst nicht so einfach zu sehen, wie die Geschäftsabläufe
sich auch ohne sie integrativ vollziehen und wie der Sachbearbeiter über Steuerungsaktivitäten ausweicht und ausweichen kann. Für den Sachbearbeiter wiederum ist es schwer zu
ertragen, in einer Atmosphäre zu sein, in der er immer spürt,
dass seine Führungskraft von ihm etwas anderes erwartet. Bei

beiden entsteht deshalb der (wenn auch zunächst uneinge-
standene) Wunsch, aufeinander zuzugehen. Aber da wird
dann häufig von beiden die verlangte Verzichtleistung als zu
groß angesehen und der Syntheseprozess bleibt stecken bzw.
schlägt erneut in Gegensatz um. Ein Bottom-up-Engagement
vermag hier die Situation ganz entscheidend zu verändern. Im
Rahmen der Dezentralisierung ist gerade der direkte Vorgesetzte der operativen Ebene nach Ideen gefragt, wie die Ge-
schäfts- und Produktionsabläufe noch besser gestaltet werden
könnten. Es wird von ihm allerdings der Mut und die Energie verlangt, sich ernsthaft mit der Innovation zu beschäftigen.

Dem Leitenden Management ist zu sagen, diese Ideen ernsthaft zu prüfen und möglichst auch umzusetzen, sowie gleichzeitig den Führungskräften die Anerkennung für Bottom-up-
Ideen auszusprechen. Es ist eben wichtig, das Selbstbewusstsein des operativen Managements zu stärken. Wenn eine
Führungskraft erlebt, dass ihre Gedanken „oben" ankommen, dann wird sie auch den Rückmeldeprozess zum Sachbearbeiter viel höher einschätzen. Die Führungskraft begreift
in diesem Fall auch viel eher, dass Mitarbeiter, von denen man
Ideen bekommen will, die größtmögliche Freiheit in der Gestaltung der Kommunikation und Kooperation innerhalb abteilungsübergreifender Prozesse haben müssen. Gleichzeitig
wird die Führungskraft auch besser begreifen, dass sie die Arbeitskontakte mit ihren Kollegen, den Führungskräften der
Nachbarabteilungen, als Teamverpflichtung zu behandeln
hat. Wenn die Bottom-up-Initiative von einem Führungsteam
her erfolgt, dann wird auch die Wirkung beim höheren Management stärker sein.

4. Führung als Management-Funktion: Die Steuerung dialektischer Prozesse

Unsere Darstellung bestätigt die in der Management-Literatur wie in der neueren Betriebswirtschaftslehre hervorgehobene besondere Rolle der Führungskräfte aller hierarchischen Ebenen für die Realisierung der strategischen Ziele, für die Optimierung der Rationalisierung und des Markterfolges.

In diesem Zusammenhang sind „Führungskraft" und „Manager" als synonyme Begriffe zu verwenden. Führung und Führungskraft klingen im Deutschen vertrauter. Es hat sich aber auch bei uns der Managerbegriff etabliert. Man kann mit W. H. STAEHLE „Management" als umfassenden Terminus betrachten, der alle Aufgaben der Unternehmensführung einschließt, während Führung die Steuerung des Mitarbeiterverhaltens bezeichnet. Wie sehr aber bei dieser Gliederung beide Begriffe ineinander verwoben sind und bleiben werden, das zeigt sich darin, dass auch in den übrigen Management-Funktionen, die nach STAEHLE insbesondere „Strategien zur Verknüpfung von Organisation und Umwelt", „Controlling als interne Planung und Kontrolle" sowie die „Gestaltung von Strukturen und Prozessen" umschließen, erhebliche Momente der Führung im Sinne der Verhaltenssteuerung enthalten sind.[28]

Bei der Verwendung des Management-Begriffs lässt sich dann die Unterscheidung zwischen *Management als Institution* und *Management als Funktion* treffen.[29] „Institution", das umfasst die Gesamtheit der Führungspositionen; und von diesen wird in der Regel auch die „Funktion" der Führung ausgeübt. Ausnahmen von dieser Regel kann es geben, wenn im Zuge der organisatorischen Veränderungen tüchtige Experten Entscheidungen treffen, die sich aus der Situation heraus als wichtig für das Unternehmen begründen lassen.

Vor allem ist eben auf diejenige Auffassung zu verweisen, die sich auch in der Praxis durchgesetzt hat: Wenn von Management gesprochen wird, dann ist damit nicht nur die Unternehmensleitung gemeint, das ist das Top-Management, sondern es wird darunter diejenige Gruppe verstanden, die nach dem Prinzip von Zentralisierung und Dezentralisation die Strategie der Unternehmensleitung managen soll; und die damit gleichzeitig für die Integration der Subsysteme in das Gesamtsystem die Verantwortung zu übernehmen hat. Es ist schon das Top-Management, von dem die übergreifende Strategie des Unternehmens vorgegeben wird. Aber zur Umsetzung derselben in operationale Ziele und in wirkungsvolles Handeln braucht es das in sich netzartig verflochtene Management auf allen hierarchischen Ebenen. Das Zusammenspiel einer strikt auf den Erfolg des Unternehmens ausgerichteten Führungsgruppe ist die Basis für die Verwirklichung des geplanten Erfolges.

Bei der Thematik Management als Steuerung dialektischer Prozesse ist noch einmal auf den ersten Teil Bezug zu nehmen. Ich habe mich dort bemüht, die Unternehmensphilosophie an die Philosophie HEGELs anzuschließen. Die von hier aus zu bildenden Kernaussagen sind: Das gesellschaftliche Leben vollzieht sich in vielfältigen und anhaltenden dialektischen Bewegungen, wobei die Dialektik in sich aus permanenten Widersprüchen besteht. Entscheidend ist, dass in diesen Widersprüchen stets der Trend zum Ausgleich, zur Synthese aufkommt und wirksam wird. Dieser Trend ist nicht immer kurzfristig zu beobachten; er kann aber durch bewusste Umsetzung ethischer Werte beschleunigt, verstärkt und umfassender realisiert werden. Ethische Werte, das weiß man, stellen immer ein „Soll" fest. Von ihm her soll dann das „Ist", die Vielfalt des gesellschaftlichen Lebens wertvoller, dem „Soll" gemäß, gestaltet werden. Das wird immer nur annäherungsweise geschehen können. Und da das gesellschaftliche Leben stets in (dialektischer) Bewegung ist, entsteht gleichsam laufend die Chance, zufriedenstellendere und zweckmäßigere Verhältnisse durch Steuerung von ethischen Leitzielen her aufzubauen. Da dies bis zu einem gewissen Grade geschieht, lässt sich in vielen Fällen – nach HEGEL generell und grundsätzlich – die Hoffnung formulieren oder die Prognose wagen, dass der Mensch es von seinem Denken her in der Hand hat, über ständige Lernprozesse seine Lebensumstände auf ein höheres Niveau zu bringen.

Bei HEGELs idealistischer Sichtweise steht hinter diesen Vorgängen der „absolute Geist", der sich in den sozialen Systemen (als „objektiver Geist") und in den Individuen (als „subjektiver Geist") auslegt. Realistischerweise sind diese ethischen Werte in den umfassenden Wertsystemen unseres demokratischen Staates mit den Menschenrechten als Zentrum verwurzelt. Von dieser Basis her ist das ständige „Werden" in Staat und Gesellschaft auf Ausgleich und Synthese hin zu sehen. Von HEGEL aus kann man dann die in der Wirtschaft vorherrschende Haltung bestätigen: In der Unternehmensphilosophie sind die übergreifenden Grundsätze zusammengefasst, deren Kern die ethischen bzw. die von der ethischen Basis begründeten Werte darstellen.

Managementphilosophie ist als die Verpflichtung für den Manager zu begreifen, die Werte unter der Perspektive des Umsetzens in die Praxis zu betrachten und zu nutzen. *Ureigenstes Prinzip des Managens ist das Führungs-Handeln! Unter dem Gesichtspunkt der Dialektik bedeutet Handeln Steuerung der dialektischen Prozesse.*

Ich gehe davon aus, dass in allen Abschnitten meiner Darstellung deutlich geworden ist, wie sehr das Führungs-Handeln die Steuerung dialektischer Prozesse umgreift, was insbesondere die positive Bewältigung widersprüchlicher Verhältnisse und Denkweisen einschließt. Immer konnte dem Management gezeigt werden, dass jeder Widerspruch, mag er auch recht schwierig sein, als Herausforderung betrachtet werden kann, durch Kreativität zu einer Synthese spannungsgeladener Kräfte zu gelangen. Man denke hier an Aktivitäten, um zu Ausgleichsprozessen ökonomischer und sozialer Effektivität sowie zwischen Stabilität und Dynamik zu kommen. Man denke auch an Eingriffe, um Gruppenarbeit zielorientiert gestalten zu können.

Es sind jetzt noch einige Schlusspunkte zu setzen.

Hervorzuheben ist zunächst, dass es in hohem Grade zweckmäßig ist, das Führungs-Handeln als die Führung von Experten anzusehen! Vom Standpunkt einer Führungskraft wäre also die Steuerung dialektischer Prozesse immer die Steuerung von Arbeitsvollzügen, die von Mitarbeitern ausgeführt werden, die jeweils in ihrem Fach eine Experten-Qualifikation haben. Anders gesagt: Jede Führungskraft soll die an sie berichtenden Mitarbeiter als Experten, das heißt als Spezialisten in ihrem bestimmten Fach betrachten bzw. sie dabei (weiter) aufbauen. Das besagt gleichzeitig: Wenn heute vom Mitarbeiter eine unternehmerische Verantwortung verlangt wird, so bezieht diese sich auf seine Fach-Kompetenz.

Steuerung dialektischer Prozesse durch Führung von Mitarbeitern, denen als Experten eine Fachqualifikation zuerkannt wird, das lässt sich in unserem Zusammenhang vertiefen unter Bezug auf die Inhalte, die aus der HEGELschen Gesellschaftsphilosophie für die Soziologe des Unternehmens herausgearbeitet wurden.

Beginnen wir mit der *Anerkennung des anderen.* Den Mitarbeiter als Experten zu betrachten und zu fördern, das ist der stärkste Beweis seiner Anerkennung in der Arbeitswelt. Damit entspricht die Führungskraft auch den Ansprüchen des Mitarbeiters, als Partner und Experte respektiert zu werden. Und was den Anspruch auf Selbständigkeit durch Verfügen-Können über einen unaufgedeckten Handlungsrahmen angeht, so wird leicht Einigkeit darüber zu erzielen sein, dass jeder Experte, um in Ruhe und mit Souveränität arbeiten zu

können, eine angemessene Zeit- und Handlungsreserve haben
muss.

Es geht dann um die *Integration des Einzelnen in das übergreifende System*, im Unternehmen als Forderung nach
Corporate Identity bekannt. Es ist ohne weiteres einsehbar,
dass ein abgestimmtes Verhältnis von Management- und Ex-
perten-Struktur die beste Voraussetzung einer erfolgreichen
Zielbezogenheit bei den organisatorischen Abfolgen bildet.

Bei dem dritten Moment der Persönlichkeitsentwicklung ist
die Aufmerksamkeit darauf zu richten, dass bei HEGEL auch
die Wachstumsprozesse in der Natur und in jedem Individuum als stufenweise dialektische Entwicklung zu fassen sind.
Die neue Stufe tritt in Widerspruch zum bisher bestehenden
Status. Und in ihr strebt der Mensch, bereichert durch umfassende und tiefer gehende Erkenntnisse, zu einer reiferen
und höher qualifizierten Persönlichkeitsstruktur als Synthese, in welcher der frühere Status mit „aufgehoben" ist.

Ausgangspunkt ist hier, dass HEGEL Existenz und Einfluss des
Unbewussten im Menschen erkannt hat. Er begreift das Wesentliche des Unbewussten als den sich noch im Zustand des
Schlafes befindenden subjektiven Geist. Dieses Unbewusste
ist die Basis, von der aus Aufbau und Entwicklung der Persönlichkeit einsetzt. Die Beziehung des Unbewussten zum Bewussten – speziell im Rahmen des beruflichen Feldes – ist unter vier Gesichtspunkten zu sehen:

1. Im Laufe des Heranwachsens und der Kommunikation
   mit anderen Menschen erwacht der schlafende subjektive
   Geist und gelangt zunächst zu einem betont von Empfin-
   dungen geprägten Bewusstsein. In weiteren Stufen kommt
   der Einzelne dann zum Ich-Bewusstsein; und ferner zu einem höheren Bewusstsein, in dem das von der Vernunft ge-
   prägte umfassende Denken zum herausragenden Kennzeichen wird.

2. Mit dieser Persönlichkeitsentwicklung wird das Unbewusste nicht aufgehoben. Es bleibt immer auch eine Beziehung von dem jeweils erreichten Zustand des Bewusstseins zum Unbewussten bestehen. Es sind die tief im Menschen verankerten geistigen Energien sowie Sehnsüchte nach dem Sinn des Lebens und der Selbstverwirklichung, die hier immer wieder Kräfte in das höhere Bewusstsein bringen und jenen spezifischen HEGEL-Optimismus begründen oder jedenfalls deutlich werden lassen.[30]

3. Alle diese zur Persönlichkeitsentwicklung gehörenden oder dazu führenden psychischen Prozesse sind dialektische Bewegungen, was hier heißt: Es werden stets Grenzen überschritten; es entstehen stets neue, als Widersprüche wirkende Konstellationen, die der Einzelne „verdauen" muss bzw. mit denen er „ins Reine zu kommen hat". Innerhalb dieser Entwicklungs-Prozesse wird er nach jeweils neueren Gleichgewichtszuständen suchen.

4. Bei allen Gedanken, die in die Aufwärtsentwicklung des Individuums weisen, ist sich HEGEL klar darüber, dass im Unbewussten auch dunkle, primitive, zerstörerische Triebe stecken. Jeder ist gefordert, im Zuge seines Fortschreitens damit fertig zu werden. Er soll sie in Verbindung mit den entstehenden psychisch-dialektischen Prozessen in seine Persönlichkeitsstruktur – ins Positive gewendet – einordnen. Es kann aber sein, dass dies nicht oder doch nur unvollkommen gelingt. Damit wird eine Weiterentfaltung der Persönlichkeit blockiert; und es sind dann meist Widersprüche im Bereich der zwischenmenschlichen Beziehungen nötig, um dem Einzelnen die negativen Elemente vor Augen zu führen und ihm damit Impulse zu geben, von jetzt ab sein Denken und Verhalten in die positive Richtung zu bringen. Der Manager, der seine Mitarbeiter als Experten sehen will, der braucht für sein Führungs-Handeln das Wissen um diese Vorgänge und eine erhebliche Sensibilität in der Menschenbehandlung. Sicher hat letzt-

lich jeder Einzelne seine psychische Weiterentwicklung
einschließlich der damit einbezogenen Dialektik zu vollziehen bzw. zu bewältigen. Aber genau so sicher ist es, dass
im Rahmen der Kooperation innerhalb eines organisatorischen Systems der jeweilige Manager die Verpflichtung
hat, im Sinne einer Steuerung des Arbeitshandelns „hel-
fend" einzugreifen, um die Mitarbeiter in ihrer Entfaltung
voranzubringen. Wie wichtig die hier verlangten Füh-
rungs-Aktivitäten sind, das begreift man, wenn man sich
vergegenwärtigt, dass Kreativität und Einsatzbereitschaft,
Arbeitsfreude und Begeisterung für die Erfüllung von Zielen, auch die Bereitschaft zur Verzichtleistung im Interesse der Erreichung höherer Ziele, ihre Triebkraft im Unbewussten haben.

In diesem Zusammenhang ist dem Management auch die
wichtige Aufgabe nahezubringen, bei den Mitarbeitern psychologische Blockaden zu lösen, die eine Aufwärtsentwicklung der Persönlichkeit behindern. Dazu zählen Ängste und
Frustration. Zur erforderlichen Sensibilität des Managers
gehört es, zu erfassen, ob und wann Mitarbeiter sich in einer
schwierigen Phase befinden. Und ein Manager, hat er das begriffen, darf dann nicht in die zu häufig zu bemerkende Auffassung verfallen, Leistungsblockaden dieser Art hätten ihren
Ursprung im persönlichen Bereich des Betreffenden. Dies
kann so sein. Zweckmäßig ist es jedoch, davon auszugehen,
dass Auslöser deprimierter Stimmung im Arbeitsbereich oder
im Arbeitsumfeld liegen. Es ist hier zum Beispiel an organisatorische Veränderungen zu denken, denen ein Mitarbeiter
sich nicht gewachsen fühlt. Es gilt auch hier, dem Mitarbeiter Vertrauen in die aufbauenden Kräfte des Geistes (ausgedrückt in Einsichten und Hoffnungen) zu vermitteln, die zur
inneren Ruhe führen; und die ferner Impulse, wieder aktiv
und einsatzbereit zu werden, mobilisieren.

So betrachtet stellt die Struktur der zwischenmenschlichen
Beziehungen in einem Unternehmen ein Führungskraft-Ex-

perten-Gefüge dar. Steuerung der Dialektik umgreift die Verantwortung für die Zielsetzung und zielbezogene Leistung von Experten; und um diese Verpflichtung optimal einlösen zu können, ist die Steuerung der Persönlichkeitsentwicklung eine wichtige Voraussetzung. Sie erst gibt dem Manager die Einsicht, zu einem Führungsverhalten zu kommen, von dem aus die ökonomische und die soziale Effektivität gemeinsam angegangen und zu einem befriedigenden Resultat gebracht werden kann.

Es ist dann noch zu beachten, dass die Impulse, die vom Management zur Anerkennung des Experten und zu seiner Integration in das übergreifende System ausgehen, eine entsprechende positive Rückmeldung bringen sollen und vielfach auch bringen werden. Stellen sich Erfolge in der Zusammenarbeit ein, dann besteht bei dieser Konstellation die realistische Chance, zu einer qualifizierten Unternehmenskultur zu gelangen.

Es ist hier kein Idealbild gezeichnet. Eine Entwicklung dieser Art zeigt sich vielmehr in den meisten Bereichen und Abteilungen der Unternehmen. Allerdings muss man erneut auf die dialektische Spannung zwischen Stabilität und Dynamik verweisen. Die Verhältnisse, wie sie hier geschildert bzw. gefordert werden, können sich nur auf eine Situation beziehen, die durch Stabilität gekennzeichnet ist. Es ergeben sich aber leicht markt- und innovationsbezogene Veränderungen. Und diese vermögen ein fest scheinendes Führungskraft-Experten-Gefüge schnell in Frage zu stellen.

Betonen muss man, dass es ein ganz natürliches Anliegen des leitenden Managements ist, die für die jeweiligen Positionen bestverfügbaren Führungskräfte zu bekommen. Dies besagt nicht, dass die Inhaber von Führungspositionen ständig zur Disposition stehen würden. Solange „alles gut läuft" und von stabilen Verhältnissen gesprochen werden kann, konzentriert sich das Leitende Management auf die Auswahl der geeigne-

ten (bzw. bestverfügbaren) Nachwuchskräfte. Meist ohne
dass das groß hervorgehoben wird, geht die Unternehmensleitung davon aus, dass das Management die wichtigste
Gruppe im Unternehmen ist, da sie für die Planung und Umsetzung der Strategie die Verantwortung hat. Also bemüht
man sich darum, durch Personalprogramme wir Rotation,
Auswahlverfahren, Assessment-Center die richtigen Leute für
den richtigen Platz aufzubauen. Entschließt sich ein Unternehmen jedoch zu Umstrukturierungen, dann pflegt auch die
Frage der Herausnahme bzw. des Umwechselns von Führungskräften aktuell zu werden. Dabei ist die Wahrscheinlichkeit groß, dass desto mehr Personen von einer organisatorischen Veränderung betroffen werden, je höher der Manager in der Hierarchie steht, der seinen Platz räumen muss.
Der Nachfolger strebt – meist – danach, seine Vertrauten in
die nächsten Plätze zu bringen. Es versteht sich, dass in einer
solchen Situation auch die bestehende (eingespielte) Kompe-
tenz- und Kooperations-Ordnung der Experten durcheinander geraten kann.

Strukturelle Veränderungen durch Maßnahmen der Unternehmensleitung sind bekannte Erscheinungen. Hinzuweisen
ist hier noch auf Bewegungen, die unter dem Einfluss der Dialektik zwischen Hierarchie und Offenheit der Arbeitszusammenhänge zustande kommen.

Um sich zu verdeutlichen, worum es sich hier handelt, legen
wir den dargestellten Zustand zugrunde, nach dem die fortschreitenden Arbeitsfolgen nach dem Modell der Stabilität
vor sich gehen. Unterstellen wir, dass der Manager sich im
Laufe der Zeit noch stärker als Manager profiliert, während
die Mitarbeiter (als Experten) sich immer weiter in ihr Fach
einarbeiten. Es kann dann durchaus geschehen, dass die Mitarbeiter in fast allen sachlich-inhaltlichen Fragen dem Manager überlegen werden. Damit kann so etwas wie ein Kompetenzgerangel entstehen. Wir sagten, dass der Manager im
Spannungsverhältnis von zentraler Kompetenz und Dezen-

tralisierung steckt und dass von ihm Berichte und Nachweise verlangt werden, ob er bei der Umsetzung der ihm übertragenen Ziele „richtig liegt". Dabei kann es die Dynamik des innerbetrieblichen Geschehens mit sich bringen, dass der Manager hier ins Schleudern gerät oder jedenfalls seiner Führungskraft (dem „Obermanager") unbefriedigende Antworten geben muss. Möglicherweise ist er im Moment überfordert oder auch gerade nicht erreichbar. Und dann kommt hinzu, dass es keinem Mitarbeiter grundsätzlich verwehrt wäre, von sich aus durch schnellere Antworten „nach oben" auf sich aufmerksam zu machen. Und so kann es geschehen, dass ein Fachexperte die Rolle des Managers übernimmt und dem „Obermanager" Bericht erstattet. Der direkte Vorgesetzte muss und wird dann sehen, dass er das Heft wieder in die Hand bekommt. Das wird meist gelingen, weil er die bessere Position hat. Sicher ist das aber nicht. Die Fälle sind nicht selten, in denen ein tüchtiger Fachexperte mit Manager-Qualität die verantwortliche Führungskraft verdrängt.

Es muss in diesem Zusammenhang hinzugefügt werden, dass diese Konstellation noch viel härter werden kann, wenn die Mitarbeiter von ihrer Position her offiziell als Experten bezeichnet, eingesetzt und entsprechend bezahlt werden. Es ist hier etwa an Ingenieure und EDV-Spezialisten oder an Qualitätsexperten zu denken; aber auch an Einkäufer und Verkäufer, sowie überhaupt an Arbeiter und Angestellte mit langer Berufserfahrung.

Nehmen wir an, ein Experte in einem dezentralen Bereich prescht mit einer Konzeption vor, wie man im zentralen Bereich (in einem gleichen oder ähnlichen Fachsektor) einen eindeutig besseren Rationalisierungserfolg erzielen könnte. Diese Ideen präsentiert er seiner Führungskraft. Sie ist verpflichtet, im Interesse des eventuell zu erreichenden Unternehmenserfolges die Konzeption zu prüfen. Wenn sie sich nach möglichst objektiver Untersuchung hinter jene Ideen stellen kann, dann ist es ihre Aufgabe, diese „nach oben" vor- und durchzubringen. Vorausgesetzt, diese Konzeption hält auch nach Prüfung durch weitere Gremien das, was der Experte verspricht, dann werden Turbulenzen entstehen, die ausgehalten werden müssen. Man kann in solchen Fällen davon ausgehen, dass organisatorische Veränderungen mit Veränderungen von Positionen und Kompetenzen, auch mit Reduzierung von Positionen, einhergehen. Dem jeweiligen höheren Management bleibt dann die Auf-

gabe, auf der Basis der umgewandelten Struktur wieder auf ein neues Gleichgewicht hinzuarbeiten, das entstehende Spannungen aus-
gleicht.

Gerät ein Unternehmen in eine starke Dynamik, dann kann
sich die Lage so zuspitzen, dass durch Schwerpunkt-Verla-
gerung und Umstrukturierung neue Macht- und Kompetenz-
verhältnisse entstehen. Man bekommt hier Parade-Beispiele
vor Augen geführt, wie sich dialektische Vorgänge von selbst
– ohne Steuerung – vollziehen. Anders gesagt: Diese Geschehnisse können nur dann eintreten, wenn der jeweils höhere Manager nicht steuernd eingreift. Dieser wird sich in manchen Fällen dieser Art fragen: „Warum sollte ich eingreifen?"
Sich von selbst ergebende Macht-Umwandlungen sind dann
doch eine Chance, dass sich offensichtlich manageriell be-
gabte Mitarbeiter über eine Zeit-Periode im Erreichen ge-
steckter Handlungsziele profilieren konnten. Der verantwortliche höhere Manager schaut hier auf den Erfolg. Und
wenn ein Mitarbeiter Erfolg nachweisen kann, dann ist das
entscheidend. Was sollte man dann, so wird dieser Manager
sich weiter sagen, auf die Ergebnisse mühsamer Auswahlverfahren von Führungskandidaten warten, wenn sich hier ein
Mitarbeiter (der bisher als Fach-Experte eingestuft wurde) im
Arbeitsalltag als Führungskraft bewährt? Allerdings muss
vom Leitenden Management beachtet werden, dass eine solche Phase der Selbstregulierung dialektischer Prozesse eine erhebliche Unruhe mit sich bringt. Und man darf schließlich
nicht vergessen, dass die Fertigungs- und Verwaltungsabläu-
fe reibungslos vor sich gehen sollen. „Keiner weiß, wo es lang
geht", mit diesem Hinweis pflegt man in der Praxis solche
Unruhe-Situationen zu bezeichnen. Diese werden intern dis-
kutiert, provozieren Gerüchte und lähmen den Elan. Es gibt
hier nur den Weg, so schnell wie möglich in den betreffenden
Abteilungen ein allseits aufzubauendes neues Arrangement zu
treffen. Derjenige Mitarbeiter, der sich offensichtlich durchgesetzt hat, ist formell als Manager zu etablieren; und diesem
muss dann die Verpflichtung übertragen werden, die Exper-
ten-Struktur (eventuell mit gewissen Veränderungen, wie er

Prioritäten setzen will) funktionsfähig zu halten bzw. auf einen wirksameren Zustand zu bringen. Es werden auch von ihm Initiativen verlangt, ein tragfähiges Führungskräfte-Gefüge aufzubauen und zu optimieren.

In einer sozialen Organisation ist sicher das Management die entscheidende Größe. Das Management hat die Verpflichtung, für die Entwicklung und Umsetzung der strategischen Ziele zu sorgen. Dass die Kooperation, die mit der Integration der Mitarbeiter in Gruppen und größere Systeme verbunden ist, im Sinne einer gut funktionierenden Produktion, Verwaltung und Dienstleistung sich vollzieht, dafür muss das Management gerade stehen. Zu den Managementfunktionen gehört es auch, dass Kosten und Terminzusagen eingehalten werden, dass die Zahlen stimmen; und nicht zuletzt, dass die Mitarbeiter eine realistische Erwartung auf eine Sinnerfüllung in der Arbeit haben und darauf ihre Leistungsbereitschaft einstellen können.

Da es aber nie eine Stabilität als alleinige Richtgröße geben kann, da immer wieder Veränderungen entstehen können, die ein Führungskraft-Experten-Gefüge durcheinander bringen können, ist es gleichsam betriebspolitisch wichtig, einen Wechsel von Experten in Führungspositionen und umgekehrt als grundsätzliche Möglichkeit vorzusehen. Bei einer solchen offiziellen Haltung lassen sich Führungskräfte, die der Dynamik nicht mehr gewachsen sind, in Experten-Aufgaben eingliedern. Ältere Führungskräfte werden möglichen Umstrukturierungen gelassener entgegensehen.

Es ist noch darauf hinzuweisen, dass sich für eine Führungskraft im Verhältnis zu hervorstechenden Experten ein Gestaltungs-Modus anbietet, der eine Konzeptions-Konkurrenz weitgehend vermeiden kann. Es ist das auf der Basis gegenseitigen Vertrauens bestehende Vertreter-Verhältnis: Man kann davon ausgehen, dass für eine Führungskraft alle an sie berichtenden Mitarbeiter den Experten-Status – jeder in seiner Weise – beanspruchen können, dass aber doch bei den Einzelnen qualitative Unterschiede deutlich werden.

Nun muss berücksichtigt werden, dass die manageriellen Verpflichtungen einen weiten Bereich umgreifen. Und die Führungskraft wird sich nicht gegenüber allen Aufgaben, die zu Lösungen anstehen, gleich befähigt wissen; sie muss ferner aus Zeitgründen Prioritäten setzen. Da liegt es nahe, tüchtige Mitarbeiter als Vertreter für bestimmte zu erledigende Themen heranzuziehen. So kann die Führungskraft einen Mitarbeiter zur Erledigung der Buchhaltung in ihrem Bereich beordern. Sie kann einen anderen zur Begutachtung technologischer oder administrativer Fragen einsetzen. Nicht selten haben höhere Führungskräfte, die es sich leisten können, einen Mitarbeiter, der durch soziale Kompetenz und Fähigkeit zur Mediation aufgefallen ist; er soll unangenehme Aufgaben, wie die Reaktion auf Beschwerden von Kunden und Lieferanten, übernehmen.

Je ernster ein Manager die genannte Unterstützung der Persönlichkeitsentwicklung seiner Mitarbeiter ins Auge fasst, desto erfreuter wird er über die Hilfe sein, die ihm der Betriebsrat leisten kann. Wie R. SPRINGER betont, besteht in größeren Unternehmen die Chance, dass der Betriebsrat sozusagen auf gleicher Ebene mit der Führungskraft als Co-Manager zusammenarbeitet.[31] Die ständige Um- und Neugestaltung der Betriebsorganisation, der Informations- und Kommunikationssysteme fordern von den Arbeitern und Angestellten ganz erhebliche Anpassungsleistungen. Dem Betriebsrat fällt hier die Rolle zu, in Ergänzung seiner bisherigen (aber engeren) Aufgabe der Arbeitnehmervertretung die Folge der organisatorischen Veränderungen mit den Mitarbeitern zu besprechen und gemeinsam mit der Führungskraft (eventuell erforderliche) Maßnahmen zur Optimierung der Unternehmenskultur zu erörtern und zu fixieren.

Vergegenwärtigt man sich Situation und Aufgaben eines Managers, so bekommt man eine Anschauung von der Schwierigkeit seiner Funktion sowie von der Bedeutung desselben für das Unternehmen und für die Gesellschaft.

Da hat man sich insbesondere nüchtern zu verdeutlichen, dass die Verpflichtungen, die ihm im Verhältnis zu seinen Mitarbeitern auferlegt sind, genau so ihm selbst gestellt werden. Geht es doch für ihn primär darum, seine eigene Persönlichkeitsentwicklung „in den Griff zu kriegen". Er selbst muss sein Denken so weit voranbringen, dass er eine kritische Distanz zu sich selbst erlangt, dann kann er diesen Schritt auch bei seinen Mitarbeitern fordern und unterstützen.

Die Situation des Managers wird also dadurch gekennzeichnet, dass er täglich, und zwar in jeweils ganz konkreten Fällen bereit sein muss, widersprüchliche Entwicklungen zu einer Synthese zu bringen. Folglich ist derjenige Positionsinhaber ein richtiger Manager, der mit seiner eigenen psychischen Dialektik als Eustress umzugehen weiß und der an alle Widersprüche im Felde sozialer Beziehungen mit der Überzeugung herangeht, sie als Herausforderung aufzunehmen und positiv zu bewältigen. Und hier erkennt man eine bestimmte Regel: Je häufiger er hier einen Erfolg erlebt, desto zuversichtlicher wird er, desto mehr wächst er in die Managertätigeit hinein, desto intensiver sucht er Aufgaben, über deren Lösung er seine Selbstverwirklichung zu steigern vermag.

Es ist leicht einzusehen, dass diese Fähigkeiten so selbstverständlich nicht sind. Umso mehr besteht Anlass, die herausragende Bedeutung des Managements für ein Unternehmen und darüber hinaus für den Wirtschaftskreislauf sowie den Lebensstandard unseres Gemeinwesen zu betonen. Und dies ist schon deshalb mit Nachdruck zu sagen, weil die Leistungen der Manager kaum anerkannt werden. So heißt es bei P. Drucker schon 1954: „Der unternehmerische Mensch, der Manager, bildet in jedem Unternehmen das dynamische vorwärtsdrängende Element." Und er ergänzt weiter, für jedes Unternehmen liege die einzige echte Chance, zu einem Vorsprung auf dem Markt zu kommen, darin, die Fähigkeiten und Leistungen seiner Manager zu entwickeln. DRUCKER stellt dann weiter fest: Das Management ist „die am wenigsten bekannte und am wenigstens verstandene Institution unserer Zeit".[32] Von einer anderen Seite, aber mit gleichen Schwerpunkten hat jüngst R. SPRINGER dazu Stellung genommen. Zu unserem neuzeitlichen Wirtschaftssystem (zum „Kapitalismus") gehöre der Zwang zur ständigen organisatorischen Umstrukturierung; und zwar zum Zwecke der Weiterentwicklung der Produktivkräfte. Und „das Management muss als diejenige gesellschaftliche Funktion und Institution dechiffriert werden, die wie keine andere diesen Prozess einer permanenten Revolution zu bewerkstelligen und voranzutreiben hat".[33] SPRINGER nennt diesen Prozess in Anlehnung an J. SCHUMPETER auch „schöpferische Zerstörung". SPRINGER klagt darüber, dass die hier eigentlich zuständige Wissenschaft, nämlich die Industrie- und Organisationssoziologie, ihr Forschungsinteresse nicht auf dieses Feld gerichtet habe. Dabei sei das dringend erforderlich: nämlich angesichts der Fähigkeit von Organisationen unter Einschluss der Human Resources die Produktivkräfte in einem umfassenden Sinne zu mobilisieren und ständig weiterzuentwickeln.

Wenn das so ist, dass in jedem Unternehmen das Management sich als diejenige Funktion und Institution zeigt, die „wie keine andere" den Prozess der kontinuierlichen Weiterentwicklung der Produktivkräfte voranzubringen hat, dann muss den Gruppierungen, die zum Management zu zählen sind, eine hohe wirtschafts- und gesellschaftspolitische Bedeutung beigemessen werden. Man gelangt hier zu einer Ordnungsvorstellung, die eine Integration einzelwirtschaftlicher Einheiten in das gesamte Wirtschaftssystem umschließt und die sich an dem Modell der sozialen Marktwirtschaft orientiert. Unser Wirtschaftssystem baut auf der Grundidee der freien Marktwirtschaft auf, wobei gleichzeitig von den Entscheidungsträgern in Wirtschaft und Gesellschaft Handeln in sozialer Verantwortung gefordert wird. Es ist dabei zu bedenken, dass der Begriff „soziale Marktwirtschaft" einen dialektischen Widerspruch beschreibt, der wiederum eine produktive Spannung erzeugt, die nach HEGEL auf Versöhnung der Gegensätze angelegt ist. In der sozialen Marktwirtschaft bildet sich eine Dynamik heraus, von der aus wirtschaftlicher und sozialer Fortschritt entsteht. Diese Verbindung macht erst einen kulturellen Fortschritt für breite Gesellschaftsschichten möglich. Der gesellschaftliche Rang des Managers liegt darin, dass er nicht auffälliger, aber wesentlicher Impulsgeber dieser Entwicklung und auch deren Hoffnungsträger ist.

Anmerkungen

[1] H. J. BRACZYK und G. SCHIENSTOCK, Im „Lean-Express" zu einem neuen Produktionsmodell? In: BRACZYK/SCHIENSTOCK (Hrsg), Kurswechsel in der Industrie, Lean-Production in Baden-Württemberg; Veröffentlichungen der Akademie für Technikfolgenabschätzung, Stuttgart, Berlin, Köln 1996, S. 296.

[2] Ebenda, S. 297.

[3] ROLAND SPRINGER, Rückkehr zum Taylorismus? Arbeitspolitik in der Automobilindustrie am Scheideweg, Frankfurt und New York 1998, S. 81 ff.

[4] Ebenda, insbes. S. 90 ff.

[5] J. P. WOMACK, D.T. JONES, D. GROSS, Die zweite Revolution in der Autoindustrie; Konsequenzen aus der weltweiten Studie des Massachusetts – Institute of Technologie, Frankfurt/M., New York 1991.

[6] WOMACK u. a., S. 56-58.

[7] G. WASSERLOOS, Sind wir „lean-fähig?" In: Braczyk/Schienstock, a.a.O., S. 232.

[8] FRIEDER NASCHOLD, Jenseits des Baden-Württembergischen „Exceptionalism", Strukturprobleme der deutschen Industrie, in: BRACZYK/SCHIENSTOCK, a.a.O., S. 184.

[9] Ausdruck verwendet und begründet bei R. Springer, a.a.O., S. 7.

[10] BRACZYK/SCHIENSTOCK, Im Lean-Express, ... a.a.O., S. 283.

11) G. SCHMIDT, Lean Production – konzeptionelle Überlegungen zu einer Zauberformel, in BRACZYK/SCHIENSTOCK, a.a.O., S. 139.

12) FAUST, JAUCH, BRÜNNECKE, DEUTSCHMANN, Dezentralisierung von Unternehmen; Bürokratie- und Hierarchieabbau und die Rolle der Arbeitspolitik, 3. Auflage, München und Mering 1999.

13) FAUST u. a.; a.a.O., S. 23 f. S. 33 ff.

14) FAUST u. a.; a.a.O., S. 94 ff.

15) FAUST u. a.; a.a.O., Siehe ebenfalls: P. Jauch, Industriemeister und industrielle
Reorganisation, München und Mering 1997.

16) D. GERST, TH. HARDWIG, M. KUHLMANN, M. SCHUMANN: Gruppenarbeit in der
betrieblichen Erprobung; ein „Modell" kristallisiert sich heraus, in: Angewandte Arbeitswissenschaft (1994) Nr. 142, S. 7.

17) Siehe Anm. 16); ferner: R.SPRINGER, Arbeiten wie die Japaner? Zur Zukunft des
Automobilmontagestandortes Deutschland in: W. FRICKE (Hrsg.), Innovationen
in Technik, Wissenschaft und Gesellschaft, Beiträge zum fünften internationalen
Ingenieurkongreß der Friedrich-Ebert-Stiftung am 26/27.Mai 1998 in Köln,
Bonn 1998, S. 31-58; D. GERST: Das Ende der selbstorganisierten Gruppenarbeit? – Arbeitsgestaltung in der standardisierten Montage; in: Mitteilungen des
soziologischen Forschungsinstitut Göttingen Nr. 27, April 1999, hier auch weitere Literaturangaben.

18) H. KUHNLE, Prozessorientierte Organisation, Vortrag vor den Führungskräften
der Putzmeister AG Aichtal am 23.6.1999.

19) RKW-Handbuch Logistik; Ergänzbares Handbuch für Planung, Einrichtung und
Anwendung logistischer Systeme in der Unternehmenspraxis. Hrsg. in Zusammenhang mit dem RKW von H. BAUMGARTEN u. a.; Erich-Schmidt-Verlag, ab
1981.

20) WALTER ECKERT, ein Logistikexperte der Bundeswehr, initiierte in der Deutschen
Außenhandels- und Verkehrsschule Bremen (heute: Außenhandelsakademie) vor
etwa dreißig Jahren Managementseminare für Führungskräfte der Waren- und
Materialwirtschaft. Das Besondere war, dass er unter der Bezeichnung „Unternehmenslogistik" eine Konzeption vertrat, die betont auf Synergieeffekte volks-
wirtschaftlicher und betriebswirtschaftlicher Rationalität ausgerichtet war. Die
Teilnehmer wurden veranlasst, sich von ihrer Position und ihrem Pflichtenspek-
trum her in die Rationalisierungsbemühungen der Lieferanten (in dem Materialwesen, der Produktion, dem Transportwesen) hineinzudenken. Sodann be-
kamen die Teilnehmer die Aufgabe, jeweils von der Konstellation in ihrem Unternehmen aus eine Planung über die Interaktion der Warenströme und der Fer-
tigungsfolgen zu entwickeln; und zwar von den Lieferanten der einzelnen
Materialgruppen über die eigene Produktion bis zur Fertigstellung der Güter sowie der Wege dieser Güter zum Kunden und weiter zu den Kunden der Kunden.
Dreh- und Angelpunkt war immer, eine Verschwendung der Ressourcen zu vermeiden sowie kosten- und preisgünstige Güter für die Bevölkerung zu erwirtschaften. Bemerkenswert in unserem Zusammenhang ist noch, dass ECKERT ge-

nau wusste, ein System der Unternehmenslogistik werde sich nur umsetzen lassen, wenn es gelänge, das operative Management von seinem Abteilungs- und Prestigedenken abzubringen. Diese Themen wurden in seinen Seminaren mit behandelt.

21) W. EVERSHEIM (Hrsg), Prozessorientierte Unternehmensorganisation, 2. Auflage 1996 Berlin, Heidelberg, New York: M. OSTERLOH und J. FROST, Prozessmanagement als Kernkompetenz, 2. Auflage Wiesbaden 1998. A.W. SCHEER, Broschüre: Wie Prozessorientierung die DV – Welt verändert (Gesellschaft für integrierte Datenverarbeitung, Saarbrücken) 1995. H. KUHNLE, a.a.O.

22) M. OSTERLOH und J. FROST, a.a.O., S. 24.

23) A.W. SCHEER, a.a.O.

24) Für die Zukunftsperspektive des Unternehmens ist es als eine recht positive Entwicklung zu registrieren, dass die Projektorganisation (die Projektgruppe) in ihrem Ansehen wesentlich gewonnen hat. Keine andere Strukturform innerbetrieblicher Organisation litt wie die Projektorganisation mit dem Projektmanagement unter der Spannung von Hierarchie und Prozess. Der Aufbau der Projektgruppe, die Vorbereitung in Seminaren und Workshops, die Umsetzung in die Praxis der Arbeitsvollzüge; alle Schritte pflegte man mit großer Sorgfalt unter Einsatz von Messgrößen, von Rückmeldeschleifen pro Wegstrecke zu planen. Aber häufig genug stand der Erfolg in keinem Verhältnis zum Aufwand. Allzu oft ließ die Energie des Projektleiters und der Projektmitarbeiter nach; und zwar infolge des Unvermögens aller Beteiligten (insbesondere des Linienmanagements), Macht und Kompetenz nach Maßstäben, die vom Projekt gegeben waren, aufzugliedern. Offensichtlich hat hier die Lean-Welle zu einer neuen Bestandsaufnahme und zu einer angemesseneren Würdigung der Chancen geführt, die dieses Modell bringt. Ich denke, man kann sagen, dass durch die Lean-Aktivitäten die Dialektik, die in der Projektplanung und im Projektgeschehen potenziell immer da ist, zur produktiven Entfaltung gebracht worden ist. (H. WIEDEMANN, Mitarbeiter richtig führen a.a.O. S. 229 ff).

25) F. MALIK unter Bezugnahme auf F.v. HAYEK; FREDMUND MALIK, Strategie des Managements komplexer Systeme, Bern und Stuttgart 1984, S. 210 ff.

26) K. NAGEL stößt auf dieses Faktum, da er die Realität mit seinem Anliegen vergleicht, die besten Wege zu finden, ein Unternehmen zum Erfolg zu bringen (Publikationen hierüber: K. NAGEL, Die 6 Erfolgsfaktoren, Landsberg am Lech, 1988; K. NAGEL: Erfolg – durch effizientes Arbeiten entscheiden, vermitteln, erlernen. 7. Auflage Münden und Wien. 1994.

27) Es ist durchaus im Sinne der dialektischen Interpretation, wenn es bei BRACZYK und SCHIENSTOCK heißt, die „Top Down und Bottom-Up" Vorgehensweisen würden zwar meist als Alternativen angesehen, sie könnten aber eigentlich „nur als zwei wechselseitig aufeinander bezogene Strategien" verstanden werden. Und es wird vermutet, dass ein großer Teil der Schwierigkeiten, Enttäuschungen und Konflikte im Lean-Prozess damit zusammenhängen; eben mit dem Ansatz, es hier scheinbar mit Alternativen zu tun zu haben (BRACZYK/SCHIENSTOCK, im Lean-Express ... a. a. O., S. 289 f).

²⁸⁾ WOLFGANG H. STAEHLE; Management, Verhaltenswissenschaftliche Einführung, 3. Auflage München 1987, S. 340 ff., 371 ff., 396.

²⁹⁾ W. H. STAEHLE; a. a. O., S. 40 ff.

³⁰⁾ Es wird von mir keineswegs bestritten, dass der eigentliche Ausbau der Lehre vom Unbewussten wie überhaupt die erstaunliche Breitenwirkung, die von dieser Lehre ausgegangen ist, auf die Leistungen von S. FREUD, C.G. JUNG und A. ADLER zurückgehen. Es fehlt aber generell das Moment, das HEGELs charakteristische Stärke ist, eben die dialektische Perspektive. Allerdings kann man es als eine Ergänzung des Denkens in dialektischen Bewegungen ansehen, dass es in allen Theorien dieser Psychologie um Bewältigung mehr oder weniger dunkler und schwer zu erkennender Triebe mit Hilfe der vernunftmäßigen Einsicht geht; wobei – ständig – die Gefahr des Rückfalls in die Sphäre des Unbewussten besteht. Recht eindrücklich kommt das in der Transaktionsanalyse zum Ausdruck; einer Theorie, mit der Konflikte erkannt und behoben werden sollen. In ihr kann man sich veranschaulichen, dass das Individuum aus drei Struktur-Ebenen besteht, nämlich aus dem Eltern-Ich, dem Kindheits-Ich und dem Erwachsenen-Ich. Die Aufgabe der Selbststeuerung und der Steuerung durch andere (Pädagogen, Führungskräfte) besteht dann darin, soweit wie möglich das Erwachsenen-Ich einzuschalten und das hier anzusiedelnde Denken zur Regelung von Konflikten einzusetzen. In dieser Lehre wird deutlich, dass die Entwicklung des Eltern- und Kind -Ichs zum Erwachsenen-Ich nicht ein einmaliger Vorgang ist. Das jeweilige Problem kann vielmehr erst über ständige Beziehungen zwischen diesen Ich-Stufen (was typische dialektische Bewegungen sind!) im aktuellen Geschehen gelöst werden. Es bedarf also stets neuer Anstrengungen, wieder auf die Ebene der Vernunft zu gelangen.

³¹⁾ ROLAND SPRINGER, Vortrag: Planung und schöpferische Zerstörung. Zur Bedeutung des Managements für die Soziologie der permanenten Industriellen Revolution, „discussion papers" der F.G. Soziologie der Universität Kaiserslautern (HAJO WEBER 901) 1999, S. 6.

³²⁾ PETER F. DRUCKER, Die Praxis des Managements; Düsseldorf 1956, S. 11, 15.

³³⁾ ROLAND SPRINGER, a.a.O., S. 6. In seinem neuen Buch „Wettbewerbsfähigkeit durch Innovation; erfolgreiches Management organisatorischer Veränderungen" Heidelberg 2003, werden diese Themen weiter entwickelt. Es ist eben das Management, von dem immer wieder Impulse und Aktivitäten verlangt werden, um den wachsenden Anforderungen an die Produktivkraft und das Leistungsvermögen nachkommen zu können.

Literaturverzeichnis

ACKERMANN, K. F.: Kooperation – Notwendige Grundlage und Voraussetzung für ein erfolgreiches Personalmanagement, in: M. von Hauff, Moderne Industriegesellschaft, Herausforderung und Perspektiven (Festschrift für Ruth Endress), Ludwigsburg/ Berlin 1991.

ALTHAUS, H.: Hegel, Eine Biographie, München/Wien 1992.

Arbeitsgemeinschaft zur Förderung der Partnerschaft in der Wirtschaft (AGP), Bertelsmann-Stiftung, Deutsche Gesellschaft für Personalführung (DGFP): Unternehmenskultur in Deutschland – Menschen machen Wirtschaft. Kongressbericht 1986.

BÖCKMANN, W.: Sinn-orientierte Leistungsmotivation und Mitarbeiter-Führung, ein Beitrag der humanistischen Psychologie, insbesondere der Logotherapie nach Viktor E. Frankl zum Sinnproblem der Arbeit, Stuttgart 1980.

BÖCKMANN, W.: Wer Leistung fordert, muß Sinn bieten, 2. Aufl. Düsseldorf/Wien 1987.

BARTH, K. : Die protestantische Theologie im 19. Jh., Zollikon/Zürich 1952.

BOLLINGER, H./WELTZ, F: Zwischen Rezeptwissen und Arbeitnehmerorganisation. Der Arbeitsbezug soziologischer Beratung von Unternehmen, in: U. Beck und W. Bontz (Hrsg.): Weder Sozialtechnologie noch Aufklärung? Analysen zur Verwendung sozialwissenschaftlichen Wissens, Frankfurt 1989.

BRACZYK, H. J./SCHIENSTOCK, G.: Im „Lean-Express" zu einem neuen Produktionsmodell? in Braczyk, H. J./Schienstock, G.: Kurswechsel in der Industrie, Lean Production in Baden-Württemberg, Stuttgart, Berlin, Köln 1996.

BRAKELMANN, G.: Zur Arbeit geboren? – Beiträge zu einer christlichen Arbeitsethik, Sozialwissenschaftliches Institut der EKD, Bochum 1988.

BULLINGER, H. J./SCHLUND, M.: Gruppenarbeit als Ausgangspunkt für die Entwicklung moderner dezentraler Unternehmen; in: Antoni, C. H. (Hrsg.): Gruppenarbeit in Unternehmen, Konzepte, Erfahrungen, Perspektiven, Weinheim 1994.

BULLINGER, H. J.: Arbeitsgestaltung. Personalgerechte Gestaltung marktgerechter Arbeitssysteme, Stuttgart 1995.

CROZIER, M./FRIEDBERG, E.: Macht und Organisation, Königstein (Ts.) 1979.

DEUTSCHMANN, CHR.: Lean Production, der kulturelle Kontext, in: Braczyk, H. J./ Schienstock, G., a. a. O.

DRUCKER, P. F.: Die Praxis des Managements, Düsseldorf 1956.

ENDRESS, R.: Strategie und Taktik der Kooperation, 2. Aufl. Berlin/München 1991.

ENDRUWEIT, G.: Organisationssoziologie (Sammlung Göschen Nr. 2106), Berlin/New York 1981.

EVERSHEIM, W. (Hrsg.): Prozessorientierte Unternehmensorganisation, 2. Aufl. Berlin/Heidelberg/New York 1996.

FAUST, M./JAUCH, P./BRÜNNECKE, K./DEUTSCHMANN, CHR.: Dezentralisierung von Unternehmen. Bürokratie- und Hierarchieabbau und die Rolle betrieblicher Arbeitspolitik, 3 Aufl. München/Mering 1999.

FRANKL, V. E.: Der Mensch vor der Frage nach dem Sinn, 3. Aufl. München/Zürich 1982.

FRICKE, W.: Die konstruktive Aufgabe der Sozialwissenschaften, in: Lange/Senghaas-Knobloch (Hrsg.): Konstruktive Sozialwissenschaft. Herausforderung Arbeit, Technik, Organisation, Münster 1997.

FRICKE, W.: Arbeitsorganisation und Qualifikation; Bonn-Bad Godesberg 1975.

FÜRSTENBERG, F.: Der Beitrag der Soziologie zur Humanisierung der Arbeit, in: Arbeit und Leistung Nr. 27, 1973.

FÜRSTENBERG, F.: Strategien für eine humane Arbeitsgestaltung, in: Fortschrittliche Betriebsführung und Industrial Engineering Nr. 25, 1975.

FÜRSTENBERG, F.: Soziologische Aspekte des technischen Fortschritts in der Wirtschaft, in: Technik und Gesellschaft auf dem Weg in die Zukunft, IBM Deutschland, Stuttgart 1975.

GANZHORN, K.: Industrielle Innovation und Informationstechnik, in: Technik und Gesellschaft. Innovation und Information, IBM Deutschland, Stuttgart 1982.

GERST, D.: Das Ende der selbstorganisierten Gruppenarbeit? – Arbeitsgestaltung in der standardisierten Montage; in: Mitteilungen des Soziologischen Instituts Göttingen Nr. 27, 1999.

GERST, D./HARDWIG, T./KUHLMANN, M./SCHUMANN, M: Gruppenarbeit in der betrieblichen Erprobung; in: Ein Modell kristallisiert sich heraus, in: Angewandte Arbeitswissenschaft Nr. 142/1994.

HEGEL, G. W. F.: Werke in zwanzig Bänden, Theorie Werkausgabe Redaktion Eva Moldenhauer und Karl Markus Michel, Frankfurt a. M. 1970.

HÖCKEL, G.: Führen ohne Befehl: Warum Amerikas Management so erfolgreich ist, 6. Auflage Düsseldorf/Wien 1970.

HÖFERT, H.-W.: Der Mensch in der Organisation, Gießen 1985.

HÖSLE, V.: Hegels System, Hamburg 1988.

HOMANS, G. C.: Theorie der sozialen Gruppe, Köln/Opladen 1960.

JAUCH, P.: Industriemeister und industrielle Reorganisation, München/Mering 1997.

KERN, H./SCHUMANN, M.: Industriearbeit und Arbeiterbewußtsein, Frankfurt a. M. 1970.

KERN, H./SCHUMANN, M.: Das Ende der Arbeitsteilung? Rationalisierung in der industriellen Produktion, München 1984.

KIESER, A./KUBICEK, H.: Organisation, Berlin/New York 1977.

KISS, G.: Einführung in die soziologischen Theorien Teil II, Opladen 1977.

KOREIMANN, D. S.: Management. Eine Einführung, München/Wien 1982.

LOTZ, J. B.: Transzendentale Erfahrung, Freiburg 1978.

LUKAS-BACHERT, U.: Der Wert der Werte/Wertewandel/Wertemessung, in: Lukas-Bachert, U. (Hrsg.): Mit Ethik zum Unternehmenserfolg? FAZ – Institut 2001.

MALIK, F.: Strategie des Managements komplexer Systeme, Ein Beitrag zur Management Kybernetik evolutionärer Systeme, Bern/Stuttgart/Wien 1986.

MALSCH, TH./SELTZ, R. (Hrsg.): Die neuen Produktionskonzepte auf dem Prüfstand; Beiträge zur Entwicklung der Industriearbeit, Berlin 1987.

NAGEL, K.: Die 6 Erfolgsfaktoren, Landsberg/Lech 1988.

NASCHOLD, F.: Wachstum, Beschäftigung und Organisation der Arbeit, in: Braczyk, H. J./Schienstock, G., a. a. O.

NEULOH, O.: Arbeits- und Berufssoziologie (Sammlung Göschen Nr. 6004), Berlin/New York 1973.

OECHSLER, W.: Personal und Arbeit, Einführung in die Personalwirtschaft, 3. Aufl. München/Wien 1988.

OSTERLOH, M./FROST, J.: Prozeßmanagement als Kernkompetenz, 2. Aufl. Wiesbaden 1998.

PETERS, T. J./WATERMAN, R. W.: Auf der Suche nach Spitzenleistungen, Landsberg/Lech 1983.

PICOT, A./REICHWALD, R.: Untersuchungen der Auswirkungen neuer Kommunikationstechnologien im Büro auf Organisationsstruktur und Arbeitsinhalte, Forschungsprojekt BMFT 1978.

POPITZ, H./BAHRDT, H. P./JÜRES, E. A./KESTING, H.: Technik und Industriearbeit, Tübingen 1957.

ROSENSTIEL, L. V.: Motivation im Betrieb, 10. Aufl. Leonberg 2001.

SCHANZ, G.: Verhaltenswissenschaftliche Aspekte der Personalentwicklung, in: Chr. Riekhoff (Hrsg.): Strategien der Personalentwicklung. Wiesbaden 1986.

SCHMALTZ, G.: Das Machen der Wahrheit im eigenen Herzen (Augustinus) und die dialektische Funktion des Unbewußten im Reifungsvorgang, in: W. Bitter (Hrsg.): Meditation in Religion und Psychotherapie, Stuttgart 1958.

SCHMIDT, G.: Einige „kritelnde" Anmerkungen zur Diskussion um „Lean Production", in: H. Weber (Hrsg.): Lean-Management, Wege aus der Krise, Wiesbaden 1994.

SCHMIDT, G.: „Lean Production" – konzeptionelle Überlegungen zu einer Zauberformel, in: Braczyk, H. J./Schienstock, G., a. a. O.

SCHMÖLDERS, G. (Hrsg.): Unternehmer im Ansehen der Welt, Bergisch Gladbach 1971.

SPECHT, K. G.: Humanisierung der Arbeit – Schlagwort oder Versäumnis?, in: Jahrbuch der Absatz- und Verbraucherforschung, 21 Nr. 4, 1975.

SPRINGER, R.: Rückkehr zum Taylorismus? Arbeitspolitik in der Automobilindustrie am Scheideweg, Frankfurt/New York 1998.

SPRINGER, R.: Arbeiten wie die Japaner? Zur Zukunft des Automobilstandortes Deutschland, in: W. Fricke (Hrsg.): Innovation in Technik, Wissenschaft und Gesellschaft, Bonn 1998.

SPRINGER, R.: Wettbewerbsfähigkeit durch Innovation; erfolgreiches Management organisatorischer Veränderungen, Heidelberg 2003.

STREITHOFEN, H. B.: Grundwerte; in: Technik und Gesellschaft, Innovation durch Information, IBM Deutschland, Stuttgart 1982.

THIELICKE, H.: Freiheit – Phrase oder Realität? In: Technik und Gesellschaft, Innovation durch Information, IBM Deutschland, Stuttgart 1982.

TÜRK, K.: Organisationstheorie, Hamburg 1975.

VOLLMERS, B.: Dialektische Variationen, Frankfurt a. M. 1995.

WASSERLOOS, G.: Sind wir „lean-fähig?, in: Braczyk, H. J./Schienstock, G., a. a. O.

WELTZ, F.: Beobachtende Teilnahme – ein Weg aus der Marginalisierung der Industriesoziologie, in: Lang/ Senghaas-Knobloch (Hrsg.), Konstruktive Sozialwissenschaft. Herausforderung Arbeit, Technik, Organisation; München 1997.

WIEDEMANN, H.: Die Rationalisierung aus der Sicht des Arbeiters, 2. Aufl. Köln/Opladen 1966.

WIEDEMANN, H.: Das Unternehmen in der Evolution, 3. Aufl. Neuwied/Berlin 1973.

WIEDEMANN, H.: Mitarbeiter richtig führen, 4. Aufl. Ludwigshafen 1996.

WIESE, L. V.: System der Allgemeinen Soziologie, 3. Aufl. Berlin 1933.

WIESE. L. V.: Wettbewerb, Soziologische Einordnung, in: Handwörterbuch der Sozialwissenschaften, 12. Band, Tübingen/Göttingen 1965.

Zum Autor

Prof. Dr. Willi Herbert Wiedemann, Jahrgang 1925, studierte Volkswirtschaftslehre und Soziologie an der Universität Köln, 1949 Diplom-Volkswirt, 1952 Promotion.

1950 bis 1961 war er an der Sozialforschungsstelle der Universität Münster mit Sitz in Dortmund tätig. Im Anschluss Wechsel zu IBM Deutschland bis Ende 1988. Daneben vielfältige Vortrags- und Lehrtätigkeit. 1987 Honorarprofessor der Universität Stuttgart.

Prof. Wiedemann versteht sich als Mittler zwischen Managementalltag und Sozialwissenschaft. Er ist Mitgründer der „Arbeitsgemeinschaft Wirtschaft und Wissenschaft", die in den „Verein für Management und Personalentwicklung" übergegangen ist. Prof. Wiedemann ist nebenamtlicher Geschäftsführer des Vereins.

Buchpublikationen: Arbeiter und technischer Fortschritt (mit Otto Neuloh), 1960; Der Angestellte im automatisierten Büro (mit Urs Jaeggi), 2. Aufl. 1966; Der Angestellte in der Industriegesellschaft (mit Urs Jaeggi), 1966; Die Rationalisierung aus der Sicht des Arbeiters, 2. Aufl. 1967; Arbeiter und Meister im rationalisierten Betrieb, 1973; Das Unternehmen in der Evolution, 3. Aufl. 1973; Mitarbeiter weiterbilden, 3. Aufl. 1980; Bildschirmgeräte am Arbeitsplatz, Benutzerakzeptanz; IBM-Druck 1982; Mitarbeiter richtig führen; Motivation, Partizipation, Kommunikation, 4. Aufl. 1996.

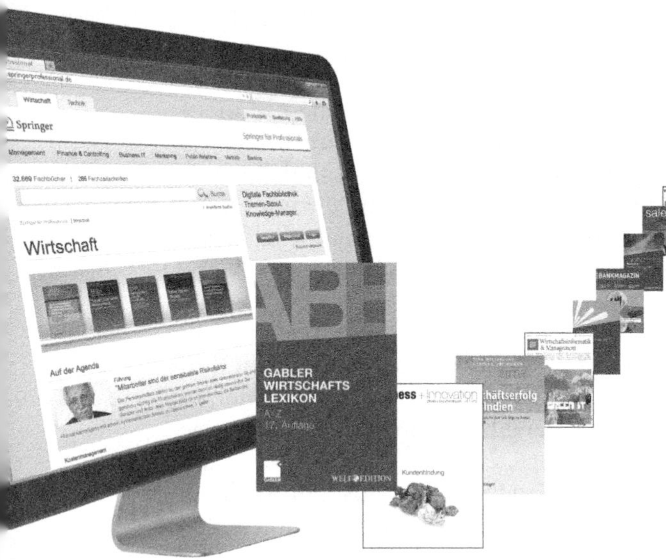

The manufacturer's authorised representative in the EU is Springer
Nature Customer Service Centre GmbH, Europaplatz 3, 69115 Heidelberg,
Germany. If you have any concerns regarding our products, please
contact ProductSafety@springernature.com

Printed and bound by CPI Group (UK) Ltd, Croydon, CR0 4YY
27/04/2026
02097635-0004